T0279356

CHARLIE'S GOOD TONIGHT

SU VIDA,
SU TIEMPO Y
LOS ROLLING STONES

CHARLIE'S GOOD TONIGHT

PAUL SEXTON

Editado por HarperCollins Ibérica, S. A.
Avenida de Burgos, 8B - Planta 18
28036 Madrid

Charlie's Good Tonight. Su vida, su tiempo y los Rolling Stones
Título original: Charlie's Good Tonight. The Authorised Biography of Charlie Watts
© 2022, Paul Sexton
© 2022, para esta edición HarperCollins Ibérica, S. A.
Publicado por Mudlark HarperCollinsPublishers
© Traductor: Victoria Horrillo

Diseño de cubierta: Holly Macdonald © HarperCollinsPublishers Ltd 2022
Fotografías de portada y lomo: © Bent Rej Photography
Fotografía de contraportada: John Stoddart/Popperfoto via Getty Images
Maquetación: Safekat
Foto del autor: © Mark Goodier

ISBN: 978-84-9139-847-9
Depósito legal: M-21424-2022

A la memoria de mis padres,
con eterna gratitud por su
cariño y apoyo

ÍNDICE

AGRADECIMIENTOS

Esta biografía solo ha sido posible gracias a la ayuda y el apoyo, siempre amables y entusiastas, de la familia y los amigos y colaboradores de Charlie. Quiero dar las gracias en especial a su hija Seraphina, a su nieta Charlotte y a su hermana Linda por haber participado en ella con la elegancia que caracteriza a toda la familia Watts. Toda mi gratitud también para Dave Green, su amigo de siempre, por el inmenso esmero que puso en la investigación documental y fotográfica; al equipo de los Rolling Stones (incluidos Joyce Smyth, Paul Edwards, Bernard Doherty, Dave Trafford, Carol Marner, Rachel McAndrew y Sarah Dando) por los ánimos y el respaldo; y al resto de quienes han participado en el libro (Bill Wyman, Tony King, Jools Holland, Glyn Johns, Lisa Fischer, Chuck Leavell, Don McAulay y muchos más), que querían a Charlie tanto como yo. Y naturalmente, como muchas otras veces a lo largo de las últimas décadas, estoy en deuda con Mick Jagger, Keith Richards y Ronnie Wood, tanto por su contribución histórica como por hacerme un hueco durante los ensayos de la gira SIXTY, con la que los Stones rodaron con el esplendor de siempre durante el verano de 2022. Llevaban consigo el espíritu de Charlie Watts, como todos nosotros.

PRÓLOGO

Charlie era un músico de mentalidad increíblemente abierta, y había verdadera sutileza en su forma de tocar. Tenía gustos muy variados: el *jazz,* el *boogie,* el *blues,* la música clásica, la música *dance,* el *reggae* y las canciones pop que, aunque fueran tontas, daba la casualidad de que eran buenas. La gente comenta siempre que era un gran aficionado al *jazz,* pero no era solo eso. Decirlo es simplificar en exceso sus preferencias musicales y lo que le gustaba tocar.

Tiene algo de mito afirmar que Charlie no salía de casa. Claro que salía. Solíamos ir a ver partidos y a sitios de moda, a comer y a escuchar música. En el estudio tocábamos a menudo solos todo tipo de música cuando los demás ya se habían ido a casa o antes de que llegara la gente. A veces tocaba ritmos africanos, y hacía unas cosas increíbles. No era supertécnico pero sí muy versátil, y cuando conseguía dominar un ritmo nuevo, se emocionaba con él.

Era, además, un apasionado de la música clásica. Le gustaban Dvořák, Debussy y Mozart, y solíamos escuchar los dos a

Stockhausen y a Mahler. Escuchábamos a compositores modernos y tratábamos de entender de qué iban.

Era inteligente y nunca levantaba la voz, pero podía ser muy directo y decir lo que pensaba. Aunque era muy reservado con su vida privada, los dos entendíamos los procesos mentales del otro. Charlie era una persona muy tranquila, pero tenía un gran sentido del humor y nos reíamos sin parar. Le echo de menos por muchos motivos.

Mick Jagger
Junio de 2022

PRÓLOGO

Cada vez que pienso «voy a hablar de Charlie Watts» me doy cuenta de que no se puede expresar con palabras lo que era él esencialmente. Charlie era una presencia y, cuando estabas con él, bastaba con eso.

Mi relación con Charlie se estructuraba básicamente en torno al humor. Nos cachondeábamos de la gente sin ni siquiera tener que hablar. Teníamos una especie de lenguaje visual de signos que es necesario entre un guitarrista rítmico y un baterista porque tienes que comunicarte de ciertas maneras, pero nosotros perfeccionamos ese lenguaje hasta el punto de que podía abarcar la ironía, el cabreo o, cuando estábamos en el escenario, decirnos: «Vale, ya estamos volando, ¿y ahora qué? ¿Cómo aterrizamos?».

Charlie tenía un humor muy irónico y sutil, pero yo conocía ciertas palabras clave que no voy a revelar. Aunque no lo hacía muy a menudo, a veces decía esas palabras y Charlie se tiraba al suelo patas arriba, muerto de risa, aunque estuviera en mitad de un aeropuerto. Por suerte, cuando le ponía en esa tesitura, solíamos estar en alguna habitación de hotel, porque a veces te daba un ataque de risa y Charlie no se cortaba, lo soltaba todo de golpe. Vete tú a saber cuál era el chiste. Como suele pasar con la risa de ese tipo, en realidad lo que la provocaba no era para tanto.

Era un hombre muy reservado. Siempre tuve la sensación de que no podía traspasar cierta línea o preguntarle por algo a no ser que él quisiera hablar del asunto. No tenía doblez; con él no había trampa ni cartón. Charlie era lo que se veía; o sea, Charlie. El tío más auténtico que he conocido.

Keith Richards
Junio de 2022

PRELUDIO

Conocí a Charlie Watts en Eel Pie Island un miércoles primero de mayo. El domingo anterior había visto a los Stones por primera vez en vivo en el Station Hotel de Richmond, pero no hablé con él. Puede que saludara de pasada a Mick y a Keith, pero solo hablé con Brian Jones, que en aquel momento era el portavoz oficial del grupo.

La banda me había dejado alucinado en el Station Hotel. No tenía ni idea de lo que era aquello en realidad, pero sabía que había cambiado mi concepción de muchísimas cosas y que yo también quería formar parte de aquello. El miércoles siguiente ya estaba intentando venderles mis servicios, en nombre propio y en el de mi casero, el agente Eric Easton, que me había alquilado una habitación y un teléfono en Regent Street. El concierto había terminado y yo andaba por allí nervioso, deseando pasar la prueba y ponerme manos a la obra.

Me paré al lado de Charlie y su batería. Como no se me ocurría de qué hablar, me ofrecí a ayudarle a transportar la batería. Rechazó mi ofrecimiento con una sonrisa; ya había adivinado que se me daban mejor otras cosas. Charlie me había dejado hipnotizado en el Station Hotel, igual que todos ellos.

En mi primera autobiografía, *Stoned,* escribí:

El baterista parecía haber llegado teletransportado en un rayo de luz, y daba la impresión de que, más que oírsele, se le sentía. Me encantaron la presencia que aportaba al grupo y su forma de tocar. A diferencia de los otros cinco, que iban sin chaqueta, él llevaba los dos botones de arriba de la suya meticulosamente abrochados y, debajo, una camisa igual de pulcra y una corbata, a pesar del ambiente que había en la sala. El cuerpo detrás de la batería, la cabeza girada a la derecha con expresión distante, como de desdén impostado frente a la exhibición de las manos que se agitaban a setenta y ocho revoluciones por minuto delante de él. Estaba con los Stones pero no era uno de ellos; tenía un aire un poco tristón, como si lo hubieran trasladado allí para esa noche desde el Ronnie Scott's o el Birdland, donde tocaba en otro tiempo y otro espacio (en el tiempo y el espacio Julian «Cannonball» Adderley). Era único en su especie, un clásico con su mundo propio, un caballero del tiempo, el espacio y el corazón. Su raro talento musical era una manifestación de su talento aún mayor para la vida: acababa de conocer a Charlie Watts.

Las últimas sesiones de grabación que compartimos fueron las de *We Love You* y *Dandelion.* Como ocurría con muchos temas de los Stones, al empezar no había un final preestablecido: había que ver primero si la carne y las patatas estaban en su punto y luego añadir las verduras. El final acabó siendo una mezcla de Nicky Hopkins y Brian Jones en los teclados y el viento madera, Keith y Mick en las voces, y Charlie dirigiendo el cotarro con *fills* improvisados. En aquel momento pensé que los *fills* eran solo para mí. Pero no, eran típicos de Charlie.

En los años ochenta, Charlie se pasó por Nueva York por algún asunto durante una de sus incursiones en solitario en el mundo del *jazz*. Cometí el error de ponerle algo en lo que había estado trabajando. No le interesó. «Andrew», me dijo, quizá a modo de explicación, «la verdad es que no me interesa lo que hacen los Stones. Solo me interesa lo que toco». Por suerte, la mala racha pasó, se impuso la máxima de superar el bache y seguir adelante y la banda continuó tocando. Lo vi por última vez en Seattle en 2005, y seguía siendo exactamente el mismo tipo al que saludé por primera vez en Eel Pie Island.

En el mundo del cine se habla de la época dorada. La nuestra fue la de Charlie Watts. Todas las grandes bandas tienen una cosa en común: un baterista singular.

Andrew Loog Oldham
Junio de 2022

Introducción

Un hombre atemporal, siempre a tiempo

Madison Square Garden, Nueva York, noviembre de 1969. Mientras «la mejor banda de rocanrol del mundo» (como acababa de denominarla el maestro de ceremonias de la gira, Sam Cutler) cierra con facilidad el *Little Queenie* de Chuck Berry y da paso a su nuevo número uno, *Honky Tonk Women,* Mick Jagger comenta tranquilamente: «Charlie está bien esta noche, ¿verdad?». *[Charlie's good tonight, innee?]*

Por supuesto que lo estaba, y lo estaría siempre. La sola mención del nombre de Charlie Watts, en el contexto de esta biografía o en cualquier otro en el que salga a relucir, basta para que tanto los músicos como los fans se pongan prácticamente en pie. Que es justo el tipo de elogio del que él habría huido como de la peste, como hizo siempre a lo largo de su extraordinaria vida.

Charlie era la prueba de que no todas las estrellas del *rock* son iguales y de que los tópicos están ahí para esquivarlos. Como el de que se veía a sí mismo como una estrella del *rock*. Era una celebridad mundial que detestaba ser famoso y que una vez afirmó que prefería la compañía de los perros a la de los humanos; un entusiasta de los coches que no conducía; un apasionado de los caballos que no montaba; un hombre rico y de gusto exquisito que se crio en una casa prefabricada; un baterista que recorrió el mundo durante cinco décadas y media y durante ese tiempo no dejó de añorar estar en casa; un músico contratado que pensaba que los Stones no durarían ni un año y que acabó siendo la luz que los guiaba de por vida. Si su historia fuera inventada, poca gente la creería.

Escribir sobre él en pasado es de por sí muy triste, pero seguramente Charlie habría evitado leer este libro de todos modos. Me imagino que le habría echado un vistazo para ver qué fotografías suyas habíamos elegido, con sus trajes elegantes, pero nada más. Es, espero, un relato amable de una vida bien vivida y, desde luego, rodeada de amor. Si lo que desea el lector es polémica, está buscando debajo de la piedra equivocada.

Después de haber tenido el inmenso placer de entrevistarlos a él y a todos los Rolling Stones durante treinta años, en 2020 me plantearon la posibilidad de trabajar con Charlie en su autobiografía. Me pareció una propuesta emocionante y, al mismo tiempo, abocada al fracaso: la idea de que Charlie escribiera sobre sí mismo entrañaba un error de partida.

Charlie reconocía sin ambages que la música de los Rolling Stones no era en realidad muy de su agrado y que casi nunca volvía a escucharla, a no ser que tuviera que autorizar una reedición o algo por el estilo. Aun así, era tremendamente amable cada vez que lo sacaban de promoción. Con el tiempo, aprendías a entretejer su discurrir mental, que era impredecible, y su forma de expresarse, y a esperar esa sonrisa cálida y radiante. Todo ello a pesar de que había momentos en que su cerebro y su boca iban a distinta velocidad y a veces tenía la mirada distraída de quien intenta recordar si se ha dejado un fuego de la cocina encendido.

Documentar su vida en tercera persona parece mucho más adecuado, y la rapidez con la que sus amigos y familiares aprobaron el proyecto y se prestaron a participar en él dice mucho de Charlie. Es en cierto modo un reflejo de las largas ovaciones que seguían a su presentación por parte de Mick Jagger en todos los conciertos de los Rolling que se recuerdan, y del torrente mundial de afecto que desencadenó su muerte a los ochenta años, en agosto de 2021.

De joven músico mercenario a baterista cuyas manos firmes estaban envueltas en un aura intemporal; de ser piedra angular de los años gloriosos a icono de estilo y aficionado a la moda cuando ya peinaba canas. Charlie Watts vivió todas esas vidas, pero dejó que otros armaran jaleo por él. El exhibicionismo no era lo suyo. Él solo anhelaba estar en casa y no entendía a qué venía tanto alboroto.

Cuando falleció, en casi todos los homenajes y las necrológicas se hablaba del Rolling taciturno, de la columna vertebral de la banda, del hombre que nunca faltó a un concierto en cincuenta y siete años (lo que no es estrictamente cierto: faltó como mínimo a uno, en 1964, porque se equivocó de fecha, como veremos más adelante). Se habló mucho menos, en cambio, del coleccionista empedernido, de su generosidad a la hora de hacer regalos, del hombre dotado de un sentido del estilo propio de otra época, lo que a menudo le hacía sentir que había nacido en el siglo equivocado.

Charlie tenía la habilidad, intencionada o no, de resumir una historia, una situación o una vida con alguna ocurrencia fulminante, solo comparable a las salidas, a veces involuntarias, de su amigo Ringo Starr, como las que dieron lugar a títulos como *A Hard Day's Night* o *Tomorrow Never Knows*. «He trabajado cinco años y he gamberreado veinte» es una de sus sentencias más famosas, pero hay muchas más. Haber podido escuchar de viva voz algunas de esas frases, ser testigo de ese estoicismo que dejaba traslucir su mandíbula cuadrada, ver cómo se quebraba esa cara granítica en una sonrisa luminosa, escuchar esa forma de hablar astillada y renqueante… Todo eso valía casi más la pena que pagar la entrada para ver lo que ofrecían los Stones. O sea, el mayor espectáculo del mundo.

Es frecuente encontrarse con músicos de *rock* de fama mundial que, pese a la adulación de millones de personas, a veces dudan de sí mismos de manera insoportable. En cambio, es en general bastante raro oírlos hablar con modestia de sí mismos en términos concretos. En casi todas nuestras conversaciones, Charlie murmullaba que no se consideraba a sí mismo un buen baterista o que no estaba ni mucho menos a la altura de sus ídolos de la percusión.

Esto podía ser resultado de una falta de lucidez respecto a sí mismo, pero también obedecía a una reserva muy británica y a una humildad que Charlie tenía muy desarrolladas. Brian Jones, ya inmerso en el rápido proceso de deterioro al que le abocó el abuso de las drogas, dijo de él que era «probablemente la persona más desprendida y equilibrada de toda la escena pop».

En los versos iniciales de *If You Can't Rock Me,* el tema del álbum *It's Only Rock 'n' Roll,* Mick canta: «La banda está en el escenario y es una de esas noches. /El baterista se cree que es dinamita». Desde luego, no se refería a Charlie. Para él, la arrogancia era sencillamente una ordinariez. Sabía quién era y no cambió, a excepción de un paréntesis relativamente corto de excesos durante los años ochenta, que superó sin ninguno de los dramas típicos de la rehabilitación y después del cual mantuvo siempre la cabeza despejada.

«Su filosofía es "no necesito tanto"», dijo una vez de él el primer mánager de los Stones, Andrew Loog Oldham. «Se ha ceñido a ella y nunca se ha desviado del camino para hacer idioteces». Incluso al principio, cuando empezaba a ser famoso, Charlie les decía a los periodistas musicales: «Doy la impresión de estar aburrido, pero en realidad no lo estoy. Lo que pasa es que tengo una cara increíblemente aburrida».

Quizá parezca poco adecuado citar las palabras de un entrenador de baloncesto estadounidense, pero la cita que incluye la firma de correo electrónico actual de Oldham, que rinde tributo a la sabiduría del difunto John Wooden, viene al caso. «El talento lo da Dios, sé humilde», decía Wooden. «La fama la da el hombre, sé agradecido. El engreimiento se lo da uno mismo, ten cuidado». Charlie nació con lo primero, le endosaron lo segundo y era por naturaleza incapaz de mostrar lo tercero.

Esta biografía no pretende ser otro repaso exhaustivo a la leyenda de la mayor banda de *rock* de la historia, sino un retrato de la vida y la época de un ser humano singular que contribuyó a mejorar el mundo en el que vivió, igual que nos hizo mejores a quienes lo conocimos. Está contada cronológicamente, pero incluye algunos interludios titulados *Backbeat*, que se centran en aspectos concretos de la vida de Charlie y en especial en su largo matrimonio con su amada Shirley.

Salen los Rolling, sí, pero es ante todo la historia de una persona irrepetible, que casi parecía pertenecer a otra época: un hombre atemporal, pero siempre a tiempo.

1

Una infancia de prefabricado y un camarada de jazz

> Mozart sabía lo que se hacía.
> Pero debería haber tenido un buen baterista.
>
> Keith Richards, 2011

El «Riff humano» me estaba explicando, en realidad, la síntesis de música *hillbilly* y música negra que dio lugar a la receta del rocanrol y que, como una cerilla, prendió la hoguera que propició el surgimiento de los Rolling Stones y de toda esa generación de desharrapados llenos de esperanzas a la que representaban. Aun así, siempre me ha parecido que ese comentario resumía con humor y a la perfección al hombre que se sentó detrás de Richards durante cincuenta y ocho años. En una línea temporal paralela, es fácil imaginarse a Wolfgang Amadeus admirando a Charlie Watts. Igual que todos.

Charlie no solo era la estrella de la música más reacia a asumir ese papel, sino que era el candidato más improbable a ocupar durante décadas un puesto entre los representantes más conspicuos del rocanrol. Incluso después de acceder a las repetidas propuestas de la banda de que se uniera a ella, no pensaba —ni él ni nadie— que los Stones y su *rhythm and blues* bastardo durarían más de un año.

A principios de junio de 1941, con el Bismarck descansando ya en el fondo del Atlántico, Alemania se preparaba para invadir la Unión Soviética con tres millones de soldados. Como un terrible presagio de los acontecimientos de 2022, al poco tiempo hubo combates de tanques en los alrededores de Kiev. Los Proms acababan de abandonar su sede en el Queen's Hall por culpa de los bombardeos y se habían reubicado en el Royal Albert Hall, mientras la Junta de Comercio de Churchill anunciaba la creación de cupones de ropa. Como aún no estaban impresos, al principio hubo que usar los de margarina de las cartillas de racionamiento: dieciséis para conseguir un impermeable, siete para unas botas. Pero en el University College Hospital de Bloomsbury, Lil Watts tenía otras cosas de las que ocuparse.

Lillian Charlotte Watts, que acababa de cumplir veinte años, había nacido en Islington y era hija de Charles y Ellen Eaves. En 1939 se casó con Charles Richard Watts, que era un mes mayor que ella y servía en la RAF como personal de tierra y chófer de oficiales. Cuando le desmovilizaron, Charles empezó a trabajar como conductor de camiones para el Ferrocarril de Londres, Midland y Escocia, un trabajo que seguiría desempeñando mientras los Stones conquistaban Gran Bretaña. El lunes 2 de junio de 1941 Lillian dio a luz a su primer hijo. Le pusieron el nombre de su padre, igual que a Bill Wyman y Brian Jones. Charles Robert Watts acababa de salir al escenario.

Por aquel entonces, las listas de éxitos británicas aún no habían cumplido una década de vida, pero las Andrews Sisters animaban a las tropas con su *Boogie Woogie Bugle Boy;* Glenn Miller y muchos otros —incluida nuestra Vera Lynn— auguraban poco después el vuelo de los «pájaros azules» sobre los blancos acantilados de Dover; y los aparatos de radio emitían el programa cómico *It's That Man Again,* con el *Waltzing in the Clouds* de Deanna Durbin, los Ink Spots y Bing Crosby, mientras Noël Coward preguntaba educadamente: «¿Tendría la amabilidad de procurarnos una ametralladora Bren?»[1]. En la gran pantalla, Abbott y Costello descollaban entre las nuevas estrellas del celuloide con su tercera película, *Marineros mareados,* de Universal, coprotagonizada por Dick Powell, y Joan Crawford —que más tarde figuraría en el *collage* del disco *Exile on Main St*— seguía llenando las salas de cine con la película de George Cukor *Un rostro de mujer,* recién estrenada.

De pequeño, Charlie pasó temporadas viviendo con sus abuelas mientras su padre servía en la RAF, pero guardaba escasos recuerdos de la época de la guerra. Más tarde diría: «Oía las bombas que estallaban en el barrio. Recuerdo que corríamos como locos desde casa hasta los refugios antiaéreos. Yo era muy pequeño. Para mí la guerra era como un juego; creo que nunca llegué a asustarme de verdad».

Charlie compartía nombre no solo con su padre, sino también con su abuelo (Charles A. Watts), su tío y su primo, de ahí que sus padres lo llamaran a menudo Charlie Boy. El pequeño Charles asistió a la escuela infantil Fryent Way de Kingsbury, al noroeste de Londres, y al terminar la guerra conoció a Dave Green, nueve meses menor que él. Se hicieron amigos y posteriormente fueron compañeros de banda en muchos de los pro-

---

[1] *Could You Please Oblige Us with a Bren Gun?,* canción cómica compuesta por Coward en 1941. *(Todas las notas son de la traductora).*

yectos jazzísticos que emprendió Charlie a lo largo de su vida, tanto en el escenario como en el estudio de grabación.

A pesar de ser nueve meses más joven, sus recuerdos de la guerra son más nítidos que los de Charlie. «Nací en 1942 en Edgware y vivíamos en Kingsbury. Mi padre estaba en los Ingenieros Reales. Lo mandaron a Alemania el Día D y recuerdo —yo debía de tener dos años— la llegada de las "bombas volantes". Una cayó en nuestra calle, unas sesenta casas más arriba, y destruyó por completo el edificio. Recuerdo que mi madre me metió debajo de la escalera. Era lo que aconsejaban las autoridades, creo».

Dave recuerda que su madre escuchaba *Music While You Work* en la radio y que más adelante le contó que él solía cantar la línea de bajos de las canciones de moda, un primer indicio de que iba a convertirse en un afamado contrabajista. Comparte sus recuerdos con tanta calidez y generosidad que al poco rato tiene uno la sensación de ser amigo suyo de toda la vida. Cuando me entrevisté con él para este libro, Dave estaba a punto de cumplir ochenta años, pero conservaba intacta esa alegría de vivir que tanto apreciaba Charlie.

En 1946 se convirtieron en vecinos y, al poco tiempo, en compañeros de andanzas musicales.

Por cortesía de la Luftwaffe, las dos familias iban a estrenar nuevo domicilio en Pilgrims Way, Wembley, en las viviendas prefabricadas que se ofrecían a las familias británicas afectadas por los estragos de los bombardeos. Los módulos prefabricados de dos plantas parecen muy rudimentarios vistos en retrospectiva, pero en aquellos tiempos tan difíciles la familia Green los consideró una maravilla.

«Cuando vivíamos en Brampton Road, en Kingsbury, los prefabricados no estaban muy lejos de nuestro barrio y recuerdo haberme acercado a verlos», cuenta Dave. «El camino no era ni siquiera una carretera y había montones enormes de barro por todas partes, pero a mi madre le encantaban esas casas prefabricadas. La cocina era fantástica, muy moderna, autónoma, con nevera y todo. Solicitó una y, cuando las terminaron, nos mudamos». Charlie y sus padres vivían en el número 23 y los Green en el 22.

En 1944, Lillian dio a luz a la hermana de Charlie, Linda, a la que siempre estuvo muy unido, sobre todo antes de independizarse. Linda no había concedido nunca una entrevista para hablar sobre su hermano hasta que ella y su marido, Roy Rootes, tuvieron la bondad de hablar conmigo para este libro. De hecho, Linda ha mantenido siempre un perfil tan bajo que hay mucha gente que no sabe que Charlie tenía una hermana.

«No, no lo saben, porque nunca he querido estar en primer plano», cuenta ella con voz pausada, sentada con Roy y conmigo en su casa de Buckinghamshire. «Va contra mi carácter y, además, sé que a él no le habría gustado. Pero a veces estabas en primera fila durante una actuación y alguien te decía: "¡Anda, eres la hermana de Charlie! Estarás muy orgullosa", y yo contestaba que sí, que estaba orgullosa. A Charlie nunca le gustó el jaleo. Para él, lo ideal era el tú a tú, porque era un hombre bastante reservado. Era como mi madre, mientras que yo soy más como mi padre. Se sentaba ahí y no decía ni una palabra».

Habla con nostálgico afecto de aquellos años en la casa familiar, con su hermano y sus padres, y del sentimiento de comunidad que reinaba en aquel barrio prefabricado. «Nuestro padre decidió comprar una mesa de billar pequeña porque les gustaba el deporte y el billar», comenta Linda. «Para darle a la bola con el taco, tenías que abrir la ventana», añade Roy con sorna. «Todo el mundo se acercaba y a mi padre eso le encantaba», asegura Linda. «Mi madre era un poco más reservada, pero no le importaba porque ella se quedaba en la cocina». Roy, que era un año mayor que Charlie, se casó con Linda en 1965.

«Creo que la primera vez que vi a Charlie», cuenta Dave, «fue cuando yo tenía cuatro años y nos fuimos a vivir allí. Nuestras madres se hicieron muy amigas, eso fue lo principal, y a medida que crecíamos nuestra relación se fue haciendo cada vez más estrecha. La verdad es que es increíble que tuviéramos los dos ese interés por el *jazz* y que lo desarrolláramos a la par».

«Hasta los diez años tocábamos en el jardín», me contó Charlie, «porque era una sola parcela con una vallita en la parte de atrás y teníamos un agujero en ella para pasar de un lado a otro. Nuestros padres eran amigos. Luego, él empezó a tocar con grupos de *skiffle* y yo también. Tocamos juntos en nuestra primera banda de *jazz,* tocamos juntos en nuestros primeros discos, y siempre recurro a él cuando hago algo fuera de los Rolling Stones». Y añadió con su socarronería habitual: «No quiero cargarle con ellos».

«Mi padre tocaba un poco el piano, pero no tocaba *jazz*», me explicó Dave. «Solía tocar a Les Paul y Mary Ford, cosas así. Teníamos una radio con tocadiscos, y así empezamos Charlie y yo a interesarnos por la música, cuando teníamos unos nueve o diez años. Íbamos a la misma escuela, claro, a Fryent, pero no al mismo curso. Y luego fuimos a la escuela secundaria moderna de Tyler's Croft, en Kingsbury, cuando todavía vivíamos en el mismo sitio». La actriz Shirley Eaton, la chica Bond de *Goldfinger*, también asistió a aquella escuela más o menos en la misma época, al igual que William Woollard, el presentador del programa de televisión *Tomorrow's World*.

«Curiosamente», comenta Dave, «no recuerdo [a Charlie] en la escuela. Allí no lo veía mucho. Pero empezamos a coleccionar discos de setenta y ocho revoluciones y a ir juntos a las tiendas de discos, y a comprar elepés de Charlie Parker y de Jelly Roll Morton, que yo no había oído nunca. Los escuchábamos en su habitación, o a veces en la mía».

En su libro maravillosamente detallado *Rolling with the Stones*, Bill Wyman sitúa a Charlie con siete años en la boda de su tío Albert, en Holloway, vestido con un traje de raso. «Mi padre me compraba trajes y yo los llevaba con toda la prestancia que podía», contaba Charlie. «Era una especie de pequeño lord, supongo. Pero recuerdo que en aquellos tiempos no me gustaban los vaqueros ni los jerséis. Me parecían un poco desaseados y no me sentía tan a gusto con ellos como con mis trajecitos con sus pantalones holgados». Hay, en efecto, cosas que no cambian nunca.

Cuando el matrimonio de sus padres se deshizo, Dave tuvo que irse a vivir con unos parientes a Yeovil, pero regresó a Londres tras dos años de bucólica felicidad, y en 1953 se reencontró con Charlie.

«A mi madre le ofrecieron una casa de protección oficial cuando estaba en los prefabricados. Era en una zona de nueva construcción, en Kingsbury, así que nos mudamos allí. Recuerdo la niebla, la "sopa de guisantes" y al cobrador andando delante del autobús. No se veía nada, la niebla era increíble. Moría mucha gente.

»Al año de vivir en aquella urbanización nueva, mi madre volvió a solicitar un prefabricado», recuerda Dave riendo. «Los echaba mucho de menos, las casas y a Lil Watts y todo lo demás. Era un concepto maravilloso. Todo el mundo tenía exactamente la misma casa y un jardín más o menos del mismo tamaño. Era una utopía, era como una comunidad, y mi madre echaba de menos todo eso. No pudimos vivir de nuevo al lado de Charlie, pero sí un poco más abajo, en la misma calle».

El pequeño Watts cumplió trece años en junio de 1954, mientras Doris Day cantaba *Secret Love* gritando desde las colinas más altas y hablándoles de su amor a los narcisos dorados. En la escuela Tyler's Croft, en una clase de cuarenta alumnos, Charlie empezó a desarrollar su interés por las artes plásticas más que por la interpretación y el estudio de la música, que su profesor, al que nadie entendía, no supo alentar. Destacaba también tanto en el fútbol, como extremo derecho, como en el críquet, y llegó incluso a hacer una prueba para jugar en el Middlesex. «Era un chico grandullón, con las piernas fuertes», contaba Lil. «A veces pensábamos que iba a ser futbolista».

«Verlo jugar al críquet, ese es mi primer recuerdo de él», cuenta su hermana Linda. «Jugaba muy bien, de verdad, y todavía tenemos en el desván las medallas que ganó. Tenía muy buen físico, y mis padres siempre lo ayudaban en todo lo que quería. Vivíamos en una casa prefabricada de dos dormitorios, y la habitación de mi hermano era la más grande, la que tendría que haber sido la de mis padres. La mía era la pequeña, y mis padres durmieron bastantes años en una cama nido en el cuarto de estar».

Poco después, Charlie hizo sus primeros pinitos como músico, tocando el banjo. Solía decir que en su familia nadie tocaba, como no fuera el gramófono, pero no era estrictamente cierto. Hay una rama de su árbol genealógico que llega hasta los Migil Five, el combo de *jazz* británico con el que Charlie tocó en ocasiones y que más tarde siguió el camino de los Stones hacia el pop con tintes de *rhythm and blues*, y en mayo de 1964 alcanzó el Top 10 en el Reino Unido con su tema *Mockin' Bird Hill*.

El grupo estuvo liderado en sus orígenes por el tío de Charlie y Linda, Lennie Peters, con quien Charlie tocó durante sus primeros tiempos como baterista. «Era la única persona ciega que he conocido que podía pegar papel pintado», dice Linda, divertida. «Y cambiar una bombilla».

Tras llevar años tocando en solitario en el circuito de *pubs* londinense y grabando sencillos chapuceros para sellos como Oriole y Pye, el tío Lennie formó el dúo Peters and Lee, que mucha gente recordará como ejemplo paradigmático del «pop de pipa y pantuflas» que copaba las listas de éxitos en los años setenta. Con maravillosa incongruencia, en septiembre de 1973 su emblemático número uno *Welcome Home* compartió espacio en el Top 20 británico con *Angie* de los Rolling Stones.

Volviendo al banjo, como a Charlie no le gustaban los puntos del mástil, desarmó el instrumento. «Al mismo tiempo escuché a un baterista llamado Chico Hamilton», recordaba, «que tocaba con Gerry Mulligan. Yo quería tocar así, con escobillas». Como su primera batería, que había montado él mismo en casa, no tenía caja, pegó la tapa armónica del banjo a un soporte de madera hecho por él, le dio la vuelta y así pudo tocar sobre el parche redondo con escobillas de alambre.

Se fue apañando así hasta que, en la Navidad de 1955, su padre y su abuela se apiadaron de él y le regalaron su primera batería, una Olympic de segunda mano que le compraron a un tipo que tocaba en el *pub* del barrio. Llegó con los parches manchados de cerveza y quemaduras de cigarrillo en el bombo. «Recuerdo que me la encontré en el dormitorio de mi tía», contaba Charlie. «No recuerdo nada que me hiciera tanta ilusión, y la verdad es que los vecinos se portaron fenomenal, con el ruido que armaba».

Linda recuerda que su hermano estaba dispuesto a esforzarse al máximo. «Solía sentarse en la cocina a hacer ejercicios con dos pelotas de goma para fortalecer las muñecas», asegura. «Yo lo miraba y mi madre le decía: "¡Por Dios, deja ya eso!". Pero él estaba muy orgulloso. Cuando le regalaron la batería, pensé: "Dios mío, ¿qué van a decir los vecinos?". Por suerte, no se quejaron. Roy y él solían ir juntos a Londres, con otro amigo, Andrew Wren. Creo que fue entonces cuando le entró el gusanillo».

En aquella época, los conocimientos técnicos de su amigo Roy Rootes, que era ingeniero de televisión, le resultaron muy útiles. «Fui yo quien consiguió que Charlie empezara a tocar en su cuarto», cuenta Roy. «Tendí cables por todas partes, desde el tocadiscos del cuarto de estar hasta su habitación, y además monté un altavoz para que pudiera oír los discos en su cuarto mientras tocaba la batería».

Y ¡ay, los discos! Entre los primeros temas que le apasionaron como oyente estaba *Flamingo*, de Earl Bostic, que llegó al número uno de las listas de *rhythm and blues* en los Estados Unidos en 1951. El disco lo compró su tío y sonaba en las fiestas que hacían los padres de Charlie en la casa prefabricada. En él, el saxo alto de Tulsa encabezaba una versión rebosante de *swing* de una melodía que habían grabado por primera vez una década antes Duke Ellington y su orquesta. Aquel fue el primer acercamiento de Charlie al *jazz* sofisticado aderezado con *rhythm and blues*. Con el *Out of Nowhere* de Charlie Parker, grabado en 1947, comenzó su pasión imperecedera por el magistral saxofonista y por la diáfana batería de Max Roach. En aquella sesión participó también, a la trompeta, un tal Miles Davis, de apenas veintiún años.

«Soy lo que soy gracias a este hombre», decía Charlie sobre Parker. «Todo baterista que tenga algo de oído querría tocar con Charlie Parker». De hecho, «Bird» se coló más de una vez en el imaginario de los futuros Rolling Stones. En Cheltenham, Brian Jones les pidió a sus padres que le compraran un saxofón después de escuchar un disco de Parker. Y, como veremos más adelante, un Charlie sirvió de inspiración a otro para escribir un libro.

La conversión de Watts a la batería tuvo también como inspiración al ya citado Chico Hamilton, el baterista angelino cuyo habilidoso estilo con las escobillas afloró cuando se unió al cuarteto de Gerry Mulligan, el hechicero del saxo barítono. Su elepé de 1952, *Volume 1*, en el que participaba también Chet Baker a la trompeta, incluía el tema *Walkin' Shoes,* compuesto por el propio Mulligan, un alarde de elegancia contenida por parte de Hamilton y de toda la formación. Aquellos discos fascinaban al joven Charlie. Tenía que tocar como Chico Hamilton. Estaba más convencido que nunca de que su puesto estaba a la batería.

Charlie y Dave (que para su amigo siempre fue David) llenaron la casa prefabricada con el sonido contemporáneo del *skiffle,* que Dave acompañaba esforzadamente con su contrabajo de fabricación casera, hecho con una caja de té. Charlie aprendió por su cuenta a tocar la batería escuchando a esos primeros héroes del *jazz,* mientras sacaba unas notas muy mediocres en la escuela. Cuando dejó los estudios a los dieciséis años, solo aprobó la reválida en educación plástica. Aparte de eso, su única distinción escolar fueron dos copas de atletismo. Su facilidad para el diseño gráfico lo llevó a matricularse en la Escuela de Arte de Harrow.

«De joven me costaba mucho dormir, así que me ponía a dibujar», contaría más adelante. «Lo hacía como terapia y seguramente también para no meterme en líos». Según Dave, Charlie «era un artista tremendo. Sé que aspiraba a ser ilustrador, pero suspendió un examen o algo así. No sé cómo pudo suspenderlo, porque era muy bueno. Creo que eso fue un mal trago para él. Fue entonces cuando empezó a meterse más en el tema de la música».

Mientras tanto, los dos amigos continuaron su educación sonora, tanto en Pilgrims Way, Wembley, como en la zona oeste. «Aprendíamos poniendo discos y solíamos ir a los clubes», cuenta Dave. «Fuimos juntos al 100 Club a ver a la banda de Humphrey Lyttelton. Eso fue alrededor de 1958. Más tarde, en el 65, me uní al grupo de Humph y estuve con él dieciocho años. A Charlie le encantaba la batería de Eddie Taylor en esa formación, en la que también estaba Brian Brocklehurst al contrabajo. Los escuchábamos con avidez. Escuchas y observas la relación entre el contrabajo y la batería, y pones discos y copias… Charlie tocaba al mismo tiempo que oía el disco, igual que yo».

«Me formé observando cómo tocaban ciertas personas», explicaba Charlie. «Cuando iba a los salones de baile del barrio, nunca bailaba. Solía situarme cerca del baterista para verlo tocar. Y mis favoritos eran invariablemente los negros estadounidenses, que tocaban una música llamada *jazz*. Eso era lo que yo quería tocar».

Las inseguridades de Charlie salieron a relucir cuando habló de aquella época en el programa de radio de la BBC *Desert Island Discs* en 2001. «Soy una persona con poca formación», dijo. «De joven debería haber ido a clases, debería haber aprendido a leer música como es debido, pero preferí el brillo y la purpurina».

En 1958 ya daban conciertos. Los Joe Jones Seven, un grupo de *jazz* del norte de Londres, buscaban nuevos miembros debido a que su contrabajista y su batería habían tenido que incorporarse al servicio militar. Jones vivía en Meadowbank Road, en Kingsbury, no muy lejos de Charlie y Dave, que seguían viviendo en Pilgrims Way. En realidad se llama Brian, pero no hay que confundirle con el primer líder y cofundador de los Stones, ni con el baterista estadounidense Jo Jones, cuyo magnífico trabajo en la orquesta de Count Basie Charlie admiraba muchísimo.

«Yo sabía tocar una escala de si bemol», recuerda Dave, que había estado tocando en un conjunto de *skiffle*. «Conseguí un contrabajo de verdad, empecé a aprender a tocarlo y entonces nos enteramos de que esa banda estaba haciendo audiciones. Era una banda de Dixieland convencional y, como nosotros solíamos escuchar ese tipo de discos, nos presentamos allí sin más. Ni se nos pasó por la cabeza que podíamos conseguirlo, pero, como me dijo Brian hace poco, no se presentó nadie más. O se quedaban con nosotros o no tenían a nadie, así que conseguimos entrar».

«A ninguno de los dos nos interesaba hacer solos», añade. «Solamente queríamos estar allí y darle *swing* a la banda. Charlie nunca cambió de actitud en ese aspecto, y yo básicamente tampoco. A los dos nos gustaba jugar en equipo. En las bandas con las que toco, toco siempre para la banda, para la música, para encajar. Y lo mismo le pasaba a Charlie».

Jones, que en 2022 ha cumplido ochenta y tres años, lo cuenta así: «Pusimos un anuncio en el *Melody Maker* diciendo que íbamos a actuar en el Upper Welsh Harp, un *pub* del oeste de Hendon. Lo leyeron y se presentaron. Fueron los únicos, pero, como éramos una banda semiprofesional, tenían nivel suficiente para lo que buscábamos en ese momento, porque todos estábamos aprendiendo. Así que entraron en la banda. Creo que ese fue el primer trabajo de Charlie. Era un chaval muy elegante, siempre bien vestido y con estilo. Era un buen cronómetro, que es lo que buscas sobre todo, pero en esa primera etapa no iba más allá. No era un niño prodigio. Tocaba marcando el tiempo fuerte, que es justo lo que no debe hacer nunca un baterista. Pero no le duró mucho tiempo. Se curó enseguida de ese mal».

Jones, que admiraba a Louis Armstrong tanto como Charlie, añade: «Los padres de Charlie eran gente muy maja, y normalmente ensayábamos en su casa, en el prefabricado. En la banda había un pianista, pero ellos no tenían piano en casa, claro, y el piano eléctrico aún no se había inventado. Así que solo teníamos batería y contrabajo, y a veces un guitarrista, y un trío de saxo, trompeta y trombón en primera línea».

«Creo que sus padres se alegraban de que estuviera haciendo algo, en vez de andar por ahí dando tumbos», continúa Jones. «Había muchos padres así, que preferían soportar el ruido a que su hijo estuviera vagando por las calles. Fue una época muy buena. Pasábamos allí un par de horas los domingos, y también íbamos a ensayar a mi casa».

«Venían todos al prefabricado», añade Linda, «y el ruido que se oía era *jazz,* nunca rocanrol o pop. A Charlie le gustaba Billy Eckstine, que era lo que escuchaban mis padres, pero, menos eso, todo era *jazz*». Johnnie Ray y Nat King Cole sonaban también en el fonógrafo de casa. «Les gustaban mucho gente como Perry Como y esas cosas», comentaba Charlie, que fue a ver a Eckstine al London Palladium. El de Pittsburgh combinaba con elegancia de estilista todas las pasiones musicales de Charlie, como sofisticado vocalista de *jazz* y pop, director de banda de *swing* y *bebop* y trompetista. A Charlie le entusiasmaba su grupo de los años cuarenta, del que formaban parte Dizzy Gillespie, Charlie Parker y Art Blakey.

Con Charlie y Dave en sus filas, los Joe Jones Seven consiguieron una actuación semanal en el Masons Arms de Edgware. Hay una fotografía maravillosa de 1959 en la que se ve al grupo en ese local, incluidos sus dos reclutas adolescentes: el contrabajista Green con un jersey cualquiera y el baterista Watts impecable con una chaqueta de vestir, el pelo perfectamente peinado a raya y un pañuelo en el bolsillo de la pechera.

«Tenía la convicción de que, si íbamos a salir a tocar, teníamos que estar presentables», explica Dave. «Mi padre nos llevaba a veces en coche hasta allí o íbamos en taxi hasta la estación y luego cogíamos el tren, yo con el contrabajo a cuestas. Nos bajábamos en Canons Park y cogíamos un autobús. Actuábamos y, a la vuelta, lo mismo. Yo salía a tocar con lo que llevaba puesto. Charlie se cambiaba para la actuación. Nunca lo vi en vaqueros».

Ann, la esposa de Jones, que ha llevado a cabo una investigación admirable, ha desenterrado una carta dirigida a Brian, o Joe, con el membrete de Mecca Dancing («la mayor organización mundial de salones de baile»). «Fuimos a la sala Locarno de Streatham en agosto de 1958 a concursar en una eliminatoria del Campeonato Nacional de Bandas de Jazz Amateurs», cuenta Dave. «Para nosotros aquello fue la bomba, y me acuerdo muy bien de cuando tocamos en el escenario giratorio».

Señala otro ejemplo temprano del sentido del estilo que tenía su compañero: «Brian se inventó un uniforme para el concurso y recuerda que Charlie se puso una corbata de colores vivos, en vez de la que elegimos para el uniforme. Ann recuerda, además, que uno de los jueces estaba en el bar, en vez de en su sitio, escuchando a las distintas bandas y valorándolas».

La banda dio por sentado que su actuación no había impresionado a los jueces que sí estaban en su sitio, hasta que Brian recibió una carta del gerente de la sala Locarno en la que le informaba de que había habido un error y de que su grupo había quedado en realidad en segundo puesto, por detrás del cuarteto de Jack Bayle. Dave remata la historia de forma impecable diciendo: «No salió nada de ello porque no nos molestamos en ir a tocar en la final».

«En aquel entonces había mucho *jazz*», recuerda Jones. «Podías tocar en *pubs* de todo Londres, y también actuábamos como orquestita de baile en fiestas de aniversario, bodas y esas cosas, y tocábamos algunas canciones pop de la época. Ninguno de nosotros era un *higo mohoso*,[2] como se llamaba entonces a los pu-

---

[2] *Mouldy fig,* en inglés.

ristas del *jazz*. Si te salía un concierto, podías ganar diez chelines. Treinta, en el mejor de los casos. Aquella vez que actuamos en el Masons Arms, creo que ni siquiera nos pagaron; nos dieron cerveza gratis. Charlie bebía zumo de naranja».

La actuación de los Joe Jones All-Stars (que así se llamaba ahora el grupo) en el Edgware Jazz Club en agosto de 1959, con Charlie a la batería y Dave al contrabajo, incluyó, entre otros temas, *Summertime* de George Gershwin y varios estándares de *blues* como *St James Infirmary Blues, St Louis Blues* y el *Goosey Gander* de Woody Herman. A veces, era el padre de Charlie quien los llevaba en coche, con el contrabajo y la batería en el maletero. Otras veces, cogían el autobús y acomodaban como podían los instrumentos en la bodega de equipajes o en la baca. Un día, el bombo salió rodando por la carretera. El conductor se compadeció de ellos y detuvo el autobús para que pudieran recuperarlo.

Con la llegada de los años sesenta, Charlie encontró tiempo, entre conciertos y discos, para dedicarse al sexo opuesto. Asistió a la fiesta del veintiún cumpleaños de Jones. «Mi cuñado, que estaba allí», cuenta Jones, «me dijo: "Ese Charlie Watts me ha preguntado si voy a salir con tal chica, porque, si yo no quiero, él sí"».

La banda se separó al cabo de un año, después de que Jones se casara y se fuera a vivir con Ann a Luton. «Tiró cada uno por su lado», explica, «pero vinieron a verme un par de veces y tocamos con algunos músicos locales». Deslumbrado por sus músicos favoritos de la época, Charlie contaba que fantaseaba con que era el célebre baterista neoyorquino Art Taylor y que, como él, tocaba con Thelonious Monk, el genio del piano. Antes de acabar sus estudios en la escuela de arte en julio de 1960, Charlie hizo como trabajo de clase («a modo de práctica para trabajar en diseño gráfico», explicó más tarde) un librito breve pero significativo en homenaje a Charlie Parker, titulado *Ode to a High-Flying Bird* [*Oda a un pájaro de altos vuelos*], que escribió e ilustró él mismo. Lo ilustró con mucho cariño en casa, con tinta y pincel. «Las tintas se mezclaban y, como nunca limpiaba bien el pincel, quedaron unos colores muy extraños», explicaba con su característica atención por el detalle.

En enero de 1965, tras el éxito de los Stones, la editorial Beat Publications publicó el libro en edición de bolsillo, con un precio de siete chelines. Charlie contaba con sorna: «El tipo que publicaba *The Rolling Stones Monthly* vio mi libro y dijo: "¡Hombre, a esto puedo sacarle un dinerillo!"». Dave Green, que había seguido su propia trayectoria jazzística, alejada de la órbita de Charlie, me contó riendo que vio el libro en el quiosco de la estación de Kingsbury, pero que no lo compró «porque no podía pagarlo».

Oda a un pájaro de altos vuelos, de treinta y seis páginas y trece centímetros por dieciocho, era el típico librito fino, pero por la belleza y la sencillez de su caligrafía y sus dibujos podría haber sido un álbum infantil, tan elegante y fresco como la música de la que hablaba. Merece la pena que nos detengamos en él por ser el primer ejemplo (y quizá el más definitorio) de la conjunción de las dos grandes pasiones de Charlie: el *jazz* y las artes plásticas.

El joven Charlie representaba a Parker como un pájaro con gafas de sol y describía con descarnada elegancia su ascenso y su caída repentina. «Esta historia la escribió un Charlie para otro

Charlie, inmenso y ya fallecido», escribió como prefacio. El libro contaba cómo «anidaron» los padres de «Bird» en Kansas y cómo Parker, comprendiendo que era distinto a los demás polluelos, se puso a practicar con ahínco su «silbido» y, al no encontrar acomodo entre los demás pájaros, acabó refugiándose en «las semillas dañinas y las bebidas de centeno».

Alcanza la fama en Nueva York, pero no consigue desprenderse de sus malos hábitos. A lo largo de cinco páginas ilustradas con dibujos conmovedores, el pájaro va consumiéndose y en cada página se vuelve más pequeño, hasta que finalmente desaparece. Parker falleció como consecuencia de sus excesos en 1955, con solo treinta y cuatro años pero con el cuerpo, se decía, de un hombre de cincuenta o sesenta. «Voló pero no cayó en el olvido», concluía Charlie con elocuencia. El libro se reeditó en 1991, acompañado de un bonito minielepé titulado *From One Charlie* en el que Watts dirigía modestamente un quinteto escogido, con Dave al contrabajo.

En 1960, al salir de la universidad —y respaldado quizá por la primera edición de su libro—, Charlie consiguió trabajo como chico para todo en la empresa de diseño gráfico londinense Charles Daniels Studios, con un salario de dos libras a la semana. Sus compañeros de trabajo y él escuchaban cada noche la comedia radiofónica *Hancock's Half Hour* y al día siguiente repetían los mejores chistes de Hancock en la oficina.

Andy Wickham, un destacado publicista y ejecutivo que fue fundamental en la expansión de Warner Brothers Records, alimentada por la efervescencia de Laurel Canyon, comentaba:

«Trabajé con Charlie en el estudio. Era el ilustrador más listo del departamento. Nos ayudaba a los demás a dibujar si algo no nos salía. Pero había que oírle hablar de *jazz*. Era una enciclopedia andante».

La fascinación de Charlie por el diseño y el *jazz* le granjearía más adelante el cariño de un fotógrafo emergente que contribuyó a dar forma a la dinámica visual de los Stones: David Bailey. «Congenié muy bien con Charlie porque había trabajado como diseñador gráfico», cuenta. «Sabía quién era [el ilustre fotógrafo estadounidense] Irving Penn y también conocía un poco mi trabajo. Y además, claro, a él le tiraba más el *jazz,* y yo escuchaba mucho *jazz*. Cuando tenía catorce años, quería ser Chet Baker».

Charlie ascendió a la categoría de cartelista, y podría haber tenido mucho éxito como diseñador gráfico si no se lo hubiera impedido su pasión por la música. Dejó el trabajo porque necesitaba tocar la batería, así de sencillo. Mantenía la práctica tocando dos veces por semana en un bar y, desde septiembre de 1961, consiguió una actuación fija en el Troubadour de Earl's Court, donde conoció a Alexis Korner, que quedó admirado de su destreza.

Korner, nacido en París, había llegado a Londres siendo todavía un niño, durante la Segunda Guerra Mundial, y en 1949 se unió a la banda de Chris Barber, donde coincidió con Cyril Davies, un armonicista perpetuamente infravalorado. La energía combinada de ambos como artistas y promotores musicales fue de inmensa importancia para el surgimiento del *rhythm and blues* londinense; sobre todo, tras la formación de Blues Incorporated en 1961.

Charlie me habló a menudo de aquella primera época en los clubes, como espectador e intérprete, y se acordaba al instante de todos los músicos con los que había tocado décadas antes. Trabajó para Art Wood, el hermano mayor de Ronnie, y en la banda Blues By Six, aunque no acababa de encajar en ninguna de esas formaciones. «Te ganabas la vida», contaba. «Tocabas donde te lo pedían, David, como era contrabajo y además tenía muchísimo talento, lo hacía con cierta gente. Solía tocar en la banda de Art, en la que Art Themen [que más tarde tocó con Stan Tracey] era el saxo tenor».

«Recuerdo», añadía, «que cuando empecé, estaba por un lado el *jazz* moderno y por otro el tradicional, y la separación era total. La gente que iba a los sitios a los que iba yo, a ver a Georgie Fame, tenía un aspecto totalmente diferente, en el corte de pelo y en todo, a la gente que iba a bailar al club de Cy Laurie [en Great Windmill Street], que era donde iba mi [futura] mujer».

«Así es como empezó Alexis, gracias a Chris Barber, que era un tipo encantador, muy buena gente, y fue quien lo animó», explicaba. «Harold Pendleton era el dueño del Marquee, y Alexis consiguió que le dieran la noche del jueves en esa sala. Acabó teniendo más éxito que la noche de Johnny Dankworth, que era el domingo. Yo solía ir los domingos por la noche, a ver a [el baterista de *jazz* escocés] Bobby Orr y a gente así que tocaba allí». Por aquella época, Charlie pasaba ya más tiempo en el Soho y también iba a ver a Phil Seamen al Ronnie's y al Flamingo, y le compraba discos a Ray Smith, el dueño de esa meca del *jazz* que era la tienda de discos Collet's en New Oxford Street.

Los intentos de Korner de contar con él como baterista de Blues Incorporated se vieron frustrados cuando Charlie recibió una oferta para trabajar como diseñador gráfico en Dinamarca; en concreto, en Randers, en la península de Jutlandia. Durante la temporada que pasó allí, Charlie tocó con el multiinstrumentista Holger Laumann en la banda Safari Jazz, y con Don Byas, el prestigioso saxo tenor de *swing* y *bebop* que había trabajado con Basie, Ellington y Gillespie.

Regresó al Reino Unido en febrero de 1962 para trabajar como diseñador en la agencia de publicidad Charles Hobson and Grey. En esa misma época, tocó fugazmente con el trío del pianista y cómico en ciernes Dudley Moore, con el que trabó una amistad que resurgiría años después. De momento, sin embargo, Blues Incorporated había conseguido por fin a su baterista.

«Recibí un mensaje diciéndome que Alexis Korner (y yo dije "¿Quién?") quería que tocase en su banda», contaba Charlie. «Hablé un poco con Alexis y fui a verlos, y no entendí qué narices estaban tocando. Para mí, el *blues* era *Parker's Mood*. Nunca había oído *blues* de Chicago. Y la verdad es que no me gustaba el rocanrol. Lo más parecido era Fats Domino, y Little Richard, que me parecían maravillosos; todavía me lo parecen».

«Detestaba a Elvis. Fue Keith Richards quien consiguió que me aficionara a Elvis Presley y a la grandeza de su época en el sello Sun. Me gusta hasta *All Shook Up* y esas cosas. Creo que habría ido a peor si hubiera vivido, porque detesto el último periodo de su vida, todo ese espectáculo. Me encantaba cuando tocaba con Scotty Moore y D. J. Fontana, ese grupito. Debía de ser impresionante en aquella época. Tenía que ser increíble verlo en uno de esos bailes de granero».

Así, a dos libras por actuación, Charlie entró a formar parte de una especie de campo de entrenamiento para músicos británicos que, seguramente, solo puede compararse con el semillero de talento en el que pronto se convertirían los Bluesbreakers de John Mayall. Charlie decía de Korner que era «un gran imán». Por Blues Incorporated pasaron Jack Bruce, Ginger Baker, Graham Bond, Long John Baldry, Paul Jones, el estadounidense Ronnie Jones (que no era familia de Brian), Davy Graham y Dick Heckstall Smith. La banda dio también una de sus primeras oportunidades a otro joven aspirante al que por entonces todavía se conocía como Mike Jagger.

«A veces me gustaría tener estadísticas de la cantidad de gente que empezó conmigo», comentaba Korner en una entrevista con *Melody Maker*. «Los Stones, por ejemplo. Charlie Watts estaba en mi banda y Mick Jagger solía cantar conmigo. Por mí lo habría mantenido como cantante, pero Cyril Davies se opuso».

Jack Bruce me dijo una vez: «Cuando llegué a Londres, empecé a tener más trabajo y más interesante en lo musical, por suerte para mí, porque nunca fui muy aficionado al *jazz* tradicional, que era muy formulista y de poca categoría. Cuando conocí a Dick Heckstall-Smith y entré en la banda de Alexis Korner, con toda esa gente estupenda, como Ginger y Graham Bond, Charlie Watts y toda la gente maravillosa que conocí a principios de los sesenta, fue cuando empecé a evolucionar».

«Jack es un buen músico, lo ha sido siempre, desde los dieciséis años o antes», comentaba Charlie. «Cuando lo conocí, ya era un bajista fantástico. Estaba en una banda con Ginger y Dick. Es uno de esos músicos que pueden presentarse en un sitio y actuar sin más, cosa que yo no puedo hacer. Bueno, sí que puedo, pero en algunos sitios me cuesta más y a Jack no. Cuando toqué por primera vez con Alexis, Jack tocaba el contrabajo, al principio de conocerlo. Al poco tiempo se pasó al bajo eléctrico».

Un concierto que no le gustó nada fue el de otro músico local, Screaming Lord Sutch, uno de los primeros representantes del *shock rock*, que actuó cerca de la casa de los Watts con su banda, los Savages, en la que Andrew Wren, amigo de ambos, tocaba el piano. Los historiadores avezados sabrán que Wren —un músico que no alcanzó el reconocimiento que merecía— había sustituido al primer pianista de los Savages, Nicky Hopkins, que más tarde se convirtió en un ingrediente esencial de numerosas grabaciones clásicas de los Rolling Stones y de muchas otras formaciones. A Wren, por su parte, lo reclutó al poco tiempo Brian Jones como piano y voz durante los ensayos embrionarios de lo que luego fueron los Stones, si bien fue sustituido por Mike Jagger casi de inmediato.

«Habíamos estado jugando un partido de críquet. Yo jugué en el equipo de la empresa de Charlie, para la que trabajaba en Hayes», recuerda Roy Rootes. «Cuando volvíamos en el coche, me dijo que Andrew Wren estaba tocando en el Centro Cívico de Southall y que si quería que nos pasáramos a verlo. Nos pasamos, y Lord Sutch estaba tocando *Great Balls of Fire* y cosas así». Hay que imaginarse a Sutch con su atuendo habitual para salir al escenario, inspirado en el excéntrico músico americano Screaming Jay Hawkins, con un casco con cuernos de búfalo y una peluca encima, y una chaqueta de leopardo con las mangas cortadas que le había prestado su tía.

«Lord Sutch corría de acá para allá y Andy Wren tenía una alarma de incendios de buen tamaño», cuenta Rootes. «Había mucho humo y mucha basura en el escenario, y de repente [Wren] se acercó corriendo y le dio un golpe a Lord Sutch en la cabeza. Empezó a chorrearle sangre por la cara. Nos dimos cuenta de que aquello no formaba parte de la actuación cuando vimos una ambulancia fuera». Como era de esperar, Charlie quedó horrorizado.

El 17 de marzo de 1962 actuó en el primer concierto de Blues Incorporated en el Ealing Club, con Korner a la guitarra eléctrica, Davies a la armónica, Dave Stevens al piano, Andy Hoogenboom al bajo y Dick Heckstall-Smith al saxo tenor. Korner y Davies habían dirigido anteriormente el London Blues and Barrelhouse Club en el *pub* Roundhouse, situado en el cruce de las calles Wardour y Brewer, donde previamente Davies organizaba el London Skiffle Club.

El Ealing Jazz Club, que abrió sus puertas en 1959 en el número 42 de Broadway, frente a la estación de metro de Ealing Broadway, se convirtió en la cuna del *rhythm and blues* británico. Charlie estaba de nuevo allí a la semana siguiente, cuando conoció al «otro» Brian Jones (que por aquel entonces era aficionado al *jazz* tradicional y vivía en Cheltenham), al que, a su vez, dos semanas después, le presentaron a Mick y Keith. Empezaban a sembrarse las semillas.

Sesenta años después, durante los preparativos de la gira europea que conmemora ese aniversario, Mick y Keith me hablan de los primeros recuerdos que guardan de su amigo de toda la vida. «Sí, el Ealing Club», comenta Keith. «Mick y yo fuimos hasta allí porque nos habían hablado del club y dijimos: "¡Uy, *rhythm and blues* en Londres! Eso hay que verlo". Yo no alcanzaba a ver el otro lado del escenario, pero oía al baterista. Intentaba encontrar un hueco para ver bien el escenario y había un triangulito entre el codo y el culo de no sé quién, y solo veía esa mano izquierda marcando un *backbeat* perfecto. Y así fue como conocí la mano izquierda de Charlie Watts, y la oía y no paraba de intentar ver qué había al otro lado. Por fin conseguí ver al cabroncete, y Mick y yo nos miramos y pensamos: "Si conseguimos mover algunos hilos, ese es el tío que nos interesa". Alexis tocaba también a veces con Ginger Baker y Phil Seamen y con algunos bateristas de *jazz* muy conocidos. Pero no tenían esa cosa que tenía Charlie, ese toque único».

Mick, por su parte, recuerda: «Solo lo vi tocar en el Ealing Club. Nunca había oído hablar de él ni de ninguno de ellos. No sabía quién era Alexis Korner. Yo iba los sábados por la noche porque podías unirte a la banda. Charlie era uno de los bateristas, pero había otros. Así fue como lo conocí. Era una idea muy bonita. Llegabas con tu instrumento y podías tocar hasta en tres números. Yo intentaba cantar todos los sábados y conseguir al menos dos números. Tocaba con él. Cantaba por mi cuenta, o Keith y yo tocábamos un tema, pero ponían mala cara porque era muy rocanrol. Pero, evidentemente, era lo que más éxito tenía entre el público, porque era lo más bailable. Luego cantaba con Brian *Dust My Broom*, o no».

Charlie, como de costumbre, quitaba importancia a sus propios méritos y a los de Blues Incorporated, pero, al mismo tiempo, recordaba el impacto inmediato que tuvieron aquellas veladas en el Ealing Club, y el de un grupo al que describía como «un cruce entre R&B y Charles Mingus». A la primera sesión asistieron unas cien personas, en una sala con capacidad para doscientas, pero un mes después acudía tanta gente que mucha no podía entrar. «Alexis batió un récord en el club al mes de estar tocando y no sé por qué, porque no era una banda muy cohesionada», comentaba Charlie. «Tocábamos cosas que no había escuchado nadie en la banda. Era un grupo de gente con mentalidades totalmente distintas, en realidad. Solo Cyril Davies y Alexis conocían de verdad las canciones que tocábamos. Los demás íbamos a ciegas. Era alucinante, en serio, pero la gente acudía». Luego, a partir de mayo, Blues Incorporated consiguió una actuación fija los jueves por la noche en el Marquee, en el intermedio del espectáculo de la Chris Barber Band.

Fuera de los escenarios, Charlie cumplió veintiún años el 2 de junio de 1962 mientras Elvis Presley seguía dominando las listas de éxitos británicas con *Good Luck Charm*. Celebró aquel cumpleaños que marcaba oficialmente su paso a la edad adulta con una fiesta en el *pub* Green Man de Kingsbury. Más de sesenta años después, Brian «Joe» Jones aún conserva la carta que acompañaba a la invitación. Decía (con errores ortográficos incluidos):

Querido Joe:
Te adjunto esta nota con la esperanza de que Anne y tú podáis acercaros el sábado 2 de junio estarán allí todos los Chicos.

También me gustaría que hicieras extensiva esta *invatación* a tu Madre y a tu Padre y a Terry y su Chica, como puedes ver es en el Green MAN.

CHARLIE

P. D.: Habrá una banda pero si quieres traerte la trompeta y tocar un poco más tarde eres muy bienvenido. Nos vemos y escuchamos pronto.

Jones contestó diciendo que no podían ir porque Ann había dado a luz a su hija Sara cuatro días antes.

Mientras tanto, al frente de Blues Incorporated, Korner y Davies discutían sobre el rumbo y el sonido exactos del grupo —Davies se inclinaba por un estilo más cercano al *blues* de Chicago— e, inevitablemente, sobre dinero. «Yo no quería meterme en medio», contaba Charlie. «Solo era el baterista. Ni siquiera podía participar en las discusiones porque no tenía ni idea de qué estaban hablando. Tocaba con Cyril Davies, que era un armonicista de *blues* de Chicago, a lo Jimmy Cotton. Yo nunca había tocado con un armonicista. La primera vez que toqué con Alexis, le dije que bajara el volumen, porque tenía un amplificador como de sesenta por sesenta y lo colgó justo encima de mi cabeza, en un café bar, el Troubadour, que todavía existe, en Earl's Court. Un sitio muy bohemio. No aguantaba el ruido. Me acuerdo de que Ginger Baker estaba allí esa noche».

Unas semanas después, el 12 de julio de 1962, los Blues Incorporated no pudieron ofrecer su concierto semanal en el club Marquee, que se había convertido en la principal atracción de la velada, porque les habían ofrecido actuar en el programa de radio *Jazz Club* de la BBC. Los sustituyeron los Rolling Stones, que todavía estaban en formación, con Brian (que entonces se hacía llamar Elmo Lewis), Mick y Keith, y, al piano, Ian «Stu» Stewart, que poco después se convertiría en su querido *road manager*. Junto a Dick Taylor y Mick Avory (futuros integrantes, respectivamente, de los Pretty Things y los Kinks), hicieron su debut en directo, que marcaría el comienzo de una época.

«Yo los conocía a todos», contaba Charlie, «porque había tocado con Mick a veces, con Alexis, que no tenía cantante [regular]. Tuvo a Ronnie Jones, un americano, y creo que Paul Jones cantó con Alexis por aquel entonces, y Mick también en algunas actuaciones. Keith nos acompañaba en el Ealing, de eso me acuerdo, y con Brian toqué varias veces».

Charlie, que estaba presente como espectador, pudo atisbar aquella noche de julio el mundo en el que pronto se zambulliría de por vida. Después de actuar en *Jazz Club,* se dirigió al 165 de Oxford Street, donde se encontraba por entonces el Marquee. «Actuamos [los Blues Incorporated] en un programa de radio y recuerdo que llegué de Broadcasting House y bajé las escaleras de atrás, o del lado, mejor dicho, del Marquee, y me quedé en la puerta viendo a Brian haciendo sus cosas de Elmore James con el *slide*».

No todo el mundo recuerda aquella noche como un hito, sin embargo. Harold Pendleton, el fundador del Marquee, era un astuto empresario del norte de Inglaterra muy aficionado al *jazz* tradicional. Lo entrevisté en 2014, cuando tenía ochenta y nueve años, tres antes de su muerte, y todavía rebosaba energía. «Hace años», recordaba, «vinieron a verme de la BBC y me preguntaron qué me habían parecido los Rolling Stones cuando actuaron por primera vez en mi sala. Les respondí que yo estaba en el *pub*. Como no teníamos licencia para vender alcohol, la verdadera banda, que era el grupo de Cyril Davies, se fue al *pub* y yo me fui con ellos. Los Stones eran el grupo de relleno». El eje compositivo Jagger-Richards no había cuajado aún, y la lista de canciones de esa noche no incluyó ni un solo tema original. Tocaron versiones de artistas que les servían de inspiración, como Jimmy Reed, Robert Johnson, Muddy Waters y Chuck Berry, y cavaron aún más hondo en busca de material, escogiendo temas de Little Willie Littlefield, Jay McShann y Billy Boy Arnold. La única canción que no seguía esa línea fue una versión de *Tell Me That You Love Me,* una cara B de Paul Anka, el rompecorazones adolescente, publicada en 1957.

Aunque el grupo aún estaba muy verde, durante una temporada Stu gestionó sus actuaciones desde su trabajo en la empresa ICI, dado que ninguno de los Stones tenía teléfono. Actuaban y ensayaban, y a su concierto semanal en el Ealing Club sumaron bolos en el sur de Londres, en Sutton, Cheam y Richmond, o incluso en lugares más alejados. Mientras buscaban un baterista fijo, se hicieron cargo de las baquetas Tony Chapman (que venía de los Cliftons, el grupo en el que tocaba Bill Wyman, y no acababa de encajar en la formación) y posteriormente Carlo Little, de la banda de Screaming Lord Sutch. En algunos conciertos no había baterista.

Brian Jones perseguía a Charlie, que se resistía a ceder aferrándose a su condición de semiprofesional y a los ingresos que le proporcionaba su trabajo fijo. Décadas después seguía negando que estuviera muy demandado en aquella época y que, al final, le cazaran los Stones. «Yo de eso no sé nada», me dijo una vez, al mencionárselo yo. En otra entrevista, afirmó que en aquel momento estaba «buscando trabajo, "entre compromisos", como dicen los actores».

«De eso nada», asegura Keith, al recordar aquella primera vez. «Después de aquello, claro, pasamos meses intentando convencer a Charlie de que se uniera a la banda», recuerda. «Te decía: "Mira, me encantaría, pero necesito por lo menos una actuación fija a la semana solo para cubrir gastos". Así que nos las apañamos como pudimos unas semanas más, hasta que conseguimos otra actuación, y se la presentamos a Charlie muy orgullosos: "¡Tenemos *dos* conciertos a la semana!". Y se apuntó».

Mick lo explica así: «Vimos tocar a Charlie con Alexis y pensamos que estaría muy bien. Pero tenía un montón de actuaciones pequeñas. Alexis tenía muchos bateristas y a todos les daba una oportunidad, a Ginger Baker o a quien fuera. Nosotros no teníamos suficientes actuaciones y no podíamos pagar a nadie. En cuanto conseguimos actuaciones fijas, como en el Richmond y en el Ealing y en el club de Ken Collier, Charlie se vino con nosotros. Solo estaba esperando a que tuviéramos suficientes. Tardó un tiempo, pero no tanto. A la gente le gusta mitificar estas cosas, pero en realidad fue así de sencillo».

Mick y Brian se fueron a vivir a uno de los antros más famosos de la historia del *rock*, su piso en Edith Grove, Chelsea, donde al poco tiempo se les unió Keith. No siempre se recuerda que, durante una temporada, Charlie también compartió con ellos aquel «hermoso tugurio», como lo llamaba Keith. «Vivía con Mick, Keith y Brian», contaba Charlie, que todavía volvía a casa de sus padres los fines de semana. «Estábamos en Londres, en el centro, era fácil y la verdad es que era un cachondeo».

A mediados de diciembre de 1962, después de impresionar a aquel primer embrión de los Stones en los ensayos con sus amplificadores más que por su forma de tocar, Wyman se unió también a la banda y Charlie renunció a su puesto en los Blues Incorporated, alegando, con su modestia característica, que no estaba a la altura de su nivel musical. A principios del año siguiente, recomendó como sustituto a otra futura leyenda de la batería, y dio el gran salto para unirse a los Rolling Stones, a pesar de que sus amigos pensaban que se había vuelto loco y no sabía qué iba a decir su padre.

2

«¿Crees que debería unirme a esa banda de intermedio?»

Peter Edward Baker aparece por primera vez en la vida de Charlie Watts a finales de los años cincuenta, cuando se le conocía ya por su apodo, Ginger. Era dos años mayor que Charlie y tocaba la batería desde 1954. Entablaron una amistad que duró toda la vida y ejercieron ambos una influencia importante en momentos decisivos de sus respectivas carreras.

Se conocieron en The Troubadour, el legendario club de folk de Earl's Court, cuando el futuro integrante de los Rolling Stones tocaba allí en un cuarteto. «Entró mirándome con cara de pocos amigos», contó Charlie años después en una entrevista para *Melody Maker*. Quienes tuvimos que ver el documental *Cuidado con Mr. Baker* prácticamente desde detrás del sofá sabemos que Ginger era capaz de montar una bronca en una sala vacía.

«Es buenísimo», añadía Charlie. «Era lo más parecido que he visto a un músico totalmente americano. Los americanos tocan a su aire, como les parece que deben tocar, y eso es lo que hace Ginger. A mí me sonaba más a Elvin Jones que el propio

Elvin». Todo un elogio, teniendo en cuenta que Charlie venera-ba al baterista de *jazz post-bop,* conocido principalmente por formar parte del cuarteto de John Coltrane. Charlie y su amigo Jim Keltner, el afamado baterista, llegaron incluso a grabar un tema titulado «Elvin Suite», de doce minutos, para *Charlie Watts Jim Keltner Project*, el álbum de colaboración que graba-ron en 1996, una apuesta arriesgada y rebosante de imaginación. Compusieron la pieza junto con Blondie Chaplin, que formaba parte de la banda de directo de los Rolling Stones y colaboró con los Beach Boys en la época de *Holland*.

«Su relación se remonta a antes de que yo naciera», cuenta la hija de Ginger, Nettie (diminutivo de Ginette). «Fue más o me-nos en la época en que mi madre [Liz, la primera esposa de Baker] y mi padre empezaron a salir, en 1958. Charlie conocía a mi padre por el mundillo del *jazz* y se movían en los mismos círculos. Vivían cerca y solían tomar la línea de Bakerloo [que ahora es un tramo de Jubilee] con mi madre para moverse entre el centro y las afueras. Charlie vivía en Kingsbury y ellos en Neasden, así que seguían la misma ruta y se ponían a charlar. Sentían adoración el uno por el otro. En mi casa no se podía decir una mala palabra sobre Charlie».

Al igual que Charlie, Baker había relegado su interés por el diseño gráfico para dedicarse a la música. «Tenían mucho en común», añade su hija. «Hubo algo en esos primeros tiempos que los unió para siempre y eso es muy raro en mi padre. Estuve recorriendo algunos clubes antiguos de Londres y me enteré de que mi padre solía ir al club de Cy Laurie cargado con su bate-ría, por ejemplo. Es importante saber que Charlie también esta-ba allí en esa época».

Al dejar Blues Incorporated, en esa encrucijada de su trayectoria vital, Charlie recomendó a Ginger para sustituirlo. Como hemos visto, sentía que le costaba seguir el ritmo de sus compañeros de banda. «Dejé a Alexis porque estaba tomando un rumbo distinto», explicaba, «y yo sentía que no estaba a la altura. Le dije que aquello tendría que hacerlo Ginger Baker y fue él quien me sustituyó. Ginger era una verdadera máquina en aquellos tiempos. Recuerdo la batería que tocaba con Alexis: se la había fabricado él mismo, de plástico azul claro, muy vanguardista». Charlie incluso le ayudó a montar la batería en su primer ensayo con el grupo.

La marcha de Charlie obedeció también a otro motivo, según Nettie. «Le dijo a mi padre que aquello no era un futuro seguro, y a mi padre le hizo mucha gracia. Pero fue entonces cuando le pasó el trabajo de Alexis». El aprecio que sentían el uno por el otro hizo que, poco después, Ginger recomendara a Charlie a Brian Jones. «Mi padre le tenía simpatía a Brian porque decía que era un buen músico», explica Nettie. «Le dijo: "Tu batería es absolutamente nefasto, Brian. ¿Por qué no contratas a Charlie Watts?". Así que le devolvió el favor. Sabía que Charlie tenía una buena base jazzística y seguramente pensó que podía aportar algo a los Stones. Él contaba que se dio cuenta de que iban a tener mucho éxito desde la primera vez que los vio».

Nettie siempre fue consciente de que los dos amigos tenían personalidades muy distintas. «¿Qué se puede decir de alguien que es de verdad una persona estupenda?», comenta con franqueza. «Mi padre tiene fama de no ser un hombre agradable y aun así eran muy amigos, estaban increíblemente unidos. Pasaba lo mismo con Eric Clapton, que contaba que Ginger nunca le mandó a la micrda y que por eso se llevaban bien. Con él nunca se portó así. O sea, que ellos veían una faceta completamente distinta de mi padre. Y no creo que ser una persona agradable sea un requisito imprescindible para ser un buen artista».

La incipiente formación de los Stones —con Jagger, Richards, Jones, Ian «Stu» Stewart y Dick Taylor— sabía qué baterista quería. «Dijimos: "Dios, nos encantaría contar con Charlie Watts si pudiéramos permitírnoslo"», cuenta Keith en sus memorias. «Porque a todos nos parecía un baterista con un don divino. Stu se encargó de tantear el terreno. Y Charlie contestó que aceptaría encantado cualquier actuación que le ofreciéramos, pero que necesitaba dinero para cargar con los tambores en el metro. Dijo: "Si vienes y me dices que tenéis un par de actuaciones fijas a la semana, me apunto"».

Ronnie Wood contaba la conversación que tuvo Charlie con su hermano mayor, Art, que también tocaba la batería en el Marquee. «Le dijo a Art: "Me han ofrecido unirme a una banda de intermedio, los Rolling Stones, se llaman. ¿Qué crees que debería hacer?". Charlie pensaba que solo sería una semana o dos o algo así, y Art le dijo que sí, que adelante. "Si quieres entrar en la banda, nosotros te echamos una mano con la batería"».

De modo que, aun sabiendo que su saldo bancario podía sufrir un grave revés, finalmente Charlie no pudo resistirse a la propuesta de los Stones. «Por entonces ganaba un buen sueldo, que obviamente iba a caer en picado», decía Charlie, según cuenta Bill Wyman en su libro *Rolling with the Stones*. «Pero estuve dándole vueltas. Me gustaba su espíritu y en aquella época yo me estaba zambullendo en el *rhythm and blues*. Así que dije que sí».

Entresemana dormía en medio del desbarajuste del piso de Edith Grove y comenzó a sentirse extrañamente seducido por aquel ambiente. Había dejado su empleo en la agencia Charles Hobson and Grey Advertising. La empresa había salido muy fortalecida tras la compra en 1962 de Charles Hobson and Partners por la poderosa firma neoyorquina Grey Advertising, pero a Charlie cada vez le apetecía menos dedicarse profesionalmente al diseño. «Me levantaba por las mañanas y Brian y Keith estaban roncando, y yo pensaba: "Hoy no voy a ir a tal entrevista. Y, además, esta noche tocamos". De repente, estaba en un grupo al que todo el mundo aplaudía».

Toda una vida después, en 2012, cuando se acercaba el quincuagésimo aniversario de los Stones, Mick Jagger dejó claro que había investigado un poco por su cuenta sobre la cronología de los primeros años de la banda, remontándose hasta su punto de partida en julio de 1962. «Le pregunté a Charlie cuándo había sido su primer concierto y contestó que en enero del año siguiente». Exactamente. A Tony Chapman le despidieron después de su actuación en el Ricky-Tick en Windsor el día 11, y veinticuatro horas después, de nuevo en el Ealing Club, Charlie se sentó por primera vez a la batería y el grupo pasó a tener seis componentes.

La entrada del diario de Keith sobre la actuación de debut de Charlie pone de manifiesto sus reservas. «A lo mejor es por el catarro, pero no me ha sonado bien, claro que Mick y Brian y yo ¡¡¡estábamos todavía groguis por los escalofríos y la fiebre!!!». (Incluso una idea tan prosaica aparece aquí expresada mediante el título de una canción: *Chills and Fever* era un tema de *rhythm and blues* de 1960 del que Jet Harris había hecho una versión reciente y que fue uno de los primeros éxitos de Tom Jones). Keith concluía: «Charlie tiene *swing*, pero aún no ha dado con el sonido correcto. ¡Rectificarlo mañana!». Cuando le recuerdo sus comentarios nueve meses después del fallecimiento del baterista, suelta una carcajada ronca: «¡Qué descaro!».

Unos días después, Keith anotaba en su diario: «Charlie tiene mucho *swing,* pero no le da al rocanrol. Es un tío estupendo aun así». En *Vida,* la autobiografía que publicó en 2010, comentaba: «En aquella época aún no dominaba el rocanrol. Yo quería que le diera más caña. Me seguía sonando demasiado a *jazz*».

La clave estaba en los discos de Jimmy Reed, el *bluesman* de Misisipi cuya influencia se dejó sentir tempranamente, y ya para siempre, en los Stones: no solo le versionaron en sus inicios, sino que tocaron *The Sun Is Shining* en su trágico concierto en Altamont en 1969, incluyeron su tema «Little Rain» en *Blue & Lonesome,* el exitoso álbum de 2016 en el que volvieron a sus orígenes musicales, y tocaron *Shame Shame Shame* en la fiesta de homenaje a Charlie que se celebró, cómo no, en el club de *jazz* Ronnie Scott's en diciembre de 2021.

«Cuando empecé en los Stones, Keith, Brian Jones y yo nos pasábamos el día escuchando temas de Jimmy Reed», me contó Charlie. «Gracias a ellos descubrí todas las sutilezas de la música de Reed». En el libro *According to the Rolling Stones,* de 2003, añadía: «Descubrí que en esos discos Earl Phillips tocaba como un baterista de *jazz*: tocaba *swing* a negras. Freddy Below, en cambio, tocaba *shuffle,* que es lo que se hacía en Chicago. Así que en muchas de las canciones de Chuck Berry que nosotros convertíamos en ritmos de "corcheas justas", que es como toca-ba Chuck, Freddy Below tocaba negra, negra, *swing*, y la mezcla, si sale bien, es alucinante, pero, si no, alguno acaba yendo a destiempo. Así que aprendimos a tocar al estilo de Freddy Below».

Keith quedó impresionado por el estilo con el que su nuevo compañero se adaptó al espíritu sonoro del grupo. «Empezó a escuchar mucho *blues* de Chicago; no le quedaba otra al estar con nosotros», comenta. «Pero, además, con su forma intuitiva de asimilar lo que escuchaba, y con lo que tocaba antes, *jazz* y *free*, me sorprendió que en un par de semanas no solo diera con lo que había que hacer, sino que además lo disfrutara. Era como si estuviera aprendiendo algo al unirse a los Stones, que éramos una escuela bastante extraña».

Tras una prueba en octubre de 1962 en un estudio de Highbury propiedad del guitarrista Curly Clayton, en marzo de 1963 el grupo grabó una segunda maqueta, en este caso bajo los auspicios de Glyn Johns, otro músico de su generación. Johns, que por entonces estaba iniciando su carrera musical —que le consagraría como uno de los mejores productores e ingenieros de sonido de Gran Bretaña—, trabajaba en los estudios IBC de Portland Place y consiguió que dejaran grabar a los Stones durante los tiempos muertos. Como recuerda en *Sound Man,* su libro de memorias, el estilo del grupo ya estaba cobrando forma gracias, en gran medida, a la sección rítmica.

«El resultado me pareció espectacular», escribía. «Por fin había conseguido grabar la música que tanto me había emocionado oyendo el álbum de Jimmy Reed de Pat, mi amigo americano. Aquello sonaba auténtico. Recuerdo que me impresionó especialmente cómo tocaba la armónica Brian Jones, y el sonido y el sentimiento extraordinarios que conseguían Charlie y Bill y, por descontado, la forma de tocar el piano de Stu».

Durante los primeros seis meses que Charlie pasó en la banda, los Stones dieron noventa y un conciertos por todo Londres: en el centro de la ciudad, en el Flamingo del Soho, en el Scene Club y el Marquee; en el norte, en el Harringay Jazz Club; en el sur, en el Red Lion de Sutton y en el Wooden Bridge Hotel de Guildford; y en el oeste, en el Ricky-Tick de Windsor y en Eel Pie Island, en Twickenham. Una de esas primeras actuaciones fijas ocupaba un lugar especial en la memoria de Charlie. «Lo que más me impresionó creo que fue tocar en el Crawdaddy, cuando se trasladó desde el *pub*», contaba. «Estoy hablando de memoria, así que puede que me equivoque, pero nos trasladamos del *pub* al campo de deportes [en junio de 1963, cuando el club instaló su sede en el Richmond Athletic Ground]. Me acuerdo de Mick bailando allí. Solíamos tocar todos los domingos. Tocábamos en la sala de Ken Colyer, frente a la estación de metro de Leicester Square, y de allí nos íbamos al club atlético. Eran nuestras dos actuaciones fijas, las que nos mantuvieron a flote durante un tiempo. Pero venía cada vez más gente. En eso hemos tenido mucha suerte». Fue en el Crawdaddy, recordaba Charlie, donde los Stones se convirtieron en «un culto», enardeciendo al público con temas que terminaban, decía, en un «tumulto arremolinado».

En mayo de 1963, el grupo firmó con Decca Records y, al cabo de unas semanas, publicó su primer sencillo: una versión rudimentaria pero exuberante del *Come On* de Chuck Berry, cuya relación con su sonido en directo era, por decirlo de algún modo, muy tenue. «Nunca tocamos tan bien como Chuck Berry, eso no lo hace nadie», recordaba Charlie. «La suya es una versión muy moderna, de hecho. Tiene un ritmo fabuloso. Toca como con un ritmo de Nueva Orleans, es fantástico. Nosotros tocábamos de manera más lineal, como un grupo *beat* de Liverpool. Cuando éramos jóvenes, tocábamos a toda leche. Entonces no te parabas a pensar en esas cosas», añadía riendo.

Antes de que el disco de cuarenta y cinco revoluciones saliera a la venta, Norman Jopling, de *Record Mirror,* escribió el primer artículo sobre los Rolling Stones en una revista musical de tirada nacional, e informó del éxito que estaba teniendo la banda en el Station Hotel de Richmond. Allí, los «chicos modernos se entregan a la nueva "música de la jungla"… y el combo a cuyo ritmo se retuercen y bailan se hace llamar los Rollin' Stones. Puede que el lector no haya oído hablar de ellos. Si vive lejos de Londres, es lo más probable». El baterista, decía el semanario pop, se llamaba Charles Watts. Faltaban pocas semanas para que diera el siguiente paso: convertirse en músico profesional.

Bill Wyman, sentado en el salón de su casa de Chelsea en 2022, habla de su amigo con veneración palpable. «Cuando Charlie se incorporó al grupo, era un músico de *jazz* y hablaba siempre de gente del *jazz*», cuenta. «Los únicos músicos de *jazz* que yo conocía entonces eran Fats Waller, que me encantaba y me sigue encantando, y Dizzy Gillespie y Gerry Mulligan. Había escuchado algunas cosas y me gustaban, pero no era lo mío. Pero por lo menos podíamos hablar de ello. Charlie profundizó mucho más en otros músicos de *jazz* que yo desconocía en ese momento. Así que, aunque en ese aspecto había un poco de distancia, musicalmente congeniamos enseguida».

Charlie no era aficionado al rocanrol, pero eso poco importaba. «No lo era, pero sabía tocar *shuffle* y eso era importantísimo para nuestra música», comenta Bill, «porque las demás bandas tocaban con patrones de corcheas y semicorcheas, dada-da-da; *Bits and Pieces, She Loves You,* son todas así. Y nosotros tocábamos da-dum-da-dum; *Down the Road Apiece* y tal. Charlie era buenísimo en eso porque era baterista de *jazz,* así que le sacábamos mucha ventaja a los que querían imitarnos. Nunca conseguían transmitir las sensaciones que transmitíamos nosotros».

«Cuando empezamos», prosigue, «mandaban las tres bes, ¿no?: Chris Barber, Acker Bilk y Kenny Ball. Eran el *jazz* tradicional, que sonaba en todas partes, en todas las salas. Nosotros fuimos la primera banda que entró en esos clubes sin tocar *jazz* tradicional, y por eso no le gustábamos a la gente del *jazz* tradicional. Y cuando empezaron a aplaudirnos más que a ellos, nos excluyeron de todas las salas de *jazz* de Londres y tuvimos que irnos a Richmond y a Twickenham y a Windsor, porque no teníamos sitio donde tocar en Londres. La Federación de Jazz nos vetó. Pero tocábamos de puta madre en aquellos tiempos. En vivo éramos mejores que cualquier otra banda, y después seguimos siéndolo».

«Charlie tocaba de manera muy parecida a los bateristas negros que tocaban con Sam and Dave y la gente de la Motown, o a los bateristas de *soul*», contaba Keith sobre Charlie en su autobiografía. «Tiene ese toque. Muy correcto casi siempre, con las baquetas entre los dedos, que es como tocan ahora la mayoría de los bateristas. Si intentas ponerte salvaje, vas listo. Es un poco como el surf: todo va bien mientras estás arriba. Y gracias a ese estilo de Charlie, yo podía tocar de la misma manera. En una banda, una cosa lleva a otra; todo tiene que fundirse. Es todo muy fluido, básicamente».

Charlie reflexionaba sobre el contraste entre la atractiva fusión de esas primeras grabaciones de los Stones y el gusto personal del grupo por el *blues* más hondo y elemental. «Hicimos un montón de cosas muy comerciales en los discos. Nunca teníamos en mente *Money* o *Come On* cuando tocábamos en un club, no sé si me explico. Eran más cosas de Bo Diddley y Muddy Waters».

Aunque aún faltaba algún tiempo para que el dinero empezara a llegar a raudales, a partir de julio de 1963 el grupo tuvo que pertrecharse con un mapa de Inglaterra. Fue entonces cuando partieron hacia el Alcove Club de Middlesbrough para iniciar una gira agotadora de tres meses, con setenta y ocho actuaciones en setenta y seis días, no ya por todo Londres, sino por todo el Reino Unido, de Morecambe a Margate, de Prestatyn a Peterborough y de Wisbech a Woking. A menudo, cuando volvían, acababan todos en casa de Charlie, que seguía pasando los fines de semana en casa de sus padres.

«Cuando llegaba», cuenta su hermana Linda, «llamaba a la puerta de mi habitación: "Los chicos van a quedarse", Keith y Bill y los demás. Eran todos muy simpáticos. Se sentaban a comer sándwiches de beicon y a tomar té. Mi padre y yo teníamos que ir a trabajar al día siguiente, y Charlie se quedaba durmiendo hasta la hora de comer».

En noviembre, después de que Lennon y McCartney les cedieran *I Wanna Be Your Man* para su segundo sencillo, el ascenso de los Stones era ya tan vertiginoso que la revista *Record Mirror* comenzó a publicar una columna titulada *A Rolling Stone Writes*, dedicada cada semana a un miembro del grupo. Mientras la banda seguía embarcada en su primera gran gira por el Reino Unido junto a Little Richard y Bo Diddley, el artículo de Charlie describía la fiesta de cumpleaños de Bill Wyman, en la que todo el mundo «se lo pasó en grande escuchando discos de Jimmy Reed».

En aquella época, la mayoría de las columnas de ese tipo eran, cómo no, obra de *negros*, pero la frescura con que está escrita la de Charlie hace que suene muy verosímil. «No sé si había bebido más de la cuenta o no», decía, «pero no daba crédito cuando vi que el conductor del autocar procedía a comerse una copa de cristal en la fiesta. Aun así, cosas más raras se han visto». En un tono más solemne, informaba a los lectores de que la placa con el nombre de la furgoneta del grupo había desaparecido.

En mayo de 1964, mientras la fama del grupo crecía como la espuma, Graham Prout, un lector de Aberdeen, escribió a la revista para informar del resultado del concurso de popularidad de los Stones que habían celebrado sus amigos y él en su barrio. Mick ocupaba el primer puesto, seguido muy de cerca por Charlie. Keith iba en último lugar.

En poco tiempo, la discreta complicidad que se estableció entre Charlie y Bill los convirtió en una sección rítmica firme como una roca. Formaron un vínculo inquebrantable dentro y fuera del escenario. Bill fue muy sincero conmigo al valorar su amistad. «Soy obsesivo compulsivo», me dijo. «Necesito que todo esté en el orden correcto. Todos mis discos tienen que estar en orden alfabético. Todo lo que hago tiene que seguir un orden numérico o alfabético. Tú lo sabes porque conoces mi archivo. Y Charlie era aún peor». («Yo soy quisquilloso», le dijo Charlie a *Esquire* en 1998, «pero no tanto como Bill Wyman»).

Linda, la hermana de Charlie, recuerda una vez que fueron a visitarle a su casa de Londres, décadas después, y estaba también allí su nieta Charlotte. «Charlotte tenía una mandarina», cuenta. «La peló y dejó la cáscara encima de la mesa. En dos segundos, él la recogió. Lo llamaban el baile de San Vito. Mi abuela solía decir: "Este chico tiene lombrices". Él era así». Su marido, Roy, añade: «Estábamos allí un domingo y un mensajero le llevó un CD. La estantería estaba llena, y debió de pasarse veinticinco minutos intentando encontrarle un hueco al CD. Movía uno, cambiaba otro de sitio, y los demás allí parados, mirándole». «En casa también era un poco así», comenta Linda. «Nunca fue desordenado. Siempre colgaba su abrigo, no lo dejaba encima de una silla».

Mick Jagger explicaba divertido que, al final de los conciertos, antes de reunirse con Keith, Ronnie y él al borde del escenario para saludar al público y hacer una reverencia, su compañero de banda primero terminaba de colocar sus baquetas: las ponía en fila y luego se levantaba del taburete. Cuando fue víctima (y empleo esta palabra con toda intención) del programa de radio *Desert Island Discs,* Charlie contó que un amigo le había dicho que la suya sería la isla más limpia y ordenada de todas.

Linda cuenta riendo que «lo que tenía que ser un paseo de diez minutos por el campo acababa durando media hora porque Charlie se ponía a limpiar la cuneta. Las ramitas y las piedras, las quitaba de en medio y las echaba a la maleza. Yo le decía: "¡¡¡Venga, vamos!!!"».

«Siempre creí que tenía un TOC. Era muy entretenido, la verdad», continúa. «Le tomábamos mucho el pelo. Recuerdo llegar a casa y bajar al vestidor y cambiar de sitio dos pares de calcetines. Los tenía ordenados por colores. Cronometrábamos el tiempo que tardaba en ponerse a gritar "¡¡¡Quién ha tocado mis cosas!!!" desde la escalera. "¡Yo no he sido!". Una vez rompí la cafetera y escribí una nota con mala letra pidiéndole perdón, haciéndome pasar por mi padrastro: "Siento haber roto la cafetera, firmado Barry". Fue muy gracioso».

La primera vez que conversamos sobre su relación con Bill Wyman en 1991, Charlie se mostró muy divertido y directo. «Bill tiene un sentido del humor maravilloso, pero le molestan ciertas cosas que a mí, primero, ni siquiera se me ocurren, y segundo, se me olvidan. De la mitad de las cosas de las que habla, ni me acuerdo. Si dice que el 4 de agosto de 1963 no nos pagaron por tocar en no sé qué sitio, le sigue molestando que el tipo todavía nos deba dinero. Lleva treinta años cargando con ese resentimiento. Está muy enfadado, el chaval», añadía con afecto evidente.

«No sé por qué», reflexiona Bill, «pero nos convertimos en una sección rítmica fantástica que era la admiración de todo el mundo, y siempre estábamos ahí a tiempo, siempre listos, siempre disponibles, siempre sobrios, y siempre podía confiarse en nosotros. Éramos la base sobre la que los demás podían desmadrarse. Si ves algún vídeo, se nos ve a Charlie y a mí detrás, riéndonos de ellos mientras hacen todas esas mamarrachadas que hacían, saltando de camas y atravesando paredes y esas cosas».

Pero, como recuerda Bill, los primeros bolos de los Stones, sobre todo fuera de Londres, eran poco menos que un calvario. «Cuando actuábamos en Londres o volvíamos de un concierto, no sé, en Sheffield o en Nottingham, acabábamos llegando a las tantas, y entonces los chicos se iban al Ad Lib o a algún sitio así, y Charlie y yo nos íbamos a casa. Yo tenía un hijo pequeño, Stephen, que tenía ocho meses cuando entré en la banda y vivía en el sur de Londres, así que tenía que irme hasta allí. Charlie vivía en el prefabricado de sus padres, en Wembley, y, cuando se casó con Shirley, tenía un piso, claro. Se iba a casa con ella, no nos íbamos de juerga todo el tiempo. Éramos bastante sensatos y creo que eso nos hizo mucho bien. Creo que por eso ninguno de los dos se metió en las drogas. En aquellos tiempos, a veces era casi imposible mantenerse despierto, porque teníamos que recorrernos toda Inglaterra en la puñetera furgoneta Volkswagen de Stu. A veces no comíamos ni dormíamos, íbamos de Lowestoft a Llandudno en una noche, así que no pegabas ojo ni comías, porque en aquella época no había ningún sitio abierto a esas horas.

»Y llegabas temprano y no tenías nada que hacer, tenías que tocar esa noche y luego irte a Mánchester después del concierto, otra vez de noche, para actuar en *Top of the Pops* o en algún programa así, y dormías en el suelo en alguna sala. Le pedías al tipo que te dejara entrar y te decía: "Está cerrado, no abrimos hasta las nueve", y nosotros contestábamos: "Ya, pero es que necesitamos dormir, por favor, déjanos entrar y dormir en algún lado", y nos echábamos en el suelo y nos daba tiempo a dormir tres horas hasta que nos despertaban.

»Era una locura, y cuando terminabas tenías que volver en la furgoneta a Londres y dejar a cada uno en su casa, y yo acababa llegando a Beckenham como a las seis de la mañana. Era así un día tras otro. Era una pesadilla, yo estaba demacrado, se me ve con la cara chupada en todas las fotos de esa época. Pero Charlie y yo éramos muy amigos».

Conocemos el itinerario que siguieron los Stones durante 1964, un año especialmente intenso: doscientos seis conciertos en total, con cuatro giras por su país, otras dos por los Estados Unidos, su elepé de presentación, un sinfín de grabaciones de radio y televisión (entre ellas, una actuación en la primera edición del programa *Top of the Pops*, donde tocaron *I Wanna Be Your Man*) y tres sencillos en el Reino Unido, incluyendo sus primeros números uno, *It's All Over Now* y *Little Red Rooster*. «Fue el único disco de *blues* que ha llegado al número uno», contaba Charlie con cierto orgullo en 2013, «yo no me enteré, pero alguien me lo comentó, seguramente Bill Wyman. Es increíble cuando lo piensas. No sé cuántos discos de *blues* escucho y me encantan, y no tienen ninguna repercusión en las listas de éxitos».

En enero tomaron por primera vez un avión para ir a dar un concierto en la sala Barrowlands de Glasgow. La noche siguiente tocaron a más de cuatrocientos kilómetros de allí, en Mansfield; la siguiente, en Bedford, a ciento sesenta kilómetros; la siguiente, solo a ciento treinta, en Swindon. Y con cada actuación aumentaba su fama de ser la banda con el mejor directo del Reino Unido y, al poco tiempo, del mundo entero.

«Si alguna vez has visto a los Beatles, no evolucionaban sobre el escenario», comentaba Charlie. «Eran solo cuatro tíos ahí plantados… No había nada que ver, ibas solo por el nombre. Hasta cuando tocábamos en Richmond, que teníamos un escenario del tamaño de la alfombra, Mick siempre se las arreglaba para volcar toda su energía ante el público, y eso es muy importante».

Bill añade: «Sigo diciendo que los Beatles escribían mejores canciones que nosotros y que cantaban mejor, pero nosotros éramos mucho mejores en directo. Y siempre se ponían nerviosos cuando teníamos que tocar en un mismo sitio, como en el Pop Prom, en el Royal Albert Hall [en septiembre de 1963] o en el concierto de NME [en abril de 1964]. Después hablaban de ello y nos lo contaban. Nosotros también nos poníamos nerviosos, porque sabíamos la fama enorme que tenían. Entre nosotros había una especie de admiración mutua, y por eso nos llevábamos tan bien. Además, nuestra música era totalmente distinta, así que no nos estorbábamos mutuamente».

En el mes de marzo de 1964 tuvo lugar un acontecimiento singular que los comentaristas actuales suelen pasar por alto: la única actuación de los Rolling Stones a la que faltó Charlie. Ocurrió tras una larga gira británica que pareció quedárseles pequeña ya en sus inicios, en un concierto encabezado por John Leyton, cuyos mayores éxitos —*Johnny Remember Me* y *Wild Wind*— tenían más de dos años de antigüedad, y Mike «Come Outside» Sarne, cuya presencia en las listas de éxitos también sería fugaz.

El 7 de marzo, tras una serie agotadora de treinta y tres actuaciones, a dos conciertos por noche, Wyman recuerda que se fue a descansar unos días con su familia a New Forest, mientras Mick y su chica, Chrissie Shrimpton, se iban a París. Charlie y su novia, Shirley Shepherd, se fueron de vacaciones a Gibraltar. Un descanso muy merecido, sin duda. Pero el baterista seguía allí cuando, ocho días después, llegó la hora del siguiente concierto, en el Invicta Ballroom de Kent. Al menos, esa es la versión de los hechos que contó la banda. La de Charlie es un poco distinta.

«Falté a un concierto porque me equivoqué de fecha», contaba en el libro *The Rolling Stones: A Life on the Road*. «Los demás dicen que no, [que] me quedé de vacaciones un día más, pero no fue así. Micky Waller [que había tocado con Cyril Davies y Marty Wilde y más tarde grabó con Rod Stewart, entre otros] tocó la batería, muy bien, por cierto, para mi consternación. Recuerdo perfectamente que llegué y alguien me preguntó: "¿Dónde estabas?". Les dije que la noche anterior estaba en Gibraltar. Estábamos en Catford o no sé dónde, y estaban todos poniendo a Micky por las nubes».

Al parecer, más adelante, ese mismo año, Charlie estuvo también ausente durante la mayor parte de una actuación improvisada del grupo en un club de Liverpool, adonde habían ido a dar varios conciertos en el Empire y otras salas de los alrededores. El editor de *Mersey Beat,* Bill Harry, escribió acerca de aquella velada en el club nocturno Blue Angel, en la que los Stones se animaron a tocar espontáneamente y el baterista Brian Low, del grupo escocés The Blue System, sustituyó a Charlie.

«Un buen amigo [de los Stones], Denny Flynn», escribía Harry, «me contó que Charlie estaba en esos momentos en la tienda de un anticuario, en West Derby, hablando de armas antiguas, de las que es coleccionista». La excusa, desde luego, tiene visos de ser cierta. «Cuando empezó a sonar la música, todos los que estaban arriba bajaron a mirar y al cabo de un rato llegó Charlie Watts. Se sentó un momento cerca del escenario a escuchar, pero le pudo la emoción de la música y acabó ocupando su sitio a la batería».

El periodista le preguntó a Low cómo era sustituir a Charlie. «Tocar con ellos es genial, claro, pero es difícil de explicar», dijo. «Lo que hacen es relativamente sencillo, no tiene mucha dificultad técnica, pero la sensación es tan fantástica que te absorbe por completo. No son músicos fabulosos, pero estás tocando con compañeros que lo dan todo y eso hace que tú también lo des todo. La verdad es que saben lo que hacen. Es genial. Su música tiene muchísima pegada».

Keith Richards parecía extremadamente inocente cuando le habló a la revista *Beat Instrumental* (aunque puede que fueran palabras de Andrew Loog Oldham) de la compenetración de los Stones sobre el escenario. En el número de noviembre de 1964, con Charlie en portada, afirmaba: «En realidad es como un gran círculo. La única persona que no puede confundirse es el bueno de Charlie, que está al fondo. Si se equivoca y nos marca mal el ritmo, ¡la liamos!».

Y añadía: «Nunca hacemos una canción dos veces de la misma manera. Mick es un improvisador estupendo. Canta cada tema como lo siente en ese momento, o sea que, si canta una canción siete veces en una semana, la canción sale de siete maneras distintas. Por eso yo suelo volverme hacia Charlie en medio de una canción. Siempre está al fondo del escenario y, con el jaleo alucinante que arma el público, la mayor parte del tiempo tiene que leerle los labios a Mick para saber lo que está cantando. Cuando me doy cuenta de que es imposible que sepa lo que está haciendo Mick, me giro y le doy el ritmo para que no se pierda en el compás siguiente. Como decía, es un gran círculo. Charlie se guía por Mick; Brian, Bill y yo, por Charlie, y Mick, por todos los demás».

Una de mis anécdotas favoritas, de las muchas que me ha contado Keith —siempre muy bien descritas, aunque probablemente adornadas—, no tiene que ver con Charlie en concreto, pero uno puede imaginarse con toda facilidad el papel que desempeñó en ella y pensar en cuánto habría dado por estar presente en ese momento. En medio de la vorágine de aquellas primeras giras, en 1964 y 1965, los Stones actuaron en el cine ABC de Chester. A esas alturas, la histeria que desataban sus conciertos era tan ensordecedora como peligrosa. Keith recuerda que los gritos de las fans sofocaban la música hasta tal punto que, para divertirse un rato, se pusieron a tocar *Popeye el marino.*

Había que emplear estratagemas cada vez más complicadas para sacar al grupo del edificio, porque las adolescentes desquiciadas los obligaban a retirarse a toda prisa. «Era una locura», cuenta Keith. «A mediados de los sesenta, no sabíamos cómo íbamos a entrar en el teatro ni cómo íbamos a salir».

«Nosotros, en el escenario, sabíamos que la cosa tardaba diez minutos como máximo en desmandarse, en convertirse en un caos, y estaba allí la Cruz Roja con las camillas para esas pobres chicas, sudando y levantándose el vestido. Y uno se pregunta qué narices hace allí. Es como tener un cuadro del Bosco delante de los ojos, y ese es *el público.* Una vez, en Chester, fue el jefe de policía, con su uniforme de gala, sus medallas y sus galones y el bastón de mando. El concierto terminó antes de lo que él esperaba. El teatro entero estaba rodeado. Fue un caos.

Esas adolescentes enloquecidas, benditas sean… "Bueno", dijo. "Solo se puede salir por arriba, por las escaleras y los tejados, ¡yo conozco el camino!". De repente estabas en sus manos, porque le acompañaban unos cuantos agentes.

»Así que subimos a los tejados de Chester y resulta que estaba lloviendo. Nada más salir, el jefe de policía se resbaló y casi se cae del tejado. Un par de agentes consiguieron agarrarlo. Nosotros estábamos de pie en medio de la azotea diciendo: "No conocemos muy bien esta zona, ¿para dónde tiramos?".

»El hombre se recompuso y de una manera un poco caótica se las arreglaron por fin para bajarnos por una claraboya y sacarnos por un conducto de la lavandería o algo así, no sé. Eso pasaba todos los días, ya te lo tomabas como algo normal. Era todo como una parodia. A Spike Milligan y a los Monty Python les habría encantado estar allí».

Hay muchas anécdotas parecidas de esos primeros tiempos de estrellato. En el concierto de los Stones en el Odeon de Cheltenham, en septiembre de 1964, había ya un puesto de *merchandising:* un tipo con americana se puso a vender fotografías en blanco y negro del grupo por dos chelines y seis peniques a la puerta de la sala. Trevor Lewis, el repartidor de una frutería local, se las arregló para acorralar a Charlie, Brian y Bill cuando entraban en el Odeon. Consiguió que le firmaran un autógrafo, pero en una bolsa de papel de la tienda. Lewis volvió a la tienda con su trofeo, lo dejó un momentito mientras iba al baño y al volver el dependiente le dijo que había usado la bolsa para ponerle medio kilo de tomates a un cliente.

Bill recordaba otro episodio en el que, al intentar esquivar a los fans, salieron a relucir las tendencias obsesivas de

Charlie. «Aprovechábamos para salir pitando del escenario cuando ponían *Dios salve a la reina*», cuenta. «Tenía que ponerse todo el mundo en pie y nosotros disponíamos de unos dos minutos para llegar al coche de policía, o al furgón, o al vehículo que fuera a llevarnos. Un día que íbamos corriendo por el pasillo, yo iba detrás de Charlie. Los demás nos llevaban mucha ventaja. Bajamos tres escalones y de repente él se para y da media vuelta porque quería volver a subir los escalones, y yo me caí de espaldas. Salí volando y tuvieron que sacarme en brazos de allí. Hubo muchos momentos así».

A veces, al menos podían esconderse a plena vista. En la primavera de 1966, mientras la pasión por los Stones se extendía por el mundo como un incendio incontrolado, el grupo pasó unos días en Hollywood para grabar en los estudios RCA. Los fans buscaron frenéticamente a los cinco integrantes del grupo, pero, según informó la revista *KRLA Beat*, no vieron a Charlie, que estaba tranquilamente sentado junto a la cristalera de un restaurante tomándose una Coca-Cola con su amigo, el compositor y arreglista Jack Nitzsche.

Casi todos los aspectos de la personalidad singular de Charlie ponen de manifiesto que era lo contrario a una estrella del *rock*, pese a que millones de personas le vieran como tal. Puede que sea el músico de talla mundial que más tiempo ha pasado soportando estoicamente las presuntas delicias del éxito con las que sueñan la mayoría de los artistas. En nuestro primer encuentro, en 1991, le pregunté ingenuamente si le hacía ilusión salir de gira. Respondió sin ambages, como llevaba haciéndolo décadas y siguió haciéndolo después.

«No, nada de eso. Lo odio. Siempre lo he odiado», contestó sin resentimiento. «En treinta años, nunca me ha gustado madrugar. Mi idea de trabajar es levantarme y cruzar la calle para ir al Ronnie Scott's, tocar hasta las tres de la mañana, volver a casa y acostarme. Para mí, eso es trabajar. Esto de trabajar tocando dos horas en el estadio de Wembley nunca me ha gustado. Hacerlo es maravilloso. La sensación de tener a tanta gente delante es una maravilla.

»Para mí es un horror, dos días antes de salir de gira, mirar la maleta y tener que decidir qué voy a meter en ella. En realidad no son dos días, me tiro una semana entera pensando qué voy a meter en la dichosa maleta. Pero en casa no puedo tocar la batería. No puedo sentarme al piano y ponerme a descifrar partituras. Lo que hago tengo que hacerlo delante de equis personas, sean dos o diez mil, y te paguen diez chelines o lo que sea. Con muchos otros instrumentos sí se puede, pero estarse ahí sentado dándole a la batería… No se me ocurre nada más aburrido en la vida».

Ahí reside el dilema de estar atrapado en una burbuja de adulación y pasar tanto tiempo, un mes tras otro, fuera de casa. «Siempre me sorprende que, primero, la gente quiera ir a vernos, y segundo, que nosotros nos molestemos en seguir tocando», me dijo. «Pero en mi caso, es mi forma de vida».

La opinión de Keith sobre esa disyuntiva es, como no podía ser de otro modo, reflexiva y elocuente. «Somos músicos, y al mismo tiempo tienes que lidiar con el hecho de que otras personas te vean solamente como una estrella del pop. Uno tiene que intentar conciliar las dos cosas. Tienes que decirte: "Esto nos lo hemos buscado nosotros, nos expusimos, pusimos la cara y nos desnudamos delante de toda esa gente, les gustó y tenemos que apechugar con las consecuencias". Pero no estamos aquí solo para seguir siendo famosos, por supuesto que no. Yo de eso ya he tenido bastante. Para mí, y seguramente también para Charlie, es un precio que pagas con gusto a cambio de poder dedicarte a lo que te gusta. El hecho de que sigamos juntos, y sigamos disfrutando, para mí es un regalo».

Brian Wilson no es, desde luego, el único mito de la cultura pop que no estaba hecho para estos tiempos. A menudo, Charlie parecía un viajero desconcertado pero benévolo, que intentaba aprovechar lo mejor posible una vida de lo más inesperada, zafándose de la atención pública tan educadamente como le exigían sus buenos modales.

En el *backstage* de Ámsterdam, en 2006, a mitad de la gira A Bigger Bang, que incluyó ciento cuarenta y siete conciertos y duró dos años —con algunos periodos de libertad condicional por buen comportamiento—, Charlie me habló de la rutina diaria que seguía para intentar conservar la cordura. «Normalmente intento salir, pero resulta muy difícil si no puedes salir por la puerta principal», dijo. «Los días de concierto son los peores. Los demás, no tanto. Antes eran los autógrafos, ahora es "¿Puedo hacerte una foto con el móvil?". No tiene fin, y yo soy de los que les gusta salir y andar por la calle y ver cosas. Y los llevas en tropel detrás. Es más sencillo quedarse dentro. Por eso suelo levantarme temprano y salir a primera hora».

Para entonces, llevaba ya más de cuarenta años huyendo de los fans. Un montón de años teniendo que sobrellevar esos gajes inevitables de su oficio. Como él mismo explicaba: «Hace mucho tiempo, en el periodo Beatle, como yo lo llamo, cuando la gente se ponía a chillar, eso lo odiaba. Para mí es lo peor. Solía esconderme en las panaderías mientras las chicas corrían por la calle. Me sacaba de quicio. Pero no hay nada comparable a subirse a un escenario y que toda la sala esté llena de chicas gritando y saltando».

BACKBEAT

Shirley es mi amor

Shirley Ann Shepherd, nacida en Londres el 11 de septiembre de 1938, estudiaba escultura en el Hornsey College of Art cuando conoció a Charlie Watts al regresar este de Dinamarca a principios de 1962. Charlie había aceptado la oferta de Alexis Korner de ensayar con Blues Incorporated y Shirley, casi tres años mayor que él, acudió al ensayo acompañando al bajista de la banda, Andy Hoogenboom, y a su esposa Jeanette. Hoogenboom y el pianista Keith Scott eran compañeros suyos en Hornsey. A partir de entonces, Shirley se convirtió en un pilar esencial de la vida de Charlie. Fue, sencillamente, el amor de su vida.

Según cuenta Nettie Baker, la hija de Ginger, el gran amigo de Charlie, su madre recordaba que el joven Watts le confesaba sus temores. «Solía decir que nadie saldría con él por sí mismo y que no sabía si encontraría a la chica adecuada. Mi madre le decía: "Ya verás como sí, Charlie"». Y tenía razón.

Shirley estuvo presente en los conciertos y los ensayos de los Rolling Stones desde los mismos inicios del grupo, como recuerda Glyn Johns, su compadre de grabaciones de estudio. «Mi recuerdo más antiguo de Charlie es verle actuar con los Stones en un programa de radio para la BBC, al que yo asistí no sé por qué razón», cuenta riendo. «Shirley y Charlie habían tenido una pequeña discusión, y recuerdo muy claramente que me senté con él e intenté que se tranquilizara, y que hice lo mismo con Shirley, tratando de calmar las cosas. No sé por qué recuerdo eso en concreto, pero así es. La verdad es que les tenía mucho cariño a los dos».

Era la época en la que —como sabía también John Lennon por su relación con su novia de la facultad de arte, Cynthia Powell— se aconsejaba a las estrellas del pop que estuvieran, o aparentaran estar, solteras y sin compromiso, disponibles para sus fans femeninas. Es posible que Charlie temiera el enfado de Andrew Loog Oldham, el poder en la sombra de los Stones, pero, pese a ello, tanto él como Shirley estaban decididos a seguir adelante con su relación.

Se casaron en el Registro Civil de Bradford el 14 de octubre de 1964, tres días después de que los Stones pusieran el broche final a otra gira por el Reino Unido con un concierto en el hipódromo de Brighton, cuando *It's All Over Now* llevaba tres meses ocupando los primeros puestos de las listas de éxitos, aunque ya por poco tiempo. Asistieron como testigos Andy y Jeanette Hoogenboom y, tras un almuerzo acompañado con champán en un *pub* rural de los alrededores de Ripon, los recién casados regresaron a Londres en tren.

«Él no quería que la banda se enterara, porque le daba miedo Andrew y todo eso», comenta Bill Wyman, «así que lo guardaron en secreto unas tres semanas y [luego] lo publicó la prensa. Charlie siguió negándolo unos días y después lo confesó y no pasó nada».

Jimmy Phelge, uno de los primeros colaboradores de los Stones, afirmaba en *2Stoned,* el libro de Oldham, que hubo problemas cuando se filtró la noticia. «Cuando Mick, Keith y Andrew se enteraron, se quedaron de piedra, casi no se lo creían. La banda iba viento en popa y la noticia de la boda podía poner en peligro su éxito. Entonces todavía existía un estigma considerable asociado a las estrellas del pop que se casaban. Mucha gente pensó que aquello presagiaba el principio del fin. Keith consideró el matrimonio de Charlie, por lo menos al principio, como una traición. Tras el susto inicial, concluyeron que la cosa ya no tenía remedio y que lo único sensato que podían hacer era asumirlo. Andrew confiaba en que el hecho de que hubiera dos Stones casados [Bill había contraído matrimonio con anterioridad] no afectara negativamente a la trayectoria del grupo». No deja de resultar paradójico que, justo un mes antes, Oldham se hubiera escapado unos días a Escocia y hubiera vuelto casado.

Bill recuerda que un reportero del *Daily Express* le preguntó a Charlie sin rodeos si se había casado con Shirley. «Niego rotundamente haberme casado», respondió. «Esa historia puede perjudicar mucho mi carrera si se difunde». Sin embargo, la flamante señora Watts no pudo mentir cuando le llegó el turno de hablar. «Hacía más o menos un año que queríamos casarnos y no nos atrevíamos», confesó. «Iban pasando los meses y al final decidimos que no podíamos seguir viviendo separados. Ser la esposa de Charlie me hace enormemente feliz. Es maravilloso», añadió. «La verdad es que aún no sé lo que es estar casada con un Stone. Solo hemos pasado cinco días juntos en total y además no podíamos dejarnos ver en público. Mis padres le aprecian muchísimo. Quiero terminar mis estudios en la universidad y, dentro de un año y medio, puede que me dedique a la enseñanza. Ahora mismo está todo un poco en el aire».

Por suerte, si la escandalosa idea del matrimonio dañó alguna vez de forma apreciable el éxito comercial de un grupo, esa idea empezaba a estar obsoleta. Shirley terminó sus estudios, pero continuó dedicándose a la escultura, y la pareja se instaló en un piso en Ivor Court, en el flanco suroeste de Regent's Park. La casa tuvo pronto el aspecto de un estudio de artista como reflejo del gusto de ambos.

Cuando el fotógrafo Bent Rej visitó el piso en mayo de 1965, se encontró con una estampa rebosante de felicidad, pese a que la pareja apenas disponía de tiempo para sí misma entre las giras de los Stones por los Estados Unidos y el Reino Unido. «Shirley y Charlie confiesan estar muy enamorados», escribía Rej. «Tanto que ella le sigue casi siempre en sus viajes por el mundo. De ahí que haya cuatro baúles ya preparados en una de las habitaciones. "Los tenemos siempre listos", explica Charlie. "Cuando estamos en casa, no podemos perder el tiempo haciendo y deshaciendo el equipaje. Queremos relajarnos y disfrutar de estar en casa. Añoramos mucho Londres, y lo que más echo de menos cuando estamos de gira son los platos que prepara Shirley"». El fotógrafo añadía: «La comida que más le gusta es la oriental y, aunque él no sea un gran cocinero, anda siempre con la nariz metida en los pucheros cuando Shirley prepara la cena. Lo único que hace él, tanto en casa como cuando está de gira, es el té».

Shirley acompañó a los Stones en algunas de sus primeras giras, como los conciertos que dieron en Escandinavia en marzo y abril de 1965, durante el primer *tour* europeo de la banda, cuando la pareja solía salir a explorar por su cuenta entre actuación y actuación. En una tienda de Copenhague, Charlie le compró a Shirley unas figuritas de caballos, un primer indicio de su pasión por la hípica, que la llevaría a convertirse años después en criadora de caballos árabes en Halsdon, su finca de doscientas cuarenta hectáreas en Devon.

También de eso tuvo la culpa Charlie: «Me enseñó una foto de un semental árabe y me enamoré», le contó Shirley a la revista *Horse & Hound* en 2002. «Charlie me compró mi primer árabe, que era un cruce, y así empezó todo». En un momento dado, su yeguada llegó a tener casi trescientos ejemplares. «Nuestra intención inicial era tener veinte», le contó a *Arabian Horse Times*, «pero no se me dan muy bien las matemáticas». Cuando Charlie le dijo a Chuck Leavell, el teclista de los Stones, cuántos caballos tenía, Leavell comentó: «Qué montón de heno, tío».

Inevitablemente, había muchas ocasiones en las que Shirley no podía acompañar a Charlie cuando este salía de gira. Aun así, él seguía yendo de compras, como en París en 1964, cuando entró en una galería de arte y se puso a mirar grabados de Picasso y Buffet para llevárselos a casa. Bill Wyman, su compañero de banda —que se portaba tan bien como él—, recuerda que la tristeza del baterista era palpable cuando no estaba con su esposa.

«En las primeras giras, en los años sesenta, cuando casi no ganábamos nada, se gastaba todo el dinero en llamar a casa», comenta. «Pagaba una barbaridad de teléfono. Llamar desde Australia tres horas cada noche era una locura en aquellos tiempos. Al final de la gira, nos íbamos a casa con siete mil dólares cada uno o algo así, y él se había gastado diez mil en conferencias».

«Es una mujer increíble», dijo una vez Charlie sobre su esposa. «Lo único que lamento en esta vida es haber pasado tanto tiempo fuera de casa. Pero, cuando vuelvo de gira, me dice que soy un incordio y que me marche otra vez». En 1966, la revista *Rave* comentaba: «Sus tres obsesiones en la vida son su batería, su colección de antigüedades (compuesta principalmente por armas antiguas) y su esposa Shirley. Es el marido más devoto que quepa imaginar».

Las declaraciones de Shirley acerca de lo mucho que le gustaba estar casada con Charlie parecían reflejar una docilidad que ella pronto se encargó de desmentir. Era una mujer de armas tomar y, de hecho, en una ocasión, a principios de la década de 1970, su carácter combativo hizo que la detuvieran en el aeropuerto de Niza, al parecer por agredir a unos funcionarios de aduanas. La sentencia quedó en suspenso.

En una entrevista de principios de 1967 para *Melody Maker*, Charlie habló con evidente satisfacción del temperamento de su esposa. «Creo que Shirley fue la primera mujer que le dio a Mick una réplica inteligente. Fue bastante gracioso. Mick tiene ideas muy firmes en cuestión de política y filosofía, y nunca había hecho mucho caso de las opiniones de las chicas. Fue divertido ver la cara que puso cuando Shirley le contestó. Le chafó esa idea suya».

Tony King ha tenido una vida extremadamente colorida, irrepetible en la actualidad dentro del negocio de la música. Cuando en 1968 nació Seraphina, la hija de Charlie y Shirley, King ya era un engranaje importante en la maquinaria de la industria musical británica y un amigo tan íntimo de la familia Watts que se convirtió en padrino de la niña. Empezó a trabajar en Decca Records en 1958, y antes de cumplir los veinte años, ya era director de promoción y trabajaba mano a mano con artistas extranjeros de la talla de Roy Orbison o Phil Spector. Entró a formar parte del entorno de los Rolling Stones gracias a su amistad con Oldham, que le nombró jefe de promoción al lanzar su sello independiente, Immediate Records.

Posteriormente, fue director general del sello Apple Records de los Beatles, y ejecutivo de Rocket a las órdenes de Elton John, con quien volvería a trabajar más adelante. Después de desempeñar otros papeles importantes, empezó a colaborar con Mick Jagger en los años ochenta, cuando el cantante emprendió su carrera en solitario. Retomó entonces el contacto con los Stones, a los que conocía desde hacía más de dos décadas, y durante los siguientes veinticinco años fue un colaborador esencial de la banda, tanto cuando iban de gira como cuando no: era el relaciones públicas que conducía al entrevistador hasta el local de ensayo o la habitación de hotel.

En 2022, poco después de cumplir ochenta años y tras completar una autobiografía de lectura obligada que llevará el título de *The Tastemaker,* King me habló de su larga amistad con el señor y la señora Watts. «Fueron una parte muy importante de mi vida como familia desde el principio, cuando los conocí en Ivor Court y vivían al lado de Andrew», cuenta. «Luego se mudaron a Lewes, a Old Brewery House, y yo solía ir a visitarlos los fines de semana. Empezamos a ser amigos y Shirley y yo nos llevábamos muy bien. Creo que al principio era sobre todo amigo de Shirley. Charlie pensaba entonces que yo era el tío más gay que había conocido nunca, me lo dijo después».

Su amistad continuó cuando Charlie y Shirley se mudaron a las afueras de Lewes, a Peckhams, en Halland, una casa que había pertenecido a John Peckham, arzobispo de Canterbury a finales del siglo XIII. «Organizaban muchas fiestas de disfraces, y recuerdo una con Chrissie Shrimpton cuando aún salía con Mick. Luego, otro día, Mick vino con Marianne [Faithfull]. Sacó su guitarra eléctrica al jardín y se puso a tocar, Charlie tocó la batería y Marianne se sentó a charlar con Shirley. Fue muy agradable. Un fin de semana que estuve allí montamos una fiesta de disfraces isabelinos. Vinieron Mick y Mick Taylor, y acabaron con el mismo traje. Lo pasamos en grande. Charlie se emborrachó tanto que acabó abrazado al váter».

King recuerda una anécdota que ejemplifica ese humor socarrón tan propio de Charlie. «Al día siguiente, tenía que ir a Londres para grabar con los Stones en Barnes, en los estudios Olympic. Cuando vino a recogerle el coche, yo estaba en la puerta de la casa, y al pasar por delante de mí bajó la ventanilla y dijo: "Ay ho, ay ho". No dijo nada más, no hizo falta que cantara el resto. Sabía que con eso bastaba».

En 1971, Charlie y Shirley se mudaron con Seraphina, que entonces tenía tres años, a La Bourie, una granja en Massiès, cerca de Thoiras, un pueblecito entre Anduze y Saint-Jean-du-Gard, en la región de Cévennes, en el sur de Francia. Puede que el traslado estuviera motivado por los problemas con el fisco que arrastraba la banda, pero la finca se convirtió para la pareja en un refugio muy querido, que conservaron y al que siguieron regresando mientras vivió Charlie.

El alcalde de Saint-Jean-du-Gard, Michel Ruas, contaba de él: «Charlie y su mujer eran muy accesibles. Era muy fácil hablar con ellos. Su hija Seraphina incluso fue al colegio en Saint-Jean-du-Gard. Todos los vecinos sabían que tenían una casa aquí, en el corazón de Cévennes».

«Era una granja de cabras reformada; allí se hacía *chèvre*», explica King. «Era un paraíso, muy bonito e idílico. Yo iba a menudo de vacaciones y pasaba momentos maravillosos. Luego volvieron a Inglaterra, claro, y acabaron en Dolton, en Devon. Así que, a lo largo de los años, los he acompañado de un lado a otro, por sus distintas casas. Nació Seraphina y se volcaron en ella. Y más adelante, claro, llegó Charlotte. Todo el mundo la quería».

En la era posterior al álbum *Steel Wheels,* cuando el grupo llenaba estadios gigantescos con decenas de miles de personas, sus giras se convirtieron en epopeyas de dos años de duración, una perspectiva traumática para Charlie. «Lo alejaban de casa y eso no le gustaba nada», comenta Bill. «Decía: "No pienso salir más de gira" y ellos contestaban: "Claro que vas a salir". Tardaban un tiempo en conseguir que aceptara, y entonces iba. Pero no le gustaba».

En 2002, justo antes de la gira Licks, que celebró el cuadragésimo aniversario de la banda con más de un centenar de conciertos a lo largo de año y pico, Charlie me explicó cómo empezaba, por lo general, este proceso, y el papel que desempeñaba Shirley en él. «Mick o Keith suelen comentar algo, yo lo discuto con mi mujer y luego tenemos una reunión y decidimos que adelante, normalmente con un año de antelación», dijo, e hizo hincapié en su implicación en todo lo relativo al diseño visual de la gira. «El trabajo comienza nueve meses antes, con los escenarios y luego el *merchandising,* y a partir de ahí va acumulándose.

Ahora hay libros enteros de cosas a las que hay que dar el visto bueno».

Lisa Fischer empezó a actuar como corista en los discos y las giras del grupo en 1989, en la época de *Steel Wheels*. Se convirtió desde entonces en el complemento perfecto, vocal y escénico, de Mick, y en una incorporación muy importante a la familia de los Stones. Tuvo que hacer gala, además, de una enorme fortaleza mental, al ser la única mujer de la banda. Cuando le cuento que en los primeros tiempos Charlie se gastaba una fortuna en llamar a casa, no le sorprende lo más mínimo.

«No me extraña en absoluto», dice, «porque no era nada juerguista. Nunca le veías abajo, en el bar. No era lo suyo. Desaparecía en la habitación y no volvías a verle hasta el día siguiente. Se ponía contentísimo cuando Shirley venía a un concierto. Eran como dos colegiales. Él la cogía de la mano y ella estaba siempre guapísima y elegante, con esos ojos azules. Guapísima. Yo solía fijarme en el anillo de Charlie. Era de plata y tenía un hombre y una mujer entrelazados, pero para verlo había que fijarse bien. Creo que era su alianza de boda, y a mí me parecía muy romántico. Tan sutil y tan sensual al mismo tiempo. Era como dos personas unidas y hechas agua».

King está de acuerdo en que, cuando su familia le acompañaba de gira, la actitud de Charlie cambiaba por completo. «Venían Shirley y Seraphina y, muchos años después, Charlotte [su nieta]. Cuando llegaba Shirley, la sensación era siempre muy distinta. A Charlie se le veía muy relajado. Lo dibujaba todo, tenía cuadernos de dibujo con todo tipo de cosas, pomos de puerta y teléfonos. Cuando llegaba Shirley, la dibujaba tumbada en la cama leyendo el *Sunday Times* y esas cosas.

»Si Shirley aparecía, siempre se alegraba de verla y, si venía Seraphina, a veces con Shirley, era siempre motivo de celebración, normalmente en sitios como Nueva York o Los Ángeles. Yo vivía en Los Ángeles en los años setenta y, cuando tocaron en el Forum, recuerdo que había una fila enorme de mariachis y bailarines mexicanos por los pasillos. Shirley preguntó qué era aquello y yo le contesté que estaban acompañando a Bianca a su asiento.

»A veces Seraphina iba sola y Shirley se enfadaba mucho porque Charlie se gastaba un montón de dinero en ella. Decía que no debía gastar tanto, que la estaba malcriando. Pero así era él».

En 1982, Charlie y Shirley decidieron dejar Gloucestershire, donde habían vivido seis años, y buscar una finca en otro lugar de Inglaterra. Estaban recorriendo las carreteras comarcales de Devon cuando vieron una señal que indicaba el camino hacia Halsdon. «En aquel entonces parecía el fin del mundo», comentaría ella después. «Los bosques, el río, el valle… Era absolutamente encantador». En el pueblo de Dolton encontraron Halsdon House, o Halsdon Manor, una casa del siglo XVI que durante siglos había pertenecido a hacendados de Devonshire.

«Nos enamoramos al instante del lugar», explicaba Shirley. «Entonces no había establos ni corrales, claro, pero enseguida nos dimos cuenta de que era el lugar ideal. Devon se convirtió en nuestro paraíso y nunca nos hemos arrepentido». El archivo *online* de la cercana ciudad de Bideford incluye unas líneas al respecto escritas por un cronista local de aquella época: «El señor Charles Watts, según tengo entendido, ha comprado Halsdon House, en Dolton. La casa, de seis habitaciones, es un edificio de interés histórico que se alza en una preciosa finca de casi cinco hectáreas, con bosques y jardines. La agencia inmobiliaria Michelmore Hughes no ha hecho ningún anuncio oficial respecto al comprador».

Shirley se convirtió en propietaria y criadora de caballos Halsdon Arabian, llamados así por la finca de la que procedían. Bajo su dirección y la de su equipo, la finca pasó de tener un pequeño número de caballos de monta a convertirse en «una yeguada de fama mundial con más de doscientos cincuenta ejemplares», en palabras del sitio web Tom-Arabians.

Aunque nunca concedía entrevistas por ser la esposa de una estrella del *rock,* Shirley habló por extenso con la página web acerca de su labor diaria en los establos de Halsdon. Su filosofía, afirmaba, «no es nada compleja, consiste simplemente en prestar atención a las necesidades de cada caballo, tanto fisiológicas como psicológicas. Esta comprensión implica una toma de conciencia que solo puede lograrse mediante el contacto cotidiano con los animales y la apreciación íntima del carácter único de cada caballo».

Al hablar de qué era lo que más le gustaba de sus nobles caballos árabes, sus palabras ponen de manifiesto la paz que su marido y ella habían encontrado lejos de la enloquecedora industria musical. «Simplemente, estar entre ellos», dijo. «Me encanta sentir el calor de sus cuerpos, escuchar la cadencia rítmica de su respiración, disfrutar de la serena satisfacción de sentirse parte de un lugar. Los caballos siempre te transmiten lo que sienten hacia ti. Disfruto muchísimo de esa interacción, porque cada caballo tiene su personalidad propia y una forma particular de relacionarse con las personas. Que los caballos te acepten es lo más gratificante. Te hace sentir muy a gusto. El caballo árabe me ha enseñado muchas cosas en la vida; sobre todo, humildad», concluía. «Conviviendo con caballos, uno experimenta todo el espectro de las emociones, desde una alegría enorme y una euforia avasalladora hasta una profunda pena y un dolor trágico. Me siento más viva por haber convivido con caballos. Hay tantos placeres cada día… Es el gran ciclo de la vida. Es un vínculo como ningún otro».

Esta pasión llegó a los titulares en 1995, cuando se supo que Charlie había pagado 740.000 dólares por un semental árabe procedente de Australia. Marion Atkinson, de la yeguada Simeon de Sídney, afirmó que se trataba de un precio récord en Australia y que la pareja había comprado el caballo, llamado Simeon Sadik, tras verlo en un vídeo.

Mientras tanto, en casa, Charlie decía siempre que no escuchaba los discos de los Rolling Stones, pero que su mujer sí. «Ella es muy fan de los Stones», afirmaba. «Yo no. Es mi trabajo. Mick, Keith y Ronnie son amigos míos y la banda es muy buena, pero ya está. Shirley sí que pone nuestros discos».

Cuando el recopilatorio *Forty Licks*, publicado en 2002, recuperó viejos temas de la banda y reunió los lanzamientos del sello ABKCO con sus éxitos posteriores, mucho más lucrativos, Charlie comentó: «Escucharse a uno mismo tocar pasados cuarenta años, si no eres Louis Armstrong… De todos modos, nunca escucho nuestro material. No sabía que los discos no se podían comprar todos juntos, tuvieron que decírmelo. No lo sabía porque no tengo particular interés en saberlo.

»Cuando voy a una tienda de discos siempre veo estanterías con nuestra música. Pero solo pongo nuestros discos cuando me los mandan [en el momento de su lanzamiento] y me piden que los comente. Mi mujer sí que los pone, y de vez en cuando también los oigo en la radio. Eso es interesante».

«A Shirley y a él les encantaban el *soul* y la Motown», cuenta Tony King. «Cuando yo vivía en los Estados Unidos, solía grabarles cintas y mandárselas a La Bourie, a Francia. Les encantaban. Shirley decía que les gustaban mucho *Do It Again* de Steely Dan y *Love Train* de los O'Jays. Les mandaba grandes canciones».

En una entrevista para *Esquire* en 1998, Charlie le dijo a Robin Eggar: «Mi mujer me ha mantenido muy cuerdo. Seguramente habría acabado siendo un yonqui chiflado en el Soho si hubiera estado soltero. Es muy difícil mantener vivo el amor treinta y cinco años. Lo único bueno que tienen las giras es que la ausencia hace que te des cuenta de lo mucho que echas de menos a alguien».

Cinco años después, reflexionaba sobre sus casi cuarenta años de matrimonio con Shirley. «He tenido la suerte de contar siempre con una base muy sólida», declaraba. «Nos conocimos el día que empecé a tocar con la banda de Alexis Korner, antes de entrar en los Stones. Mi esposa conoce a Mick y a Keith desde hace tanto tiempo como yo. Es una mujer muy sensata. Siempre se ha mantenido bien alejada de los Stones».

La pareja conocía también a otro gran amigo de Tony King, Elton John, que una vez le consultó a Shirley el título que debía ponerle a un álbum. En 1974 confesó: «Bette Midler decía que mi nuevo disco debía llamarse *Fat Reg from Pinner* [Reg el Gordo de Pinner]. Yo quería titularlo *Ol' Pink Eyes Is Back* [Ojos Rojos ha vuelto], pero se me amotinaron, a la banda no le gustaba nada. La mujer de Charlie Watts tuvo una idea estupenda. Quería que se llamara *Ol' Four Eyes Is Back* [Cuatro Ojos ha vuelto]».

Los Watts eran muy respetados entre sus vecinos de Devon. Al fallecer Charlie, un concejal reveló que en 2011 hicieron una generosa donación para contribuir a la remodelación del ayuntamiento. Shirley fue invitada a la ceremonia de reapertura y, para sorpresa de todos, llevó a su marido. Charlie tenía un coche esperando fuera por si se aburría (estaban retransmitiendo un partido de críquet por la tele), pero fueron los últimos en marcharse.

Seraphina, su hija, se crio en Francia hasta los ocho años y posteriormente pasó muchos años en los Estados Unidos y otros lugares. A principios de la década del 2000, un día puso la televisión y vio algo que le hizo mucha gracia. «Mis padres eran un poco como los Osbourne de Devon», comenta. «Cuando vi el programa, me quedé como… "¡Ostras!". Él iba por la casa llamándola: "Shirleyyy". Le pregunté a mi padrino, Tony King, si había visto el programa y me dijo: "Sí, sí, ya lo sé". Les dije a mis padres que eran iguales. Y yo era como Kelly, la rebelde. Con los perros y todo. "¡Sois vosotros! ". Estaban horrorizados, pero yo les decía: "¡Que sí, que lo sois!". Formaban un equipo alucinante».

«Shirley tenía muy buen gusto y sabía un montón sobre muchísimas cosas», comenta King. «Era una mujer inteligentísima.

Ella lo organizaba todo. Pero, si ibas a su casa, Charlie siempre estaba fregando los platos, preparando té, cabreándose con los perros y recogiendo las cacas y el pis si se lo hacían dentro, siempre haciendo las faenas de la casa. Estaba completamente domesticado. Shirley siempre lo mantuvo a raya. Cuando ella estaba cerca, Charlie no podía darse aires, porque Shirley le paraba los pies enseguida. No se cortaba ni un pelo si tenía que ponerle en su sitio. Recuerdo que me escribió una carta muy graciosa hace muchos años, cuando estaban de gira por los Estados Unidos, más o menos en la época de Altamont. Decía: "Charlie vino a pasar el fin de semana, muy pagado de sí mismo por ser un miembro de los Rolling Stones, así que le puse a limpiar el horno"».

Don McAulay, el técnico de Charlie durante la última década de su vida, recuerda con cariño una anécdota mucho más reciente de la pareja. «La última vez que Shirley vio a Charlie tocar la batería, que yo sepa, fue en 2013, en el concierto de Hyde Park. Se sentó justo al lado de mi zona de trabajo y parecía muy feliz de estar allí, viéndole otra vez. Y él no podía dejar de mirarla. Noté que era algo muy especial para ellos, porque también se habían conocido así, cuando ella fue a verlo tocar».

«No me canso de insistir en que su matrimonio, su hija y su nieta eran el verdadero sostén de su vida», concluye King. «Adoraba a los Rolling Stones y todo lo que conllevaban. Pero, en definitiva, lo que más amaba era a su familia».

3

AÑORANZA DESDE EL EXTRANJERO

El éxito nacional e internacional de los Rolling Stones se debió en gran medida a la clarividencia de su mánager, Andrew Loog Oldham. Nacido también en plena guerra mundial, un mes antes que Keith Richards, Oldham gestionaba los asuntos de la banda, tanto en lo económico como en lo creativo, como un auténtico director de orquesta en aquella época sin precedentes en la que los mánager de *rock* tenían que improvisar sobre la marcha.

Fue él quien tomó la despiadada decisión de decirle a Ian Stewart que su cara desentonaba en el conjunto, por lo que Stu quedó relegado al humilde y nada glamuroso papel de solucionador de problemas del grupo en calidad de *road manager*. Mientras los integrantes de la banda se convertían en el prototipo de los chicos malos de la música pop, Oldham formulaba una pregunta descaradamente provocadora: «¿Dejaría usted que su hija se fuera con un Rolling Stone?». Le dio la frase a Ray Coleman, de *Melody Maker,* quien cambió «hija» por «hermana» en su reportaje sobre la gira del grupo, publicado en marzo de 1964. Lo irónico del caso es que, en el caso de Charlie Watts, el miembro más discreto del grupo, la respuesta habría sido casi con toda seguridad un sí rotundo.

«Andrew era el mejor, me caía muy bien», comentaba Charlie, que en el verano de 1964, a los veintitrés años y siendo ya una estrella, se convirtió en vecino del mánager al independizarse por fin. Su nuevo piso de cuatro habitaciones estaba en Ivor Court, en Gloucester Place, y según Bill Wyman, que se acuerda de todo, el alquiler ascendía a poco más de cincuenta y cuatro libras al mes. Charlie, que se trasladó allí directamente desde casa de sus padres, nunca llegó a vivir solo. «Mi madre nos tenía entre algodones», afirma su hermana Linda. «Incluso cuando se fue de casa, Charlie traía su ropa sucia para que mi madre la lavara y la planchara».

Tras su boda en octubre de 1964, Shirley y él decoraron el piso con detalles que reflejaban su gusto por las artes plásticas y lo llenaron de muebles de pino daneses, a los que Charlie se había aficionado durante la temporada que pasó trabajando en Dinamarca. Un sofá Chesterfield adornaba la morada, que contaba además con otros muebles adquiridos por Charlie durante sus giras con ese ojo infalible que conservó siempre.

«Cuando Andrew tenía su oficina en Regent's Park, yo vivía al lado: mi apartamento estaba en un extremo del pasillo y su despacho en el otro», recordaba. «Andrew era muy elegante. Solía llevar unos trajecitos con chaquetilla corta. Nos llevábamos todos muy bien con él y a todos nos gustaba lo que decía. Se le daba muy bien canalizar nuestras emociones. Y supo ver las posibilidades. Si no, habríamos seguido rulando por los clubes, tocando en Bournemouth eternamente sin hacer ningún avance».

La gestión de la imagen de los Stones fue muy hábil: sacó partido de sus melenas y su comportamiento presuntamente gamberro, lo que hizo que los jóvenes fans los adoptaran como un antídoto provocador frente a la formalidad y la pulcritud de los Beatles. Mientras la prensa nacional y la opinión pública se ensañaban con aquellos cavernícolas melenudos, un docente de Wrexham denunciaba a los padres que permitían que sus hijos llevaran pantalones de pana, considerados moralmente laxos, en homenaje a sus ídolos. Mientras tanto, Charlie ocupaba por primera vez la portada de una revista en solitario, paradójicamente en la edición de junio de 1964 de *Mersey Beat*.

En la Navidad de ese año, Oldham publicó una felicitación en *New Musical Express* deseando felices fiestas a los peluqueros hambrientos y sus familias. La revista de información comercial *Tailor & Cutter* imploró al grupo que empezara a usar corbata para salvar de la ruina a los corbateros. Fue un error de apreciación por su parte: Charlie solía vestir con elegancia y, si le hubieran preocupado esas cosas, habría tenido motivos sobrados para ofenderse cuando, años más tarde, la misma revista no le incluyó a él sino a Mick en su lista de los hombres mejor vestidos. De hecho, cuando se les negó la entrada al restaurante de un hotel en el que se alojaban por ir demasiado desaliñados, Charlie llevaba al parecer chaqueta y corbata. «Supongo que a mí sí me servirían», dijo, «pero no pienso entrar ahí yo solo».

De vez en cuando, Charlie se sumaba también a las travesuras de la banda, como cuando en julio de 1964 participaron en una edición del programa semanal *Juke Box Jury*, en el que los invitados votaban si los nuevos lanzamientos musicales eran un éxito o un fracaso. Puede que no llegaran al nivel de los Sex Pistols en su entrevista con Bill Grundy doce años después, pero el presentador y estrella de la BBC David Jacobs pasó un mal rato. Oldham lo describió así en *2Stoned,* el segundo volumen de su interesantísima autobiografía: «Sin que yo los animara en modo alguno, procedieron a comportarse como auténticos gamberros y en veinticinco minutos consiguieron confirmar de una vez por todas la mala opinión que el país tenía de ellos. Refunfuñaron, se rieron entre sí, se mostraron despiadados con las tonterías que les planteaban y hostiles hacia el señor Jacobs, normalmente tan imperturbable. No fue una maniobra publicitaria planeada. Brian y Bill se esforzaron un poco por ser educados, pero Mick, Keith y Charlie se negaron de plano. Al final, los otros dos tuvieron que unirse, aguantar el tipo y seguirles la corriente». El *Daily Mail* afirmó que habían «escandalizado a millones de padres». Oldham, por su parte, juzgó que aquello era «un pasto publicitario excelente». Una semana después, *It's All Over Now* llegaba al número uno.

Todo este revuelo era, naturalmente, contrario al carácter de Charlie, que, al igual que Bill, adoptaba siempre que podía un aire de estudiada indiferencia teñida de ironía. El mismo mes de su escandalosa aparición en *Juke Box Jury*, un artículo de la revista *Rave* contaba cómo se habían burlado de él sus compañeros una noche que olvidó su propio número de teléfono. Su personalidad dentro de la banda estaba ya bien definida.

«Charlie Watts es el estudioso», afirmaba el artículo. «Lee libros sobre la guerra civil de los Estados Unidos y tiene muchos discos de música clásica en su colección de elepés. Es el Stone bien vestido: suele gastarse hasta cincuenta libras en ropa de una vez. Es el silencioso. De los cinco Stones, Charlie es el más callado».

«Los bateristas tienen un algo especial», escribía Coleman con evidente frustración en el reportaje que publicó en *Melody Maker* en 1964. «Desconfían de las preguntas y prefieren mojarse lo menos posible. Charlie, gran aficionado al *jazz*, preguntó cuándo tocaba Stan Getz en Londres y luego salió de la habitación». Charlie les ponía *jazz* a sus compañeros con pocas esperanzas de convertirlos a su pasión, aunque en aquella época Mick admiraba ya a Charles Mingus y Jimmy Smith.

«Es un misterio de lo más extraño, no hay duda», comenta Glyn Johns, el afamado colaborador de los Stones durante los años sesenta y posteriormente. «Acaba siendo reconocido como uno de los grandes bateristas del rocanrol y en realidad su pasión era el *jazz*. Si le hubieran dado la oportunidad de elegir —y la verdad es que se la dieron a veces—, habría elegido el *jazz* muy por delante del rocanrol. Es muy extraño».

Pocas personas hay más cualificadas que Johns para juzgar la destreza musical de Charlie, dado que fue ingeniero y confidente de los Stones durante los primeros trece años de existencia del grupo. «Hay muchos músicos que son únicos y Charlie, desde luego, lo era», afirma. «Para mí, Bill y él son tan responsables como el que más del éxito de los Rolling Stones. Pero lo suyo es más subliminal, no era tan obvio como escribir las canciones y pavonearse provocativamente. La combinación de Bill Wyman y Charlie Watts es algo fuera de lo corriente. Uno sin el otro siguen siendo grandes músicos, pero no como los dos juntos.

»Pasć mucho tiempo con Charlie, los dos solos, por la sencilla razón de que siempre llegaba al estudio mucho antes que los demás», cuenta Johns. «Yo siempre estaba allí preparando la sesión o lo que fuera. Así que pasamos muchas tardes a solas charlando sobre el tiempo o sobre cualquier cosa. Hablábamos de la familia, no siempre de música, en absoluto.

»Era un hombre modesto de verdad en todos los aspectos. Nunca tuve una conversación con él en la que discutiéramos su destreza como baterista. No hacía falta, sinceramente. No creo que Charlie fuera inseguro en ningún sentido, pero tampoco tenía ego. Hacía lo que se le pedía, invariablemente sin que nadie le hiciera sugerencias. No recuerdo que nadie, ni Mick ni Keith ni tampoco ningún otro, le sugiriera que hiciera las cosas de otra manera. Yo, desde luego, no. No se me habría ocurrido».

Las dos primeras visitas de los Stones a los Estados Unidos, a principios del verano y el otoño de 1964, fueron seguidas de otras dos en 1965. Ese mismo año hicieron sendas giras por Australia y Nueva Zelanda, y otras dos por el Reino Unido, Irlanda y Escandinavia, además de llevar a cabo nuevas incursiones en Francia, Alemania Occidental y otros países. Semejante éxito global llevaba aparejado un deber ineludible: las temidas ruedas de prensa, en las que los famosos cinco se reunían contra su voluntad para responder a las necedades de los medios de comunicación locales. Los recuerdos de Bill Wyman resumen muy bien lo absurdo de aquellos encuentros con la prensa.

«Nos poníamos en fila, en Dinamarca o Alemania o Australia, o donde fuese, y, cómo no, solo le hacían preguntas a Mick. Después de contestar a cuatro, Mick decía: "Pregúntenle a otro", y entonces le preguntaban a Brian, luego a Keith. Charlie y yo solíamos colocarnos al final, nos tomábamos una taza de té y nos poníamos a hablar de críquet o de dónde íbamos a ir de vacaciones y esas cosas.

»Un día, una de las personas que dirigía el club de fans, alguna chica de Adelaida o de donde fuese, se acercó a Charlie al final, cuando ya se había acabado la cosa y nos estábamos levantando para marcharnos, y le dijo: "Señor Watts, ¿puede darme algo para que me lo lleve a casa de recuerdo?". Charlie le preguntó a qué se refería y ella dijo: "Cualquier cosa, algo para que me acuerde de esto". Y él se levantó, le pasó la silla y se marchó».

Bill recuerda también los Grammy de 1986, en los que Eric Clapton, el viejo amigo de los Stones, les entregó el premio a toda su trayectoria. «Estaban emitiendo en directo para los Estados Unidos en la tele por satélite, y Eric se acerca a darnos el premio y a felicitarnos. Se pone a hablar y Mick habla también, y entonces se acerca a Charlie y le da su premio, y Charlie dice: "¿Dónde están las ruedas? ¡No tiene ruedas!". Y a todos nos dio la risa porque fue muy raro. Era muy gracioso sin pretenderlo, una y otra vez».

Los rasgos propios del trastorno obsesivo-compulsivo que compartían Bill y Charlie podían manifestarse en las circunstancias más prosaicas, sobre todo en sus primeras giras por el Reino Unido. «Tenía unos hábitos muy extraños», cuenta Bill con cariño. «Un día paramos en una cafetería a comer algo cuando íbamos al norte, a Glasgow o a algún sitio así. Paramos en una carretera secundaria, no sé dónde, y cuando íbamos a volver al coche dijimos: "Más vale que vayamos al servicio, porque vamos a estar metidos en el coche dos horas seguidas". Así que fuimos al aseo, que estaba fuera. Yo entré y salí, y luego entró Charlie». Se levanta y se acerca a la puerta para hacer una demostración. «Esta es la puerta del baño. Sale, cierra la puerta, comprueba el picaporte y echa a andar hacia donde estábamos nosotros. Le estábamos esperando todos. Entonces se para, da media vuelta, comprueba otra vez el picaporte y da diez pasos. Le decimos "¡Venga, Charlie!", y él vuelve a hacer lo mismo tres o cuatro veces más».

Un hito que pone de manifiesto la temprana admiración de los Stones por la cultura americana, y que se convertiría en un recuerdo indeleble para ellos, fue su participación en la película *T. A. M. I. Show*, de finales de 1964, en la que compartieron cartel con figuras de la talla de Chuck Berry, Marvin Gaye o los Beach Boys. La película pasó a la historia por incluir la actuación de James Brown que dio a conocer al gran público su genialidad como cantante y bailarín. Mick, que lo recuerda aún vivamente, me contó cerca de cuarenta años después que a veces todavía escucha *Live at the Apollo Vol. 1* para cargarse de energía antes de salir al escenario. Charlie también seguía hablando de ello décadas después.

«Era alucinante en eso. Decían que era el tío más currante del mundo del espectáculo, y lo era, desde luego. Y la banda que tenía, no había ninguna igual de buena. Cuando yo era joven y veía tocar a músicos negros… En mi caso no es una cuestión racial, es solo que enseguida fui consciente de que quienes más placer me reportaban como oyente eran Ben Webster, Bobby Womack y los grandes bateristas que he visto. Phil Seamen y Ginger Baker, si cierras los ojos, son negros por cómo tocan. Para mí, eso es todo un cumplido».

Después de más de dos años y medio cumpliendo un calendario casi cruel de actuaciones por el Reino Unido, en marzo de 1965 el grupo llegó a Dinamarca para dar sus primeros conciertos por Europa. Su primera actuación en Odense estuvo precedida por una rueda de prensa en el hotel Royal de Copenhague, de la que el fotógrafo danés Bent Rej escribió en *In the Begging*, su impactante colección de fotografías de la época: «Descubrí quiénes eran los bromistas de la banda y enseguida trabé relación con ellos: Charlie y Brian». Añadía que cuando a Charlie le preguntaron quién les escribía las respuestas contestó: «Ringo».

La recompensa de Charlie por soportar esta rutina agotadora era la posibilidad, recién estrenada, de visitar clubes de *jazz* en cualquier parte del mundo en que actuara la banda, lo que le permitía ver en directo a algunos de sus ídolos musicales, especialmente en los Estados Unidos. «La primera vez que estuve allí quería ir a Nueva York y a Birdland, nada más», dijo. «Me daba igual el resto de los Estados Unidos. Nueva York era el escenario de lo que soñaba con ser, o sea, un baterista negro que toca en la calle 52. No soy negro, claro, y aquel mundillo ya no existía cuando yo llegué, pero Nueva York seguía siendo un centro de *jazz* de vanguardia. Una de las primeras bandas que vi cuando llegué a Nueva York fue la de Charles Mingus, con Danny Richmond a la batería, y [el saxofonista] Sonny Rollins acababa de salir de hibernación y actuaba con su trío. Eran los tiempos en que Sonny empezaba a tocar en su camerino y después seguía mirando a la pared por todo el escenario. Era fantástico».

Mucho más tarde, Rollins realizó una colaboración memorable con la banda al tocar el inspirado solo de saxo tenor en el magnífico tema «Waiting on a Friend», perteneciente al álbum *Tattoo You*, de 1981. «Tenía muchísimas ganas de trabajar con Sonny Rollins», comentó más adelante Mick. «El tío es un gigante del saxofón. Charlie decía que no iba a querer colaborar en un disco de los Rolling Stones. Yo le dije que sí, que querría. Y lo hizo, y estuvo maravilloso».

Sin embargo, la versión de Charlie es algo distinta: «Mick dijo: "¿Metemos un saxofonista en *Waiting on a Friend*? ¿Quién es un buen saxofonista?". Yo le dije que Sonny Rollins, pensando que no conseguiría convencerle, y allí estaba, en el estudio. También habló de un trompeta y yo dije que Miles Davis, pero no sé en qué quedó eso. [Sonny] era una maravilla. Hemos tenido algunos saxofonistas extraordinarios tocando con la banda: Trevor Lawrence, Ernie Watts… El mejor saxofonista es un tío de Texas llamado Bobby Keys, sin duda alguna».

Charlie no solo aportaba su pasión por el *jazz* a las grabaciones y los conciertos de los Stones siempre que tenía oportunidad, sino que confesaba que, cuando algún tema lo permitía, se sentaba ante la batería y fantaseaba con que era uno de sus ídolos, como Kenny Clarke o Ray Lucas. Hacía todo lo posible por ver a sus músicos favoritos en vivo, como en Copenhague en aquella primera gira europea, cuando vio en directo al trío de Oscar Peterson, a Ella Fitzgerald y al pianista Erroll Garner, y conoció entre bastidores a este último y a su contrabajista, Ray Brown, o como cuando ese mismo año volvió a toda prisa a casa después de un concierto en Viena para ver a Count Basie y su orquesta.

A veces le acompañaba algún otro miembro de la banda. «Hablábamos mucho de *jazz*», cuenta Mick. «A mí me gusta bastante el *jazz,* y a Brian también. A Keith nunca le ha gustado mucho, porque para él representa todas esas bandas de Dixieland, como Chris Barber. Charlie y yo íbamos mucho a clubes de *jazz.* En los primeros tiempos, él salía mucho más, así que si tal o cual músico estaba tocando en Europa, porque muchos músicos americanos vivían en Europa, íbamos a Dinamarca, por ejemplo, a conocerlos, y nos tomábamos un café o una copa con ellos. También íbamos a ver a Miles Davis. Charlie le admiraba muchísimo. Miles podía ponerse muy borde, o no, y ese día estaba simpático».

Otra apuesta audaz de Oldham consistió en contratar a un equipo de rodaje para grabar la segunda visita del grupo a Irlanda, en 1965, con idea de promover, finalmente sin éxito, la financiación de una película sobre los Rolling Stones. El documental, escribía el mánager, «iba a ser una especie de ensayo, una preparación para futuros largometrajes, en un intento por mi parte de mantener a los Stones interesados en hacer cine. Se titularía *Charlie Is My Darling* [*Charlie es mi favorito*] porque lo era, en efecto».

Dirigido por Peter Whitehead, el documental, restaurado en 2012, es un ejemplo absorbente de realismo social que muestra a cinco jóvenes dedicándose a sus cosas en una especie de *Hard Day's Night* llevada al extremo: improvisando en una habitación de hotel de Dublín, cogiendo un tren a Belfast y volviendo a Londres en avión, hablando todo el tiempo de su éxito y aquel tren de vida, que ellos esperaban que se terminara mucho antes.

Entre los jóvenes fans irlandeses a los que se entrevistó fuera del concierto, hay una chica que dice: «Me gusta el tío que toca la batería». Charlie, mirando a la cámara casi por obligación, declara: «Yo me limito a tocar la batería. No sé solfeo, no soy un músico de esa categoría. Puede que sea porque me pongo el rasero muy alto. O puede que sea mi complejo de inferioridad. A lo mejor soy genial, a fin de cuentas». Y consigue esbozar una sonrisa.

Más de medio siglo después de su realización, la película produce un sentimiento de melancolía por la forma en que, en medio del humo de innumerables cigarrillos, plasma casi un momento postrero de relativa inocencia y unidad de la banda, como el viaje en tren, cuando cantan todos *Maybe It's Because I'm a Londoner* y hablan sobre Max Bygraves. Charlie, con unas modernas gafas de sol, se limita a leer una revista. Entre bastidores, Mick y Keith trabajan en su nueva canción, «Sittin' on a Fence» (que grabaron poco después para el álbum *Aftermath*, pero que finalmente cedieron al dúo pop Twice as Much), y tocan las canciones de los Beatles *From Me to You* y *I've Just Seen a Face*. Charlie, adusto e inescrutable, está sentado a su lado.

El documental resulta aún más absorbente porque captó un tumulto que se produjo en el concierto de Dublín, filmado con arriesgada verosimilitud y sin ese envoltorio dulzón que asociamos actualmente con las filmaciones de los primeros tiempos del *rock*. También en ese momento Charlie permaneció imperturbable, al menos en apariencia. «Bill Wyman tuvo que esconderse detrás de Ian Stewart y del piano de cola que había en el escenario», escribía Oldham. «Keith se las arregló para salir corriendo y Charlie Watts se limitó a seguir tocando».

La crónica que publicó un periódico de la época así lo confirma: «Mick Jagger acabó tirado en el suelo, Brian Jones luchaba con tres adolescentes a puñetazos y Bill Wyman tuvo que buscar refugio detrás de un piano, en el lateral del escenario. Keith Richard [sin *s* final en esos momentos] consiguió escapar del escenario. Y el implacable Charlie Watts siguió tocando como si nada mientras se desataba el caos a su alrededor».

Más adelante, Charlie declara en la película: «Puedo permitirme hacer exactamente lo que me apetece… Claro que tampoco tengo mucho tiempo para hacer lo que me apetece». Oldham concluía: «Charlie fue el único miembro del grupo que consiguió mostrarse natural ante la cámara y, en aquel estilo de *cinema verité*, razonablemente espontáneo y auténtico».

En 2012, Oldham declaró en una entrevista con *Los Angeles Times*: «Después de ver y editar las entrevistas con Peter Whitehead, soñé que [un cineasta] me llamaba y me decía: "Charles Bronson no ha podido hacer tal película en Francia, ¿podría venir Charlie [Watts] a hacerla?". Me pareció maravilloso. Charlie tenía una gran presencia». Este comentario recuerda a un artículo del *Evening Standard* aparecido en 1964 en el que se decía que, según su mánager, Charlie tenía «la estructura ósea de Steve McQueen y, por tanto, un gran futuro en el cine».

Fue una lástima que los Stones nunca llegaran a hacer *Only Lovers Left Alive,* el largometraje que Oldham tenía previsto rodar por esa misma época. A pesar de que la prensa musical británica informó de que el rodaje comenzaría en el otoño de 1966, finalmente el proyecto se quedó sin financiación y no pudo llevarse a cabo. Tal vez, de no ser así, Charlie habría demostrado ser un gran actor.

De vuelta en casa, durante los breves paréntesis de que disponían entre gira y gira, la vida pública del batería y el grupo se volvía cada vez más complicada, aunque también un poco menos peligrosa. En la primavera de 1965, Keith le dijo a una revista musical que, por lo general, los fans no los molestaban cuando Charlie, Bill y él estaban en el Ad Lib Club, que había abierto sus puertas el año anterior encima del cine Prince Charles, justo al lado de Leicester Square.

«La gente se equivoca al pensar que llevamos una vida aventurera», comentó, «y que salimos siempre con bufanda, gafas oscuras y el sombrero bien calado sobre los ojos. Si queremos salir, salimos, pero casi siempre preferimos quedarnos en casa y dormir, o escuchar discos o, en mi caso, sacar a pasear al perro. A mí no me gusta pasear, pero al perro sí que parece gustarle». (El perro se llamaba Ratbag, dicho sea de paso). Charlie y Shirley optaban casi siempre por la tranquilidad. Bent Rej los fotografió en su refugio de Ivor Court y, en mayo de 1965, escribió sobre los días entrañables que la pareja pasaba allí. «Cada vez que Charlie se pone a escuchar discos, Shirley se pone a hacer arte», comentaba el fotógrafo danés. «Se mete en su estudio a esculpir. Hasta ahora no ha intentado vivir de la escultura; todas sus piezas de arte moderno van a parar a manos de amigos y familiares o se quedan en casa. Porque no solo se aman el uno al otro, también aman el arte».

A la vista del calendario de conciertos de los Stones en 1965, esos días idílicos parecen aún más infrecuentes y fugaces. A principios de año, todavía daban dos conciertos por ciudad y durante esos doce meses hicieron más de doscientas actuaciones, sin contar las sesiones de grabación en el Reino Unido y en el extranjero para los álbumes *Out of Our Heads* y *Aftermath*, también para varios sencillos que marcaron época, como *The Last Time, (I Can't Get No) Satisfaction* y *Get Off of My Cloud*.

En junio de ese año, Rej acompañó a Charlie y Shirley a ver una casa que estaban pensando en comprar, Old Brewery House, un edificio del siglo XVI en Southover Street, Lewes. La casa solariega había sobrevivido tras la demolición de la fábrica de cerveza Verrall & Sons en 1905. Era exactamente lo que buscaban: una casa en un rincón de East Sussex, muy lejos del jaleo del West End, el «salvaje Oeste» londinense.

Hicieron una oferta de inmediato y en octubre ya se habían mudado. El padre de Charlie no estaba muy convencido. «No entendemos por qué prefiere una casa así de antigua a una moderna», declaró. Pero la pareja estaba muy contenta con su nueva residencia, donde Shirley pudo entregarse por primera vez a otra de sus grandes pasiones, la cría de caballos. Él pasaba gran parte de su tiempo rebuscando en tiendas de antigüedades, tanto en Lewes como en Brighton. El único inconveniente era que las chicas que trabajaban en una fábrica de perfumes cercana subían a la azotea a la hora de comer confiando en ver a su escurridizo ídolo musical.

En una entrevista grabada en 1966, Charlie aparece sentado en un banco fuera de la casa, respondiendo a una serie de laboriosas preguntas pronunciadas con el relamido acento británico que imponía la BBC. Salta a la vista que está deseando que la entrevista termine, pero aun así responde educadamente y con su modestia habitual: «Les vendemos nuestra música a chavales americanos que seguramente no han oído hablar nunca de la gente a la que nosotros le copiamos la mitad de nuestra música», dice. «Hablo del principio. Ahora estamos devolviéndoles esa influencia con nuestra forma de hacer las cosas. Puede que sea más aceptable, tal y como lo hacemos nosotros, aunque no soy el más indicado para hablar sobre ese tema porque yo solo soy una parte del conjunto; en realidad, no creo las canciones ni nada por el estilo».

Mientras el perro de la pareja espera pacientemente con su pelota y vemos a Shirley montada a caballo, con un pañuelo en la cabeza y una chaqueta elegante, Charlie reflexiona acerca de cómo le ha cambiado el éxito. «Por desgracia, ya no me lo pienso, si tengo que gastarme cinco libras», dice. «Si son cien, sí. Esa es la única diferencia que ha supuesto para mí. Si algo cuesta cinco libras y me gusta, me lo compro. Pero probablemente no valga cinco libras, aunque yo esté dispuesto a pagarlas». Cuando se le pregunta si ha cambiado su actitud hacia la gente, responde sabiamente: «No, creo que ha cambiado la actitud de la gente hacia mí».

Su forma peculiar de ver el mundo sale a relucir cuando añade: «Antes, me sentaba en una cafetería cuando trabajaba, y tenía un vale para la comida y tres peniques para gastar. Ahora, si tuviera un vale para la comida y tres peniques, a la gente le parecería ridículo que entrara en un sitio y dijera: "Quiero tres sándwiches de queso con mostaza y pepinillos". Pensarían: "Pero ¿qué hace? Seguramente solo lo hace para que la gente se le acerque". No sé, tengo esa sensación. Puede que sea una tontería, pero la verdad es que ha cambiado la actitud de la gente hacia mí. El éxito al que me refiero es el dinero. No la adulación, porque la verdad es que eso no lo tengo en cuenta para nada».

Mientras el formato álbum alcanzaba su madurez y muchas bandas empezaban a cuestionarse la validez del sencillo de 45 rpm como medio de expresión, los Stones lograron al fin la independencia creativa con *Aftermath,* su disco de 1966. Fue su primer elepé compuesto íntegramente por temas originales de Jagger y Richards, que alcanzaron nuevas cotas imaginativas con canciones como «Lady Jane» y «Mother's Little Helper». Charlie estaba siempre presente con su pulso firme y creativo a la batería, y pronto aumentó su contribución esencial al repertorio del grupo con varias piezas que bebían de su pasión adolescente por el *jazz.*

En 1966, en algún momento de su apretado calendario de giras, como recordaría Mick décadas más tarde con un regocijo teñido de fastidio, les hicieron por primera vez esa pregunta tan poco imaginativa que tanto se ha repetido a lo largo de los años: «¿Podría ser esta la última gira de los Stones?». «Sí, en serio», me dijo. «Lo recuerdo perfectamente. Lo tengo datado».

En junio y julio, el quinteto llevó a cabo una gira por Norteamérica tan agotadora como ya era costumbre en ellos: una serie de treinta y dos conciertos que incluía actuaciones en el Coliseo de Washington y el Hollywood Bowl. El programa que se elaboró para la gira incluía una tira cómica hecha por Charlie que recordaba el estilo narrativo levemente esotérico de *Oda a un pájaro de altos vuelos* y que resume de forma fascinante su visión personal del ascenso del grupo.

Titulada *A Biography by Charlie Watts* [*Una biografía, por Charlie Watts*], la tira cómica —que ahora se encuentra en el Museo del Salón de la Fama del Rock and Roll de Cleveland— llevaba el subtítulo de *It's the Same Old Story (If Not the Song)* [*Es la misma historia de siempre (no la misma canción)*], y en ella Jagger aparecía cantando en un escenario que va creciendo en altura en cada viñeta.

En la primera viñeta, Mick está en el Crawdaddy y un hombre con sombrero comenta: «Es muy bueno… Pero debería cortarse el pelo». A medida que crecen el escenario y el público, Charlie dibuja a Mick cantando temas de los Stones de años sucesivos: *Walking the Dog, Time Is on My Side, Satisfaction* y *Lady Jane* («pero sigue teniendo agujeros en el chaleco»). En la última ilustración, Mick aparece en lo alto de un rascacielos cantando *Have You Seen Your Mother, Baby, Standing in the Shadow?* Abajo, el mismo hombrecillo, de pie entre un gran gentío, sigue diciendo: «Es muy bueno… Pero debería cortarse el pelo».

La felicitación navideña de los Stones de 1966 también era una obra original de Watts, con caricaturas acompañadas de buenos deseos, «sea como sea como pases las fiestas: en pie, de rodillas, de espaldas o sencillamente flotando». Charlie volvió a demostrar su inspiración en el álbum *Between the Buttons*, de enero de 1967. Las armonías sutiles pero perceptibles del estribillo de «Please Go Home», con su aire de Bo Diddley y el esterófono de Brian Jones, eran nada menos que de Shirley Watts.

El estuche del disco, que llevaba en portada una fotografía clásica del grupo tomada en Primrose Hill por Gered Mankowitz, incluía una tira cómica de seis viñetas dibujada por Charlie y basada en un malentendido con el título. Andrew Loog Oldham, que produjo a los Stones por última vez en ese disco, encargó a Charlie que hiciera las ilustraciones y, al preguntarle Charlie por el título, utilizó una expresión que venía a decir que estaba indeciso. Charlie se lo tomó al pie de la letra. «Me dijo que el título estaba *between the buttons* ["en el aire"]», explicó en una entrevista para *Melody Maker*. «Yo entendí que quería decir que el título era *Between the Buttons* y así se quedó. Fue culpa mía porque le entendí mal». Pero aquel cruce de cables hizo saltar la chispa de la inspiración artística en forma de ilustraciones.

Charlie demostró que entendía a la perfección la imagen pública del grupo y lo polémica que era esta. Encima de las viñetas se leía el siguiente consejo: «Para entender estas rimas, hay que mover el pie al compás. Así los botones se acercan. Y las piedras[3] se ven mucho más».

Debajo de la primera viñeta, Charlie escribe: «*Between the Buttons* empezó siendo una risa y pronto se convirtió en una farsa», mientras el gentío grita: «¡Queremos a los Stones!». En la segunda viñeta, los muñequitos se lamentan de la popularidad del grupo con comentarios como: «En todos los años que llevo en el mundo del espectáculo…» y «Cuando se lo cuente a mi mujer…». En la tercera dice: «Oye, ¿eso es un chico o una chica?». Y después: «¿Sabes qué?, no están tan mal después de todo…», «Pues me gustan…», «Bueno, no sé…», y por último: «¿Qué se traerán entre manos ahora?».

Charlie hizo gala de su aplomo y su sencillez de siempre al hablar con la revista *Rave* en diciembre de 1966. «Charlie Watts es el típico caso de una persona que hace su trabajo con desapego», escribía Mike Grant. «La histeria, los gritos, los aspavientos y el frenesí de una existencia pop le resbalan sin subírsele nunca a la cabeza. Habla poco porque cree que de ese modo evita atraer la atención del público: detesta el alboroto y prefiere que no le traten como a una estrella. Si alguien me preguntara quién creo que será el primero en abandonar el grupo, diría que Char-

---

[3] *The stones,* «las piedras».

lie, simplemente porque tiene muy poco que perder. "No es más que un trabajo que da mucho dinero", afirma».

Después de una gira de veintisiete conciertos por Europa en primavera, el año 1967 supuso un respiro, después de casi cuatro años viviendo con la maleta siempre a cuestas, como el actor Richard Bradford, de *El hombre del maletín*, la serie de detectives que estaba de moda en la televisión de la época. Charlie no fue, ni mucho menos, uno de los primeros en unirse al Verano del Amor, y más tarde confesaría que aborrecía el Flower Power, aunque en su momento le dijera a la prensa que le gustaba. Se alegró, sin embargo, de tener oportunidad de ver a un nuevo guitarrista del que hablaba todo el mundo. Al recordar aquella ocasión, se reía de las limitaciones técnicas de la época.

«Recuerdo que vi a Jimi Hendrix en el Saville Theatre. Fue la semana que salió *Sargent Pepper*, y él tocó la canción», recordaba con precisión admirable: el concierto fue el 4 de junio, tres días después del lanzamiento del álbum de los Beatles, y Hendrix, efectivamente, comenzó su actuación con el tema que daba título al disco (Paul McCartney diría más adelante que aquella versión era uno de los mayores honores de su carrera). El concierto contó también con la actuación de Procol Harum y la Electric String Band de Denny Laine, el exintegrante de los Moody Blues y futuro miembro de los Wings, de cuya actuación Charlie habló también en términos muy halagüeños.

«Fue increíble el sonido que tenía [Hendrix]», comentaba, «y fue la primera vez que vi que ponían un micrófono en la batería, a Mitch [Mitchell], o sea, que pusieron un micro encima de la batería y el sonido era fantástico en aquel teatro tan pequeño, con todo aquel montón de cacharros. Jimi tocó medio tema, *Sargent Pepper*, y luego zas, se vino todo abajo y Jimi se pasó el resto del concierto… Se le veía todo el rato de espaldas ajustando cosas, no se veía otra cosa, se paró el concierto y tuvieron que echar el telón.

»En aquellos tiempos el sistema eléctrico del teatro no soportaba esa potencia y se vino abajo. Ahora es enorme. Jimi podría tocar con diez veces más volumen. Pero entonces no había nada. Si tocabas en teatros, tenías los focos y las candilejas y, si no, olvídate, no había nada».

Hablando de teatros, los Stones se metieron en un buen lío al actuar en uno en enero de 1967. Participaron como invitados en *Sunday Night at the London Palladium*, un programa de variedades de mucho éxito que ya por entonces olía a naftalina, e interpretaron cuatro canciones, entre ellas *Let's Spend the Night Together*, que hacía torcer el gesto a más de uno. Su negativa a aparecer en la despedida del programa, donde era tradición que los artistas saludasen al público desde el famoso escenario giratorio como si fueran concursantes de Eurovisión, indignó a la nación.

En el programa de la semana siguiente apareció un viejo conocido de Charlie: su compañero de *jazz* de principios de los sesenta Dudley Moore, que desde entonces se había convertido en una superestrella de la comedia. Moore y Peter Cook actuaron en el programa y se prestaron a hacer el saludo de despedida de rigor acompañados por muñecos de papel maché de los Stones a tamaño natural y con un aspecto levemente siniestro.

«Yo no quería hacer [el programa] y no sé por qué lo hicimos», declaró Charlie en una entrevista para *Melody Maker*, siguiendo su inveterada costumbre de decir que no quería dar determinados conciertos con el grupo, desde Hyde Park hasta Glastonbury. «Pensábamos que había quedado claro antes de actuar que no íbamos a salir a la plataforma giratoria». Y luego añadía con su franqueza característica: «¿A qué viene tanto discutir? No es más que dar vueltas en un trozo de cartón durante diez segundos... Y, aun así, los periódicos llevan días hablando del tema».

En medio del revuelo que causó la famosa detención de Mick y Keith por posesión de drogas y su consiguiente vindicación en la prensa (parte de la cual consideró que detenerlos era tan absurdo como pretender «descoyuntar una mariposa en un potro»), los Stones pasaron gran parte del año 1967 tratando de terminar su polémico álbum *Their Satanic Majesties Request*, uno de los primeros ejemplos de *rock* psicodélico. Para Charlie, esto tuvo la ventaja de que pudo pasar más tiempo en casa, y antes de que terminara el año, Shirley y él se mudaron de nuevo.

Se trasladaron a la localidad de Halland, no muy lejos del que había sido su hogar durante los dos años anteriores, unos once kilómetros al noreste de Lewes, para instalarse en Peckhams, una casona centenaria que, según informó Keith Altham, de *NME,* había sido en tiempos pabellón de caza del primer arzobispo de Canterbury. «La casa tiene algunas tierras, aunque no quiero dedicarme a la agricultura», comentó Charlie en declaraciones a *Melody Maker.*

Los Watts le compraron la finca al exfiscal general de Inglaterra y Gales, lord Shawcross, y allí encontraron espacio para satisfacer la afición casi compulsiva de Charlie por el coleccionismo, de la que hablaremos más adelante con detalle. Como comprobó Altham cuando visitó la casa, también tenían tres gatos, tres collies (Jake, Trim y Jess), un burro y un caballo de carreras llamado Energy, de dieciocho años de edad.

«Es una ciudad muy antigua», dijo Charlie acerca de Lewes, «la capital del condado de Sussex, y se la están cargando. No me gustan las casas en zonas suburbanas. No viviría en una ni gratis. Lo suburbano es un estado mental, pero nadie es de verdad suburbano. Cada cual tiene su propia mentalidad. Conozco a personas que van en tren a trabajar cada mañana y que están tan locas como el que más».

Explayándose por una vez ante el micrófono, añadía: «Lo alucinante es que parece que para la gente las zonas residenciales son el modo de vida ideal, y no lo son, ¿no? Yo me alegro de no vivir en una urbanización. Lo triste es que la mayoría de la gente que vive allí ha tenido que dejar una vida más abierta en Londres para meterse en una casa en una urbanización en obras. Cuando sus padres eran jóvenes, la puerta de la calle estaba siempre abierta y los niños de cuatro calles más abajo andaban siempre por allí. En las urbanizaciones eso no pasa».

En 1966, Keith Richard (todavía sin la *s*) había tomado posesión de Redlands, la que sería desde entonces su casa en West Wittering, West Sussex. Al poco de mudarse Charlie y Shirley, Mick Jagger compró también la mansión Stargroves, o Stargrove Hall, en Hampshire. Bill recuerda que Mick asumió el papel de hacendado con cierto entusiasmo y hasta ingresó en la Country Gentleman's Association, la Asociación de Caballeros Rurales.

Bill, por su parte, compró Gedding Hall, una casona del siglo XV con foso incluido cerca de Bury St. Edmonds, en Suffolk, y a finales de 1968, Brian Jones adquirió Cotchford Farm, en la zona de High Weald, en Hartfield, East Sussex, la casa en la que, durante los años veinte, había vivido A. A. Milne, el autor de *Winnie the Pooh* (de ahí que, inevitablemente, se la conociera como Pooh Country "el País de Pooh"). Los Rolling Stones habían emigrado en bloque de la ciudad al campo.

Libre al fin de las penalidades de la vida en la carretera, Charlie pudo disfrutar de lo que tanto anhelaba: una larga temporada de tranquilidad lejos de la industria musical. «Hace dos años era una pesadilla», admitió. «Los viajes y la velocidad a la que iba todo. No nos daba tiempo a vivir. Las giras por Inglaterra eran las peores, por los viajes, y teníamos a periodistas y fotógrafos prácticamente viviendo con nosotros todo el tiempo».

A esas alturas, su desconfianza hacia la mayoría de los medios de comunicación estaba ya muy arraigada. «Los que de verdad me dan miedo son los periodistas poderosos de algunos medios nacionales», comentaba. «Es aterrador pensar que, con unas pocas citas bien elegidas o algún comentario sesgado, puedan destruir a alguien como John Lennon».

Tras observar atentamente a quienes, después de los Stones, habían servido de pasto a esos temibles columnistas, añadía: «Ahora es todo mucho más fácil, pero es divertido sentarse tranquilamente a leer sobre gente como Peter Frampton, contra el que la prensa está arremetiendo como arremetía contra Mick. Se me hace raro pensar que solo tiene dieciocho años y que seguramente va a tener que pasar por lo mismo que pasamos nosotros».

Frampton, apodado ya para siempre «la cara del 68», formaba parte por entonces de la banda de *pop-rock* The Herd y, en efecto, estaba siendo «procesado» por la picadora de carne de los medios de comunicación. Como predijo Charlie con acierto, el dudoso título honorífico que le otorgó la prensa tuvo consecuencias de largo alcance: en su autobiografía *Do You Feel Like I Do?,* publicada en 2020, cuenta cómo su apodo mediático hizo aflorar los celos dentro de la banda, debido a la atención que le dedicaba la prensa. «Comprendí que el barco se estaba hundiendo», escribe.

Mientras residía en East Sussex, Charlie —siempre amable con quienes respetaban sus límites— se hizo amigo de Norman Ashdown, que organizaba conciertos en la zona. El hijo de este, Michael, contaba lo siguiente en declaraciones a *Lewes Musical Express*: «No sé cómo empezó, pero se hicieron grandes amigos y desde luego se tuteaban. Sé que mi padre solía consultarle bastante, y que Charlie le daba información sobre productores, mánagers y agentes, quién era interesante y a quién convenía evitar, y que le recomendaba a gente de confianza. Habla muy bien de Charlie Watts».

En diciembre de 1967, Charlie asistió al concierto, organizado por Ashdown, que dio la banda Alan Price Set en el Ayuntamiento de Lewes. El baterista fue visto dirigiéndose al camerino con una botella de *whisky*. «Ahora tengo tiempo de hacer cosas que antes nunca he podido hacer», le contó a *NME*. «Antes, cuando estaba con los Rolling Stones, solo entraba y salía de los camerinos. Ahora puedo hablar con gente como Alan y ponerme simplemente a escuchar a la banda. Alan estuvo muy bien. Disfruté mucho esa noche».

Una investigación realizada por esa misma revista de Lewes descubrió otro ejemplo de la amabilidad de Charlie. El padre de Doug Sanders, el guitarra y vocalista de The Lambrettas, la banda mod de finales de los setenta, solía llevarle a menudo en coche por Lewes. «Cuando yo era pequeño», contaba Doug, «solían llevarme a una de sus casas, a la que estaba junto a The Swan [Inn] o a la grande, al final de The Broyle, en Halland. Yo sabía que era una gran estrella y me parecía muy raro que fuera tan normal y que nos preparara una taza de té. Tengo una camiseta que Mick Jagger le dio a Charlie y que él, no sé por qué, le regaló a mi padre».

Mientras el Verano del Amor tocaba a su fin, Charlie bromeaba con *Melody Maker* acerca del impacto del movimiento *hippie* en el vecindario. «Cuando empezó el Flower Power, seguramente fue fantástico», comentaba. «Pero ahora se ha convertido en un término graciosillo, igual que *rocanrol*. Hasta hay una tienda en Lewes que tiene escrito en el escaparate, con esa cosa blanca, "los arenques son Flower Power". Supongo que lo próximo será poner "los boquerones son LSD"».

De camino a Halland, el afamado periodista Keith Altham (que más tarde fue relaciones públicas de los Stones) se puso a hablar con el taxista habitual de Charlie. «Charlie es un tío muy majo», comentó el taxista acerca del joven de veintiséis años. «Nunca está de mal humor y siempre se puede tomar una copa con él. Nos llama bastante porque no sabe conducir. Nunca está levantado cuando vamos, pero, si lo estuviera, no sería Charlie, ¿no?».

En marzo de 1968, los Stones volvieron al trabajo, en concreto a los estudios Olympic, donde comenzaron a colaborar con su nuevo productor, el neoyorquino Jimmy Miller, que ya había cosechado grandes éxitos con The Spencer Davis Group, Traffic y otros artistas. «Era uno de los mejores productores con los que he trabajado», me comentó Keith en 2020. «Antes de eso, no habíamos trabajado de verdad con un productor que fuera músico, y creo que el hecho de que Jimmy sí lo fuera hizo que nos pusiéramos las pilas y que sacáramos lo mejor de nosotros. Yo le quería mucho».

Bill Wyman cuenta en su autobiografía, *Sólo Rolling*, que, a pesar de que la canción suele atribuirse a Jagger y Richards, fue él quien dio con el famoso *riff* de *Jumpin' Jack Flash* cuando estaba tonteando con un teclado electrónico, y se le unieron Brian y Charlie. Cuando Mick y Keith llegaron al estudio, los animaron a seguir y así se compuso la canción, que aún sigue sonando cincuenta años después. Cuando se rodaron los videoclips promocionales de ese futuro clásico y de su cara B, *Child of the Moon,* en los estudios Olympic, Charlie salió de una sala abarrotada de equipos de filmación y pronunció otro de sus impagables comentarios: «Lo que hay ahí dentro. Ni la puñetera Paramount», dijo.

Poco después empezaron a trabajar en otro futuro hito de su repertorio, que por entonces llevaba el título provisional de *Primo Grande.* Keith llevó una modernísima casete Philips y Charlie puso unos compases que había grabado usando una London jazz kit set, una pequeña batería de los años treinta diseñada esencialmente para el uso de músicos callejeros. Fiel a su mentalidad de coleccionista, había comprado la batería en una tienda de antigüedades y seguía conservándola décadas después. Venía metida en una maletita en la que los tambores se guardaban uno dentro del otro. La caja era una pandereta de tamaño mediano. Aunque no la hubiera tocado nunca, no habría podido resistirse a la tentación de comprarla.

Keith le puso la canción al resto de la banda y Mick añadió una letra contestataria, inspirada en los disturbios civiles que estaban estallando entonces en todo el mundo. El tosco sonido de casete de la batería en miniatura de Charlie se trasladó al máster para que se añadieran las pistas adicionales y, de ese modo, surgió uno de los temas más crudos e incisivos de los Stones: *Street Fighting Man.*

«Se hizo con desperdicios», cuenta Keith en *Vida,* sus memorias. «En habitaciones de hotel, con nuestros juguetitos». Peter Frampton, «la cara de 1968», escribe en *Do You Feel Like I Do?,* su autobiografía: «Es una introducción genial la de esa canción... Y luego entra Charlie Watts tocando en el primer tiempo del compás en vez de en el segundo, donde normalmente se toca la caja. Es único».

Durante esas sesiones de grabación, en marzo, Shirley Watts se puso de parto y dio a luz a su hija Seraphina —la única hija de la pareja— en un sanatorio de Hove. En mayo, con fuerzas renovadas y conservando siempre su aplomo en medio de la vorágine de procesos judiciales y problemas financieros que atravesaba la banda, el flamante padre estuvo cerca del hogar de su infancia cuando el grupo hizo su primera aparición en directo en más de un año, en el concierto de *NME* en el Empire Pool, en Wembley.

En junio, pese al «huracán de fuego cruzado» en que —parafraseando la canción— se habían convertido sus asuntos personales y empresariales, los Stones volvieron al número uno en el Reino Unido con su sencillo *Jumpin' Jack Flash,* producido por su nuevo hombre de confianza, Jimmy Miller, y terminaron el año anotándose otro dos éxitos: el excéntrico especial de televisión *Rock and Roll Circus* y su esperado nuevo álbum, *Beggars Banquet,* que suele considerarse el inicio de su etapa discográfica más brillante. Charlie estaba encantado con el disco, aunque confesó que durante su creación escuchaba obsesivamente el *Sorcerer* de Miles Davis.

Durante la realización de *Beggars Banquet,* la salud física y mental de Brian Jones se deterioró visiblemente, lo que condujo —casi a cámara lenta, visto con la perspectiva del tiempo— a su salida del grupo en junio de 1969 y a su muerte un mes más tarde, a la edad de veintisiete años. La noche del miércoles 2 de julio, Bill se marchó un poco antes de lo previsto de una sesión de grabación con la banda en los estudios Olympic y a las tres de la madrugada Charlie le llamó para darle la noticia.

«No fue ninguna sorpresa, si te soy sincero», me dijo Charlie hablando sobre su amigo, cuyo frágil equilibrio mental se había venido abajo mucho antes, en opinión del grupo. «No te esperabas que se muriera, pero llevaba mucho tiempo sin estar bien, un par de años, y un año estando fatal. Así que no fue una impresión tan grande como si se hubiera muerto Bill, por ejemplo, que entonces habrías pensado "¡caray!". O cuando se murió Stu, eso sí que fue un *shock*». El hecho de que Charlie pudiera haber reaccionado a la noticia del fallecimiento de uno de sus compañeros de banda exclamando «¡caray!» es una muestra palmaria de esa imperturbabilidad suya tan extraordinaria.

«Brian, era fácil imaginar que podía morirse o por lo menos ponerse muy mal», añadía. «Pero era muy joven y uno no se muere a esa edad. La verdad es que estaba cada vez peor. Llevaba mucho tiempo fastidiado, dando tumbos y tratando de levantar cabeza, y hacía bastante que no salíamos de gira. Supongo que eso fue lo que pasó».

La llegada, al día siguiente de la marcha de Brian, de Mick Taylor, de veintiún años, marcó el inicio de un lustro que Charlie recordaba como el apogeo de los Stones. Taylor «fue una buena elección», afirmaba, «porque dio un empuje tremendo a la banda. Seguramente él no lo sabía en ese momento, pero así fue. Consiguió que Mick y Keith hicieran canciones preciosas, fue un periodo compositivo muy bueno. Siempre pienso que tuvimos suerte, porque fue nuestro periodo más musical, y creo que se debió a Mick [Taylor], a su forma de tocar. Era un músico muy lírico. A Keith y a Ronnie les encanta decir que tejen muy bien juntos. Mick es un guitarrista maravilloso, un auténtico virtuoso, igual que Jeff Beck. A Jeff, lo sigues y es él, mientras que Ronnie puede ir detrás de Keith o por delante de él, y todo eso».

En esta tesitura surgió la extraordinaria *Honky Tonk Women*. Aunque ni siquiera formaba parte de un álbum, era un resumen soberbio y descarnado de lo que significaban los Stones en ese momento, y todo el mundo está de acuerdo en que es una de las mejores actuaciones de Charlie. «Tiene dentro todo ese *blues* y esa música negra de los tiempos de Dartford», cuenta Keith, «y Charlie está increíble en ese tema. Era un temazo, el hijoputa, no había duda, uno de esos temas que, antes de acabarlo, ya sabes que va a ser un número uno».

Decir que Mick Taylor tuvo que soportar un bautismo de fuego es quedarse muy corto, teniendo en cuenta la expectación que levantó su primera actuación con el grupo. Como todos sabemos, fue en el concierto gratuito que ofrecieron los Stones en Hyde Park solo dos días después de la muerte de Jones, una actuación que se había anunciado semanas antes, cuando Brian todavía pertenecía oficialmente a la banda.

Charlie dio una de sus respuestas características cuando Mick le dijo dónde iba a ser el concierto. Algunas semanas después le contó a *Record Mirror*: «Mick vino y me dijo: "¿Qué te parece?". Le contesté que me parecía ridículo, pero que por qué no».

Ronnie Wood había coincidido por primera vez con Charlie unos años antes, cuando el guitarrista formaba parte de los Birds y los Stones eran su banda favorita. «Yo estaba cruzando Oxford Street y un Mini pequeñito se paró a mi lado en un semáforo y Charlie iba dentro», recuerda. «Conducía otro, obviamente, porque él no sabía conducir. Al ver su cara, me acerqué a la ventanilla y me dijo: "Hola, ¿qué tal? ¿Bien?". "Sí, me alegro de verte, tío". Sentimos una especie de parentesco».

El día del concierto en Hyde Park, Woody iba andando por el borde del parque, observando a los discípulos reunidos para rendir culto a sus ídolos. «Se paró un coche y salieron Mick y Charlie y me saludaron», recuerda. «Charlie me dijo: "¿Cómo estás?", como si nos conociéramos. Me dijeron: "Bueno, hasta pronto", y yo contesté: "Sí, hasta antes de lo que creéis". Mi famosa frase». Le repetí esta anécdota a Charlie y contestó con su socarronería habitual: «De eso no me acuerdo».

Cuando en 2013, justo antes de que los Stones volvieran a tocar en Hyde Park, hablamos del concierto de 1969, los recuerdos de Charlie eran típicamente prosaicos. «Recuerdo ir a recoger mis pantalones antes de ir al Dorchester» (en realidad no fue el Dorchester, sino el Londonderry House Hotel, al otro lado de Park Lane, del que el grupo fue expulsado en 1973 después de que Keith prendiera fuego a su habitación sin querer) «y estar en el hotel con Allen Klein, que andaba por allí como un pequeño Napoleón. Estaban con nosotros los percusionistas de Ginger Johnson y fue caótico pero muy divertido». El nigeriano George Folunsho «Ginger» Johnson era el líder de los African Messengers, que entraron a formar parte de la escena musical londinense en su época más álgida y se encargaron de abrir el concierto gratuito.

Se encontraban presentes, en lo que pasaba por ser el palco de invitados, Paul McCartney y Linda, su esposa desde hacía cuatro meses; Donovan; Mama Cass; y personajes tan variopintos como Chris Barber y Kenny Lynch, además de los Blind Faith: Eric Clapton, Steve Winwood y Ginger Baker, este último sin duda como apoyo moral de Charlie.

Los pantalones de Charlie también forman parte de una anécdota que cuenta Tony King sobre aquel día rebosante de primitivo optimismo en el parque, en 1969. «Shirley vino a recogerme con unos amigos suyos de Sussex. Vino con Charlie a mi piso de Fulham. Bajé y estaba a punto de subirme al coche cuando Charlie me dijo: "¿Tienes una plancha en casa?". Le dije que sí y me preguntó si podía plancharse los pantalones. Entró y llevaba esos pantalones plateados que iba a usar en Hyde Park y se los planchó en mi piso».

Y ahí, conservado en esa cápsula del tiempo que es el documental sobre aquel día, está el hombre de los pantalones plateados, en ese escenario rudimentario, con su pelo largo, su camiseta verde y su aire de dedicación un tanto desapegada. Le pega con fuerza a la batería en *Satisfaction* y se permite un mínimo atisbo de sonrisa mientras la banda toca *Sympathy for the Devil* para cerrar el concierto y Mick canturrea «Nos lo hemos pasado muy bien» y «Tenemos que irnos».

Actualmente, el símbolo recurrente de aquel acontecimiento es la imagen de Mick Jagger vestido de blanco recitando a Shelley en honor a Brian y soltando cientos de mariposas blancas, presuntamente al aire, aunque, como recordaba Tony King, «salieron casi arrastrándose del cesto». «Lo de las mariposas fue un poco triste, la verdad», comentaba Charlie. «Quedó bien visto desde el público, pero, si estabas cerca, veías que había cantidad de bajas. Aquello era como el Somme antes incluso de que despegaran».

Acerca de la música añadió: «Fue el primer concierto de Mick Taylor, claro, así que debió de ser un poco angustioso en cierto modo. Él toca muy bien haga lo que haga, pero tu primer concierto con un público tan enorme… Porque normalmente tu primer concierto es en un teatro o en una sala o incluso en un estadio grande, con cincuenta mil personas. En aquel hubo las que hubiera, medio millón o algo así. Siempre están cambiando la cifra».

Los conciertos de *rock* gratuitos en Hyde Park habían comenzado un año antes con Pink Floyd, Roy Harper y Jethro Tull. Un mes antes del concierto de los Stones, Eric Clapton, Steve Winwood y Ginger Baker eligieron ese escenario para su primera aparición como Blind Faith. «¿Estuvo también Denny Laine?», preguntó Charlie distraídamente, y añadió un cumplido dedicado a su viejo amigo Baker. «De todos modos, yo no iría a una cosa al aire libre. Iría a ver tocar a Ginger, pero no querría verlo allí. Cuando tocó Blind Faith, montaron una cosa en medio de la hierba, pusieron la batería y los amplificadores encima y fue todo el mundo, podías dar la vuelta alrededor y era gratis, y aquello se fue haciendo cada vez más grande. Cuando tocamos nosotros, teníamos un escenario pequeñito, como de Mickey Mouse, una cosa diminuta montada encima de andamios metálicos, tambores y tal, y un poco de telón de fondo para Mick con su traje blanco. Los espectáculos de *rock* estaban todavía en pañales».

El disco *Let It Bleed* fue un final magistral para un año tempestuoso. Contenía todos los ingredientes que tan buen resultado les habían dado hasta entonces: un deje de rústica crudeza en «Love in Vain» y «Country Honk», rocanrol provocador en «Live with Me» y «Monkey Man», oscura reivindicación social en «Gimme Shelter», ramalazos de *blues* en «Midnight Rambler» y dramatismo coral en «You Can't Always Get What You Want». Su fluidez en todas esas facetas era asombrosa.

Lejos de la vista del público, Mick y Charlie estaban formando equipo también en otro ámbito. «Hicimos gran parte del material gráfico, los carteles y las portadas de los discos», cuenta Mick. «La portada de *Let It Bleed,* por ejemplo [recordemos: la tarta adornada con figuritas de los Stones, diseñada por Robert Brownjohn]. No fue idea de Charlie, pero debatimos a quién debíamos encargarle el diseño. Él y yo siempre discutíamos esas cosas y las ideas que se nos ocurrían. "Otra foto no, vamos a hacer algo distinto". Era algo muy importante a la hora de lanzar un disco».

Si, al menos metafóricamente, aquel verano del 69 brilló el sol en Hyde Park igual que en Woodstock, el año acabó, sin embargo, en diluvio. Para los Stones, la muerte del adolescente Meredith Hunter en el concierto que ofreció la banda en el circuito de carreras de Altamont a finales de 1969 —«un acontecimiento que solo podía acabar mal», como dijo Charlie— señaló la hora más oscura de una era a menudo sombría. Para Charlie, la nueva década traería consigo el orgullo profesional de la independencia que el grupo estaba a punto de alcanzar y la felicidad personal junto a Shirley y la pequeña Seraphina en un nuevo lugar al otro lado del canal de la Mancha.

4

Un hombre de familia felizmente exiliado

Los años setenta llegaron envueltos en incertidumbre para los Rolling Stones. El primer verano de la década estuvo marcado por la amargura, debido a su divorcio tanto de Allen Klein como de Decca Records. Charlie protagonizó la memorable portada de su único elepé de ese año, *Get Yer Ya-Ya's Out!* En ella aparecía retratado por el fotógrafo David Bailey, brincando con júbilo impropio de él en el aeródromo de Hendon, a cinco kilómetros de la casa de su niñez en Wembley, y blandiendo dos guitarras junto a un burro provisto de otra y cargado con dos tambores. En la foto luce el sombrero a rayas de Mick y «ropa de actuar», como la definió él mismo: pantalones blancos y una camiseta estampada con la fotografía de unos pechos de mujer. Como diría Frank Zappa, eso ya no puede hacerse en el escenario.

El disco —el segundo en directo del grupo tras *Got Live If You Want It!*, de 1966— era la prueba definitiva de que la banda se hallaba en plena transición: oscilaba entre los guiños a la inclinación por el *rhythm and blues* de sus orígenes, como deja claro el ritmo constante que imprimen Watts y Wyman a «Carol» y «Little Queenie» de Chuck Berry, y el *rock* robusto e innovador de «Live with Me» y «Street Fighting Man». Y tal como decía Mick en el disco, «Charlie estuvo bien esa noche».

Con las finanzas de la banda en cuidados intensivos debido a la presión fiscal que soportaba (descrita por George Harrison como «uno para ti, diecinueve para mí»), se tomó la drástica decisión de expatriar al quinteto. El concierto de marzo de 1971 en el Marquee se publicitó como su despedida del Reino Unido. Algunos comentaristas opinaron que no volverían nunca.

Charlie, que entonces estaba a punto de cumplir treinta años, me comentó años después: «Por suerte teníamos un nuevo gestor financiero que encontró Mick, Rupert Loewenstein; fue él quien planteó ese plan tan obvio, que no fue muy bien acogido en ese momento. Era un poco drástico, pero echando la vista atrás era lo único que podíamos hacer y lo mejor, y además era muy emocionante. De repente, tienes que vender la casa en la que vives y abandonar el país. "Adiós, mamá; adiós, papá". Y piensas: "No lo haré". Pero pasaron otros seis meses y era lo único que podíamos hacer. ¿Cómo lo llaman? ¿Un periodo de excedencia? Funcionó, menos mal. Mi familia era muy feliz allí y yo también, y económicamente era lo más sensato».

Al principio, a Keith también se le atragantó el asunto. «Estabas muy resentido por tener que marcharte de tu propio país, porque en realidad se trató de eso», dijo. «Sí, podías quedarte y ganar dos peniques por cada libra. Pero no, muchas gracias, colegas, pero no».

«Fue un periodo difícil para la banda», me dijo Mick. «Conseguir otro gestor, recuperarnos económicamente… Al final tuvimos que salir de Inglaterra, porque los impuestos eran altísimos. Debíamos mucho dinero a Hacienda».

En varias de nuestras conversaciones, Charlie acusó directamente de mala gestión a Allen Klein. «Cometimos la estupidez de firmar con Allen, que le prometía dinero a montones a todo el mundo, sobre todo a Mick y a Keith», declaró en 2009. «Tenía una forma de ver las cosas muy dura, muy de mánager americano, y en cierto modo no nos convenía. Era un cabrón con muy mal genio. Pero aprendimos mucho de aquello».

Andrew Loog Oldham calificó de «matón» al belicoso magnate, aunque con intención de hacerle un cumplido. Mick, por el contrario, afirmaba: «Klein y sus diversos compinches aseguraban que eran dueños de muchas cosas [nuestras]. Por eso queríamos rescindir el contrato con él. Además, no teníamos dinero, así que tuvimos que hacer lo posible por mantenernos a flote».

Keith, que por aquel entonces prácticamente despotricaba contra el sistema hasta en sueños, recordaba: «En aquella época nos querían en la cárcel. Como no lo consiguieron, lo siguiente fue apretarnos las tuercas económicamente. Para marcharte del país, tenías que alquilar todas tus propiedades y prometer que no volverías a cruzar la puerta de tu casa. Si la cruzabas, quebrantabas inmediatamente la normativa. Yo me imaginaba a bandadas de inspectores de Hacienda subidos a los árboles: "¡Está abriendo la puerta! ¿Ha entrado ya?". Hasta ese punto llegaban».

Los Stones abandonaron el Reino Unido con el magnífico álbum *Sticky Fingers* como regalo de despedida, un número uno instantáneo, junto a su enérgico sencillo «Brown Sugar». El disco marcó el debut de su sello propio, Rolling Stones Records, cuya distribución estaba asegurada por WEA en el Reino Unido y por Atlantic Records en los Estados Unidos, gracias a las gestiones de Ahmet Ertegun, uno de los pocos ejecutivos discográficos en los que ha confiado la banda. Se decía que veintiuna compañías habían pujado por los derechos de distribución. El acuerdo, muy optimista, preveía el lanzamiento de seis álbumes en cuatro años y dejaba abierta la posibilidad de proyectos en solitario. «Queremos reducir nuestros gastos», manifestó Mick en aquel momento, «y sacar algún que otro disco de *blues,* y Charlie quiere hacer algo de *jazz*».

Con *Sticky Fingers* apareció también por primera vez el inmortal logotipo de los labios y la lengua, creado por el diseñador gráfico inglés John Pasche. Este símbolo visual extraordinario y perdurable impresionó profundamente a Charlie, que todavía se entusiasmaba al hablar de él décadas después. «Me pareció brillante», decía. «Era lo que yo, que venía del mundo de las agencias publicitarias, habría propuesto en cualquier caso. Es a lo que se aspira, y tuvimos la suerte de que lo hiciera John. Es uno de los símbolos más icónicos que existen. Ese y el de Chase Manhattan Bank. Un amigo mío de Nueva York, al que quiero mucho y que es un gran diseñador, lo considera uno de los tres [logotipos] más importantes que ha habido, con el de Coca-Cola en primer lugar. Es muy versátil y ha podido adaptarse a las distintas tendencias con el paso de los años».

Charlie no colaboró estrechamente en el diseño de la atrevida e innovadora carátula de la cremallera que hizo Andy Warhol para el álbum, pero, como explica Mick, se implicó mucho en el diseño de todo el envoltorio del disco. «Había que incluir imágenes en el interior y pensar dónde íbamos a poner el logotipo. Había muchos elementos a tener en cuenta. Fue estupendo tener a alguien con quien poder compartir todo eso. Yo no tenía la formación en diseño que tenía Charlie, pero confiaba mucho en mi capacidad para reconocer algo bueno cuando lo veía. Era muy útil contar con Charlie, porque sabía más que yo de tipos de letra y cosas así. Me hablaba de la historia de la tipografía y me prestaba libros sobre el tema».

La banda recién exiliada decidió grabar lo que luego sería *Exile on Main Street* en Nellcôte, la villa de Keith en la Costa Azul, en el sur de Francia, una decisión típica de los Stones: sumamente incómoda para todo el grupo menos para Keith y un verdadero quebradero de cabeza desde el punto de vista técnico. Charlie tenía que desplazarse desde su nuevo domicilio en la región de Cévennes —tres o cuatro horas de trayecto en dirección este, siguiendo la costa francesa casi hasta Italia— y regresar al oeste los fines de semana. Bill estaba «solo» a una hora de distancia. «Por suerte mi mujer habla francés», comentaba Charlie, «porque vivíamos a varios kilómetros de cualquier sitio. Nuestra hija iba al colegio allí y todas nuestras cosas llegaron en un camión de transporte de caballos, junto con los caballos».

Acerca de las sesiones de grabación, afirmaba: «Lo que íbamos a hacer en un día se alargaba una semana, y al revés. Por eso había que estar allí para tocar. A Bill le sacaba de quicio. Llegaba en coche a las diez de la mañana y nadie, incluido yo, se levantaba antes de las tres de la tarde porque no nos acostábamos hasta las nueve de la mañana, una hora antes de que llegara él. Le ponía de los nervios. Así que Bill se iba a casa a las seis, cuando

Keith se estaba levantando», contaba riendo. «Teníamos esos horarios. Trabajábamos mucho así en aquellos tiempos. Era como funcionaba la banda».

«[La casa] era muy mediterránea, una villa eduardiana muy bonita, en lo alto de un cabo, con su propio barco», explicaba Charlie. «Cuando la alquiló Keith, el jardín estaba muy crecido, así que era mágico. Era fabulosamente exótico, con palmeras. Tuvimos que talar un par para que entrara el camión [el Rolling Stones Mobile] para grabar. Llevamos los cables a varias habitaciones y probamos el sonido de cada una. Eran de varios tamaños, lo que estaba muy bien para la batería y el piano. Arriba teníamos un piano de cola.

»Me acuerdo de cuando hicimos *I Just Want to See His Face*. Tiene ese tambor con mucha resonancia, tocado con mazo. Es muy acústico, mucho. La mayor parte se hizo en directo. Todavía grabamos así. Mick Taylor era el típico al que hay que grabar así. Podía tocar eternamente, pero sus mejores tomas solían ser las dos primeras. Es ese tipo de intérprete».

Keith añadía: «El sótano era un sitio rarísimo. Era grande, pero estaba dividido en cubículos, aquello parecía el búnker de Hitler. Oías tocar la batería, por ejemplo, pero tardabas un rato en encontrar el cubículo de Charlie».

Las sesiones se alargaron, en parte por los problemas de grabación y en parte porque la mayoría de los rumores que circulan sobre el desenfreno de la banda son ciertos. «Todos teníamos un montón de parásitos alrededor», comenta Mick. «Algunos eran muy divertidos, estaban bien para pasar un rato, pero cuando de verdad te pones manos a la obra no los quieres tener cerca porque lo único que hacen es retrasarlo todo.

»Pero ese era nuestro estilo de vida entonces. Era otra forma de vivir, nada más. Ahora hay mucha gente que tiene alrededor muchos más parásitos que los que teníamos nosotros entonces. Había muchas drogas y alcohol y mucho rollo sexual. Pero no es una fábrica, ¿no? No es un taller en el norte de Inglaterra. Es el entorno del rocanrol».

De todo aquello, milagrosamente, salió un álbum doble que muchos, incluido Charlie, consideran el mejor de la banda. Aunque siempre insistiera en que no escuchaba los discos de los Rolling Stones, Charlie afirmaba: «Ahí hay canciones que son fantásticas, [como] *Ventilator Blues*. Es el ritmo de Bobby Keys, que se ponía a mi lado a tocar las palmas cuando tocaba ese tema».

Charlie sentía que su manera de tocar en *Exile* era en parte un reflejo de la música que escuchaba en esa época, de artistas como Carlos Santana, John McLaughlin y Albert Ayler, el saxofonista de *jazz* de vanguardia. «¿Que si me gusta cómo toco en ese disco? Me gusta todo él, así que supongo que eso significa que yo también me gusto. Pero yo nunca me gusto. Siempre estoy: "Ay, debería haber hecho tal o cual cosa, así no suena bien". Pero me gustan algunos de los sonidos de batería que conseguía Andy Johns.

»He tenido mucha suerte con la banda, porque para Mick y Keith la prioridad siempre es dónde está el sonido de la batería. Si suena bien, ellos pueden construir a partir de eso. Vuelvo a los tiempos de Decca. Siempre el sonido de la batería. En aquellos tiempos los ingleses nunca conseguían un sonido como el de Eddie Cochran o Chuck Berry o los estudios Chess, y era principalmente por la batería».

Reflexionando aún sobre *Exile,* añadía: «Creo que es un momento cumbre de nuestra banda. Las bandas tienen periodos así, en los que todo lo que haces está bien, y no sabes por qué es. Luego haces algo que te parece una maravilla y nadie le da importancia. Visto en retrospectiva, lo teníamos todo. Teníamos a Jimmy Miller, un productor maravilloso, y estabas tocando con Nicky Hopkins, que podía tocar *blues* o un piano delicadísimo. Teníamos a Mick Taylor, que para mí era el músico más lírico que hemos tenido, y a Mick y Keith componiendo».

Una vez hice un documental para BBC Radio 2 titulado *Jagger's Jukebox* en el que poníamos algunos de los discos que escuchaba Mick durante la grabación de *Exile* y los comentábamos. Curiosamente, entre ellos estaban *Rock 'n' Roll,* de sus amigos los Led Zeppelin, *Respect Yourself* de los Staple Singers, *Is That All There Is?* de Peggy Lee y *She Even Woke Me Up to Say Goodbye* de Jerry Lee Lewis. También había algunas joyas jamaicanas como *Soul Shakedown Party* de Bob Marley and the Wailers y *Pressure Drop* de Toots and the Maytals. De hecho, durante este periodo, Mick y Charlie compartían afición por el *reggae,* un género con el que no suele asociarse al baterista.

«Chris Blackwell [el fundador de Island Records] me mandaba cajas de sencillos cuando estábamos grabando *Exile*», recuerda Mick. «Solo nos interesaban a Charlie y a mí, y solíamos poner esos discos, sobre todo de Trojan y de algunos otros sellos. Cosas muy raras, con ritmos muy extraños y remezclas *dub* en la cara B. A Charlie y a mí nos gustaban mucho esas cosas, mientras que el resto de la banda seguía escuchando *rock* de los años cincuenta.

»El ritmo era muy distinto y a Charlie le interesaba muchísimo. Más adelante, cuando salió *The Harder They Come,* todo el mundo dijo "uy, qué bien, *reggae*", pero todo eso era muy convencional comparado con las cosas que escuchábamos nosotros. El *dub* de Bamboo Man y cosas la hostia de raras. Ahora puedes encontrarlas en listas de reproducción especializadas de *dub*, pero en 1971-1972 era algo bastante inaccesible. A Charlie le encantaba, porque era otro ritmo más, y aprendió a tocarlo».

Los Stones estuvieron quince meses sin salir de gira, hasta el *tour* por Norteamérica del verano de 1972, que suele considerarse el apogeo de su etapa de mayor desenfreno. Durante el resto del año, hubo varias detenciones que reflejan el carácter de los distintos miembros de la banda: Mick y Keith fueron detenidos por un altercado con un fotógrafo; Keith y Anita Pallenberg, por quebrantar la legislación francesa en materia de estupefacientes; y Bill por exceso de velocidad.

En cuanto pudieron, Charlie y Shirley volvieron a Cévennes, a su apacible vida en el campo, donde dieron a Seraphina una infancia perfecta según la recuerda ella. «Tuve una niñez preciosa, totalmente normal», me cuenta. «Me crie en un pueblecito, en Francia. Literalmente en medio de la nada. Era un pueblo muy rural, muy apartado, y nosotros éramos los únicos ingleses. Fue antes de que el sur de Francia y la Provenza se pusieran de moda. Mi padre estaba trabajando en *Exile on Main Street* y el hermano de mi madre le llevaba a aquella casa [en Nellcôte] y le traía. Vivíamos a unas tres horas de distancia, en las montañas».

Le pregunto a Seraphina cuándo cobró conciencia de que su padre se ganaba la vida de una forma muy poco frecuente. «Seguramente muy tarde», contesta, «y no son recuerdos agradables, porque los niños se burlan en el colegio. Seguramente sabía que yo era distinta porque teníamos el coche más grande, pero no por cómo se ganaba la vida mi padre».

Eso cambió en 1976 cuando la familia regresó a Inglaterra. «Fue entonces cuando fui consciente, por otros niños, de que había algo distinto», comenta Seraphina. «Oí la palabra *rica* en un sentido despectivo y volví a casa muy disgustada. La verdad es que no recuerdo que fuera tan distinto. Conocí a Olivia Newton-John como regalo de cumpleaños. Mi madre era muy estricta en cuanto a mantenerme alejada de todo eso. Mis padres no salían y yo tenía prohibido ir a los conciertos, y no teníamos niñera. A mi padre no le interesaba el estilo de vida de los famosos».

El hecho de que quisiera conocer a una de las estrellas de *Grease* es un indicio de su afición temprana por el pop. Uno de los primeros discos que compró —un vinilo rosa— fue *Cool for Cats* de Squeeze, que se publicó cuando ella acababa de cumplir once años. Tiempo después, se quedaba casi paralizada de emoción cuando contestaba al teléfono y era Jools Holland, el teclista de aquel disco y de todos los primeros éxitos de la banda, que era amigo de su padre.

Cuando por fin le permitieron ir a conciertos de los Stones, sus padres tomaron muchas precauciones. «Mi madre era muy sensata, y mi padre también. Debieron de hablar de ello, aunque nunca se lo pregunté. Me tenían muy protegida. Así que la primera vez que vi un concierto no era ni mucho menos como fue después. Entonces no había niños. No era un ambiente para niños. Era algo excepcional, no era un sitio al que se llevara a una niña. En cambio, cuando mi hija Charlotte empezó a ir, aquello era como una guardería. Yo contraté una niñera. Ataba muy en corto a mi hija».

Una generación después, cuando Charlotte empezó a acompañar a la banda en sus giras, la nieta de Charlie era muy consciente de lo que había ocurrido anteriormente y se alegraba de habérselo perdido. «La gente siempre se interesa por esa época de locura y desenfreno», me dice sagazmente, «y me pregunta si me habría gustado estar allí. Pues no. ¿Para qué querría ver en ese estado a gente a la que quiero?».

Charlie siempre estuvo muy solicitado para colaborar en otros proyectos musicales y, a lo largo de los años, hizo apariciones muy notables como invitado de otros artistas. En 1970, por ejemplo, Bill Wyman y él tocaron en el excelente álbum de debut de Leon Russell, grabado por Glyn Johns, el ingeniero de sonido preferido de los Stones. El elepé, con temas como *Delta Lady* y *A Song for You,* señaló el comienzo de la transición de Russell de afamado compositor y músico de estudio a músico de culto, e incluía numerosas apariciones estelares, como la de Mick Jagger —que hizo los coros en *Get a Line on You*—, Clapton, Harrison, Winwood y Cocker, entre muchos otros.

«Me lo pidió Glyn Johns», recordaba Charlie. «Solía conseguirme sesiones estupendas en Olympic. Tuve una época que vivía allí y me dijo: "Ven a tocar con este tío". Siempre recuerdo que le pregunté quién iba a hacerlo, si iba a hacerlo Bill. Yo necesito conocer al bajista, ya sea David Green o Darryl [Jones] o Bill. Así que le dije que sí. Nunca había oído hablar de Leon y recuerdo que se sentó a tocar *Roll Away the Stone* y pensé:

"¿Qué coño está tocando?". Me costó un poco darme cuenta de lo genial que era».

«La gente solía pedirnos a Charlie y a mí que tocáramos con ellos, supongo que porque les gustaba nuestra sección rítmica», comenta Bill, que también recuerda vivamente las sesiones con Russell. «Leon dijo: "Vamos a hacer esta canción titulada *Roll Away the Stone;* os voy a poner la maqueta". Empieza a sonar, da-da-da, cambia de acordes, da-da-da, cambia otra vez de acordes, sigue por ahí, sube dos tonos arriba, vuelve, cambia de acordes…

»Yo miro a mi alrededor y veo que Stevie Winwood me está mirando, y le digo: "¿Tú oyes eso?", y Charlie me dice: "Bill, con esta tienes que echarme un cable". Y yo le dije: "Tú solo tienes que tocar la batería, imagínate tener que hacer todos esos cambios de acordes". Lo hicimos y salió genial, y pasó lo mismo cuando tocamos con Howlin' Wolf, que Charlie me pidió que le ayudara. No había forma de que yo le ayudara, claro, pero él necesitaba, no sé, saber que había alguien allí que podía echarle un cable. Siempre parecía necesitar apoyarse un poco en mí. En realidad no le hacía falta, pero él sentía que sí».

Charlie hablaba de sus colegas músicos con la admiración de un fan, no solo de los jazzistas, sino también de sus artistas favoritos de *soul,* desde Bobby Womack a Stevie Wonder o Prince, y de otros pertenecientes al mundo del *rock.* Leon contaba con su aprobación, y el hecho de que colaboraran entonces demuestra hasta qué punto se movía Charlie en las altas esferas del mundo discográfico. «Yo ya había visto tocar a Leon antes», comentaba, «porque era uno de los dos pianistas cuando Jack Nitzsche [otro colaborador de los Stones en el estudio de grabación a partir de

1964] me llevó a una sesión a ver a Hal Blaine. También estaba Phil Spector, al que ya conocía, y estuve dando vueltas por allí. Glen Campbell era uno de los cuatro guitarristas.

»Luego, debió de ser poco después, Glyn me preguntó si me apetecía hacer esas sesiones con Leon. Solo recuerdo que estaba allí sentado y pensé: "¿Adónde narices quiere ir a parar con esta introducción?". Luego volvió a hacer lo mismo y pensé: "Vale, ya lo entiendo". Tenía una gran voz, unas canciones estupendas y era capaz de tocar cualquier cosa al piano». Charlie me preguntó entonces —cosa muy típica de él— si había escuchado alguna vez el álbum en el que había colaborado, porque él no lo había oído nunca.

Poco después de aquello, en mayo de 1970, Glyn Johns volvió a llamarle por teléfono. Esta vez les pidió a Charlie y a Bill que se sumaran a un elenco espectacular que también incluía a Ringo Starr, Eric Clapton, Steve Winwood, Hubert Sumlin, Klaus Voorman e Ian «Stu» Stewart, para acompañar a un auténtico pionero del *rhythm and blues* americano. El resultado fue *The London Howlin' Wolf Sessions*. «Charlie y Bill estuvieron muy cómodos», afirma Johns, «y sin una pizca de ego. Sin ninguna soberbia y encantados de estar allí, los dos».

A esas alturas, a Bill ya no le extrañaba la sorprendente inseguridad de Charlie. «No se valoraba en absoluto», afirma. «A veces venía a vernos algún baterista americano que estaba en la ciudad y era amigo nuestro, y se le acercaba y le preguntaba si podían hacer un poco de percusión o algo así. Nos poníamos a tocar una canción y cuando Charlie estaba sentado a la batería y el tío se le sentaba detrás, se moría de miedo. Se asustaba y se ponía nerviosísimo porque había otro baterista detrás de él, y él creía que no estaba a la altura.

»A mí también me pasaba, porque técnicamente no éramos músicos muy brillantes. No leíamos música ni nada por el estilo, nos limitábamos a hacer lo nuestro, improvisando, de oído, y funcionaba, claro, porque sabíamos lo que hacíamos. Pero si estabas con otros músicos, como Leon o alguien que de verdad tenía nivel, te entraban los nervios porque pensabas que no dabas la talla».

A principios de 1972, hubo otra colaboración curiosa al publicarse —con cierta autocomplacencia— el álbum *Jamming with Edward*, que recogía una sesión de improvisación nocturna registrada durante la grabación del disco *Let It Bleed*. A Bill, Charlie y Mick se les unieron sus compadres Ry Cooder y Nicky Hopkins, aunque no Keith. Mick describió el disco como una «jarana que grabamos una noche en Londres mientras esperábamos a que nuestro guitarrista saliera de la cama».

Las ilustraciones eran de Hopkins, pero muy del estilo levemente surrealista de Charlie. En sus comentarios para la carátula, Mick hacía referencia a la áspera grabación del disco diciendo: «Espero que pases más tiempo escuchando este disco del que pasamos nosotros haciéndolo». El álbum, sin embargo, le valió a Charlie algunos créditos como compositor de canciones (si es que se les puede llamar así), cosa que solo le ocurrió con los Stones como miembro de Nanker Phelge, el nombre colectivo de la agrupación Jagger-Richards-Jones-Wyman-Watts que la banda empleó (al menos al principio) por sugerencia de Brian Jones en una docena de canciones de sus primeros tiempos, como *Play with Fire* y *The Spider and the Fly*. Jimmy Phelge fue compañero de piso de los Stones en Edith Grove y una *nanker* era una mueca que ponían Brian y los demás metiéndose los dedos en los agujeros de la nariz cuando el tiempo estaba de su parte.

Todavía en el exilio, Charlie y compañía volvieron a cambiar de aires a finales de 1972, cuando se trasladaron a Kingston, Jamaica. En su reedición de 2020, Mick calificó el álbum resultante, *Goats Head Soup*, como «un puñado de canciones muy ecléctico», desde la sofisticada balada «Angie» hasta temas más puramente roqueros como «Silver Train» y «Star Star» (o, dejándonos de remilgos, «Starfucker»), y los sombríos y elegantes «Coming Down Again» y «Winter». El eje rítmico Watts-Wyman giraba suavemente, engrasado por la inspirada interpretación de Stu, Billy Preston, Nicky Hopkins y otros colaboradores.

Charlie aportó su vis cómica inesperada cuando en 1974 llegó el momento de que los Stones hicieran un vídeo para «It's Only Rock 'n' Roll». En el vídeo, dirigido por Michael Lindsay-Hogg, el realizador de la película *Let It Be*, los miembros de la banda, vestidos de marineros, aparecían tocando en una tienda de campaña que se llenaba poco a poco de espuma de detergente. Según Mick, es tan divertido de ver como desagradable de rodar, y Charlie —que sentado a la batería estaba más bajo que los demás, cosa de la que nadie se percató con antelación— estuvo a punto de ahogarse.

Lo curioso es que ni siquiera tocaba en ese tema. La versión final utilizó las primeras tomas grabadas en casa de Ronnie Wood, en las que también participó David Bowie, con Kenney Jones, el excompañero de Ron en Faces, a la batería. En 2015,

Jones contaba: «Llamé a Charlie y le dije que no era mi intención tocar la batería en su álbum. Me dijo: "No pasa nada. De todos modos, suena como si tocara yo". Es un tipo encantador, Charlie. Un perfecto caballero».

Una curiosa grabación de audio, digna de un coleccionista, que se conserva de esa época tiene también que ver con Dudley Moore, que por entonces actuaba con Peter Cook en *Good Evening,* un espectáculo de Broadway. En la grabación se escucha al dúo cómico presentando un programa promocional sobre el nuevo álbum de los Stones, *It's Only Rock 'n' Roll,* con Mick y Charlie como invitados, con resultados a menudo muy divertidos.

Pete y Dud evocan el apogeo del grupo en los años sesenta, Mick se les une y Charlie está simplemente allí, en la sala, riéndose de vez en cuando, pero por lo demás casi en silencio. «Deja de meter baza, Charlie», le dice Cook, y añade que se nota que la pista uno se acelera porque sabe que la pista dos viene detrás. «Eso es culpa del batería», bromea Mick. «¿Qué?», pregunta Charlie.

Ese verano, recién estrenado *It's Only Rock 'n' Roll,* Charlie, siempre tan independiente, decidió cortarse el pelo casi al rape. Antes de que acabara el año era ya obvio que el álbum sería el canto del cisne de Mick Taylor. El hecho de que solo tuviera veinticinco años cuando a sus ansias de viajar se sumó la falta de reconocimiento demuestra hasta qué punto era un talento precoz. «La etapa de Mick Taylor fue de verdad una época dorada para los Rolling Stones», comentaba Charlie. «Era maravilloso en directo y tenía algunas buenas canciones con las que jugar».

El álbum *Black and Blue*, de 1976, con la elegante y conmovedora «Fool to Cry» como enseña, tuvo como trasfondo las audiciones para encontrar nuevo guitarrista. Estas incluyeron pruebas a Wayne Perkins y Harvey Mandel, que tocaron en el disco, y *jam sessions* en Róterdam con Jeff Beck y Rory Gallagher. Ni que decir tiene que el ganador fue Ronnie Wood, al principio de forma temporal, para la grabación del álbum y para las giras de 1975 por América del Norte y del Sur. Wood se convirtió en cómplice de Keith y en el mayor exponente, junto con Richards, de ese estilo tan fluido que ellos llaman «el antiguo arte de tejer». Por otra parte, también encajaba en el conjunto desde el punto de vista recreativo, como demuestra el hecho de que, mientras estaba en Múnich participando en la grabación del álbum, la policía registrara su casa de Richmond en busca de drogas.

La Gira de las Américas se presentó ante más de un millón de personas, pocas de ellas tan especiales para la banda como Howlin' Wolf y su esposa, que asistieron como público al concierto de Chicago. La recaudación —diez millones de dólares— anticipó la gigantesca maquinaria de giras que se puso en marcha a finales de los años ochenta, aunque la prensa estadounidense dijera —lo que no deja de tener gracia, a la vuelta de los años— que los Stones empezaban a parecer un tanto demacrados. Otros, en cambio, se mostraron admirados. «El señor Watts es uno de los grandes bateristas del *rock*», comentaba John Rockwell en *The New York Times*, informando desde San Antonio, Texas. «Tiende una red de percusión constante, suelta repentinas ráfagas ornamentales y realza hábilmente la precisión rítmica del señor Richard».

La gira llevó a su culminación, en todos los sentidos, el espectáculo que ofrecían los Stones y el *rock* en vivo, en general, con su escenario en forma de flor de loto ideado por el propio Charlie, con pétalos triangulares que se abrían poco a poco mientras sonaba el primer tema, *Honky Tonk Women*. Quienes lo vieron no han olvidado nunca el uso de cierto hinchable gigantesco: el Abuelo Cansado, como se apodó al falo gigante que se elevaba sobre el escenario y que a menudo sufría evidentes ataques de impotencia. Aquellos fueron los primeros conciertos a los que asistió Seraphina Watts, con siete años, entre bastidores.

«Fui a un concierto y recuerdo que había globos en el escenario», dice. «Si miro los libros, ese fue el espectáculo del famoso pene hinchable, pero yo solo recuerdo correr detrás de los globos por el escenario y que había mucho confeti. El inflable era de muy mal gusto, pero yo no lo vi».

Después de la gira, Charlie volvió a casa, a La Bourie, la granja en Massiès donde aún vivía con su familia, o al menos donde vivía entre giras y grabaciones. Los Watts conservaban aún Peckhams, su residencia en Halland, cerca de Lewes, y al poco tiempo Charlie tuvo que acudir allí debido a que entraron ladrones en la casa y desapareció parte de su colección de armas antiguas y reliquias de la guerra civil estadounidense, aunque algunas de las piezas fueron recuperadas posteriormente. Los Watts retornarían de todos modos a Inglaterra poco después para instalarse en otro condado.

En 1976 compraron Foscombe House, en la localidad de Ashleworth, en Gloucestershire, una imponente mansión victoriana con más de doce hectáreas de terreno, construida en la década de 1860 por Thomas Fulljames, el conocido arquitecto de varias iglesias del condado. Fulljames diseñó el edificio en estilo neogótico, como su casa de retiro, con una torre almenada, torreones, un invernadero de piedra labrada y ventanas góticas. Con tanto espacio a su disposición, Shirley pudo fundar su primera yeguada, precursora de Halsdon Arabians.

Después de que *Black and Blue* fuera durante un mes número uno en los Estados Unidos, los Stones actuaron como cabezas de cartel en el Festival de Knebworth ante unas doscientas mil personas. Como ya era costumbre, corrían rumores infundados de que aquel podía ser su último concierto. Las entradas costaban 4,25 libras, y entre los invitados de honor se encontraban Paul y Linda McCartney y Jack Nicholson. El festival contó también con las actuaciones de Lynyrd Skynyrd, Hot Tuna, los Utopia de Todd Rundgren y 10cc. Los Stones salieron al escenario con cuatro horas de retraso por motivos técnicos más que temperamentales y estuvieron tocando hasta las dos de la mañana. *Melody Maker* afirmó que todavía tenían «poderío y relevancia» y *The Listener* declaró que Charlie se parecía a Bertrand Russell.

Pasaron nueve meses antes de que volvieran a tocar en directo, y para entonces la infantería punk se estaba movilizando, dispuesta, supuestamente, a relegar al pasado a la vieja guardia del *rock*. Los Stones, por su parte, se vieron lastrados por el *annus horribilis* que fue para Keith 1977, cuando sus problemas con las drogas hicieron que la redada de Redlands de diez años antes pareciera una fiesta campestre, y pusieron gravemente en peligro su libertad.

Todos esos problemas se disolvieron, sin embargo, durante las dos noches de marzo en que los Stones dieron sendos conciertos «secretos», pero cuidadosamente planeados, en El Mocambo, un club de Toronto con capacidad para trescientas personas, con The Cockroaches como teloneros. Algunos temas que tocaron entonces se incluyeron después en el álbum *Love You Live* de ese mismo año, pero hasta 2022 no se publicó un álbum completo con la grabación de los conciertos. En los comentarios que escribí para el estuche del disco decía que la banda «ofreció un espectáculo en el que se combinaban al menos tres épocas de los Stones: *rhythm and blues* de sus primeros tiempos, majestad satánica y un nuevo sonido de *rock* muy estilizado que pronto le haría la competencia a la nueva ola».

Keith comentaba que fue como estar de vuelta en el Crawdaddy. «Todo el mundo iba por ahí hablando de desastres y calamidades y nosotros estábamos en el escenario de El Mocambo mejor que nunca», decía maravillado. «Porque sonábamos genial».

«¿Os conocéis todos?», le preguntó Mick al público incrédulo. «Este es Charlie. Charlie es baterista de *jazz,* solo hace esto por dinero».

A Charlie podían gustarle las salas pequeñas para los conciertos de *jazz,* pero nunca le convencieron como escenario para una actuación de la banda de *rock* más importante del mundo. «Creo que por lo general son nefastas», decía, «porque hay demasiada gente. Se vuelve todo muy incómodo, y además nosotros solemos tocar demasiado alto».

Los temas del disco que empezaron a grabar ese mismo año demuestran que los Stones eran conscientes del surgimiento de la nueva ola y estaban dispuestos a plantarle cara con energía. En octubre, se trasladaron a los estudios Pathé Marconi de París para empezar a crear lo que después sería *Some Girls,* un conjunto de canciones de una firmeza magistral que todavía sigue siendo su álbum de estudio más vendido en los Estados Unidos. Era más punk que el punk en «Respectable», «Shattered» y «When the Whip Comes Down», más disco que la música disco en «Miss You» —todo un himno—, e incluía temas que hoy en día son de referencia, como la desgarradora «Beast of Burden» y la autobiográfica «Before They Make Me Run» de Keith. Charlie estaba brillante en todos ellos.

«Está muy influenciado por el punk londinense. Seguramente, desde su punto de vista, Mick lo negaría, pero yo creo que fue algo consciente», me dijo cuando el álbum se reeditó, ampliado, en 2011. «Ronnie, desde luego, tocaba la guitarra con un ritmo muy abierto, y todo muy deprisa. Pero al hablar de punk, en realidad uno se refiere a una banda en concreto», añadió. O sea, a los Sex Pistols. «A mí me parecían muy buenos. Odiaba la estética punk, pero también odiaba el dichoso Flower Power», masculló. «Lo superé. Pero [el punk] fue un movimiento interesante, desde el punto de vista de la banda, en cuanto a nuestra forma de tocar. No puedo decir sinceramente que lo prefiriera a Chuck Berry y Freddy Below [el baterista de Chuck] tocando *Roll Over Beethoven,* o a cualquiera de los éxitos de la Motown, pero fue algo muy interesante. En *Miss You,* Mick y yo nos pusimos discotequeros. Keith se reía, pero a nosotros nos gustaba la música disco. Toqué el tema unas cuatro veces, puede que más, de distintas maneras y en distintos lugares con Mick. *Just My Imagination* [la versión de los Temptations] está hecha como uno se imaginaría haciéndola a Johnny Rotten. [El punk] fue una gran influencia, creo yo. La gente decía: "Les influisteis vosotros". No lo sé, pero en ese periodo en particular a mí me influyó».

Ronnie Wood añadía: «En *Some Girls* tuvimos al pequeño Mac [el teclista Ian McLagan], y fue estupendo porque venía de los Faces y para mí era como una mantita que me arropaba. Charlie lo recibió con los brazos abiertos, y Keith también».

En el verano de 1978 salieron de gira para presentar *Some Girls*, y la película que recoge su concierto en Fort Worth, publicada mucho tiempo después, muestra a unos Stones pletóricos de nueva energía. Ronnie, que para entonces ya era un miembro de pleno derecho de la banda —ya de por vida—, comentó al verla: «Un nuevo elemento travieso se había unido a la banda. Disfruté tocando ese día y me trae muchos recuerdos. No había sección de metales ni coro, solo la banda en crudo, al estilo punki, y hasta a Charlie le gustó».

Sentado a su lado, Charles respondió magníficamente, como de costumbre: «Bueno, yo estaba haciendo algo mientras la ponían, pero, por lo poco que vi, el sonido me pareció muy bueno. Fue una grata sorpresa, porque por lo general son terriblemente aburridas y el sonido no es muy bueno. La verdad es que es muy emocionante».

Las sesiones de grabación en París dieron al ingeniero de sonido Chris Kimsey la oportunidad de ver tocar a Charlie muy de cerca, y no solo quedó fascinado y conmovido, sino que además aprendió mucho de él. Mientras estamos sentados en el restaurante para socios de los estudios Olympic en Barnes, donde ha pasado gran parte de su vida desde que empezó a trabajar allí en 1967, incluidas numerosas sesiones con los Stones, Kimsey afirma: «Tengo recuerdos muy entrañables de Charlie. Era el que estaba más centrado, al que menos afectaba todo lo que pasaba a su alrededor. Mick y Keith lo necesitaban para mantener también los pies en la tierra. Era alguien en quien de verdad podían confiar en todos los sentidos.

»De hecho, creo que era uno de los músicos más amables con los que he trabajado. Hay que tener en cuenta cuál era su posición dentro de la banda, porque Mick y Keith eran los compositores y los que recibían todo el dinero que eso conllevaba y, por lo tanto, estaban muy por encima de él en el aspecto empresarial, pero él nunca jamás se quejó de eso ni lo vio como un problema en ningún sentido».

Kimsey ya había trabajado en sesiones de grabación de la banda, pero ahora desempeñaba un papel más destacado, llevando a la práctica en el estudio las ideas de producción de los *Glimmer Twins* (es decir, de Mick y Keith). «Creo que tuvieron mucha suerte de dar conmigo, porque me formé con Glyn Johns, aprendiendo y asimilando su manera de trabajar. Trabajé con ellos como asistente en *Sticky Fingers,* y como en aquel entonces Glyn estaba un poco harto de todo, acabé haciendo algunas sesiones de *overdub* como ingeniero.

»Conocí a Charlie y a Bill en una sesión con Glyn, aquí, en Olympic. Era el asistente y tenía que preparar toda la sala, todo, para que el ingeniero solo tuviera que entrar y modular los *faders.* Había trabajado con Glyn un par de veces antes y sabía que con él tenías que estar en tu puesto, listo, o, si no, te ibas a la calle. Así que preparé la sala. Las siete y no había llegado nadie. Las siete y media.

»Yo estaba en la sala de control y la entrada del estudio quedaba bastante lejos de la sala grande. Entonces se abre la puerta y entran dos tipos, miré y, como no los reconocí, llamé a seguridad y les dije: "Acaban de entrar dos tíos en el estudio uno, no creo que deban estar aquí". Eran Bill y Charlie. Eran tan discretos que no parecían estrellas de *rock*. Y no es que a mí me impresionaran las estrellas de *rock*».

«Trabajar con Charlie en París fue fantástico», continúa Kimsey. «El sonido de su batería, además, era único. Eso se debía a lo que tocaba y cómo lo tocaba. Nunca he trabajado con un baterista que toque como Charlie. Descubrí que la mayoría de los bateristas tocan la caja y el *charles* al mismo tiempo. Charlie nunca lo hacía, por eso siempre tiene ese espacio maravilloso. Cuando toca la caja, no hay ningún platillo o tambor que interfiera con el sonido, así que es muy diáfano. Para un ingeniero de grabación, eso es un sueño. Lo descubrí por accidente: de repente me di cuenta de lo que pasaba, de lo que no hacía. Tenía, además, un toque fantástico. Era baterista de *jazz,* de ahí ese toque».

Johns está de acuerdo en que la técnica de Charlie era muy poco frecuente. «Charlie es el único baterista al que he visto hacer eso», comenta. «Si otros lo hacían, le estaban imitando. Evidentemente, el sonido de la caja es completamente distinto si no va acompañado del golpe del *charles.* Y eso era esencial en el sonido de Charlie. Tenía una batería de *jazz* y no quería otra, no necesitaba más. Terminó exactamente con lo que empezó. Ringo es igual. Tenía dos *toms,* pero nunca tuvo una batería enorme, de esas impresionantes. Era absolutamente innecesario. Pero ninguno de los dos tiene una técnica especialmente brillante. Su fuerte es el sentimiento que transmiten, sin ninguna duda. Y se puede transmitir mucho con una pandereta».

Kimsey añade: «Una de las cosas que más me gustan de la batería de Charlie, y esto es más propio de los primeros tiempos de París, es que las canciones se escribían en el estudio y se improvisaban, y así es como se componían. Se ponían a improvisar en torno a los acordes de una estrofa y nadie sabía cuándo iba a salir el puente o el estribillo hasta que Mick decía: "¡Ahora, ahora!". Así que, mientras lo hacían, a veces los *fills* de batería de Charlie, en lugar de conducir a una parte, venían después de esa parte. En lugar de caer en el primer tiempo del compás, venían después, lo que funciona igual de bien pero es bastante raro. Era otra genialidad. Veo su cara todavía, porque estaba tocando y llegaba el cambio, y él sabía que se había pasado el primer tiempo*,* así que seguía tocando el *fill* con el *tom*. Entonces me miraba y sonreía, como diciendo: "¿Otra vez?". Ponía una cara maravillosa».

«Tocaba con una batería de siete elementos», comenta Bill, al que todavía asombra la austeridad de Charlie. «Todos los demás tocaban con baterías de treinta elementos, con doble bombo y montones de cacharros por todas partes, y Charlie solo tenía siete elementos. Porque no se trata de cuántos elementos tienes, sino del *groove* que consigues. Los grandes bateristas de *blues* y *rhythm and blues* eran todos muy sencillos. Lo que importa es el contratiempo y él eso lo hacía muy bien, y se adaptaba a nuestra música perfectamente porque al principio estábamos a medio camino entre el *jazz* y el *blues*».

«Esa batería tan pequeña resultó un poco problemática cuando estuvimos grabando en Montserrat», cuenta Kimsey, «porque tener a todo el mundo tocando en la sala al mismo tiempo, que es lo que hacíamos con los Stones, era un poco difícil, porque la sala era pequeña. Tuvimos que construir un túnel para el bombo de la batería, para que sonara más fuerte, porque en esa sala tan pequeña no sonaba como tenía que sonar el bombo de Charlie.

Yo siempre prefería que el bombo tuviera parche resonante, y él también lo prefería. Es el estilo de un baterista de *jazz*, claro está».

Volviendo a *Some Girls,* añade: «Cuando digo que tuvieron suerte de dar conmigo, me refiero a que yo sabía instintivamente cuál era la mejor manera de grabarlos, y era ponerlos en un semicírculo, como si estuvieran tocando en un club, en un ensayo, y dejarles hacer, y simplemente asegurarme de que la cinta estaba dando vueltas si algo sonaba bien. Porque no eran el tipo de banda a la que le dices: "Vale, chicos, toma uno". No era así en absoluto».

La actitud típicamente relajada de Charlie y su aceptación por parte de la banda contribuyeron a que las sesiones de grabación de *Some Girls* fueran una gozada. «Cuando empecé a trabajar con ellos en París, durante la primera semana, o tal vez las dos primeras semanas —porque estuvimos allí unos cuantos meses—, estábamos en la sala más barata, pero para mí no era la más barata, era la que mejor sonido tenía porque había una consola EMI clásica», continúa Kimsey. «La otra sala tenía una [mesa] Neve enorme y nuevecita, que era igual de buena, pero aquella sala tenía de verdad un sonido fantástico. Por suerte, Keith me apoyó y no nos movimos de allí. Nos quedamos en esa sala para todo.

»Yo estaba desconcertado porque Charlie nunca entraba en la sala de control, o muy pocas veces, y lo mismo Bill. Mick y Keith solo entraban una vez cada dos días, a lo mejor, para escuchar el material. Yo pensaba: "Debe de gustarles lo que están escuchando", pero creo que ya lo habían debatido. Creo que habían tenido una conversación y que Glyn y Stu les habían aconsejado que me hicieran caso.

»Me divertí mucho en esas sesiones simplemente trasteando con cosas», continúa. «Estás ahí sentado nueve o diez horas, y te quedas con la sensación de que aquello suena fatal. Andy Johns —el hermano pequeño de Glyn, que hacía de lugarteniente de los Stones en el estudio— dijo algo así como que "suenan como la peor banda del mundo hasta esos cinco minutos mágicos en los que todo encaja". Yo disfrutaba mucho creando sonidos diferentes en la mesa y ellos me dejaban a mi aire. Nos fue muy bien así todo el tiempo que trabajamos juntos.

»Por lo general, yo era el primero en llegar, pero siempre le preguntaba a Alan Dunn, o a quien se estuviera ocupando de Keith, cuándo iban a llegar, cuándo iba a llegar Mick», recuerda Kimsey. «No quería estar allí sentado tres horas de brazos cruzados. Había una banda llamada Téléphone trabajando en el estudio. Eran bastante buenos, y muy fans de los Stones, y además sonaban como ellos». El parecido también era visual. El cuarteto parisino, formado en 1976, vendía mucho en Francia y llegaría a ser telonero de sus ídolos en varios conciertos. Más adelante, un periodista lo describió como «la primera banda francesa que tuvo relevancia».

«Un día que los Stones llegaban con mucho retraso», cuenta Kimsey, «los chicos de Téléphone me preguntaron si podían entrar a tocar con la batería de Charlie y la guitarra de Keith. Le dije al pipa: "¿No pasa nada, verdad, por que entren media hora?". Así que entraron y Charlie llegó mientras estaban tocando. No recuerdo lo que dijo, pero fue muy muy amable con ellos. No les dijo: "¡Qué cojones hacéis con mi batería, fuera de aquí!". De hecho, comentó lo bien que tocaban».

Las sesiones de grabación en los estudios Pathé Marconi proporcionaron al ingeniero innumerables oportunidades de observar de cerca la despreocupada brillantez de Charlie. «En otra ocasión, llegué allí, y debió de ser cuando llevábamos ya bastante tiempo en el estudio, por lo menos un mes, y como siempre estaba trasteando en la sala de control, me dio por salir a cambiar el sonido de los amplificadores de las guitarras. No mucho, y nadie lo notó.

»Pero al mirar la caja de la batería, vi que todavía había confeti de Hyde Park [de hacía más de nueve años] en el borde. Charlie nunca cambiaba los parches de sus tambores. Eso es un baterista de *jazz*. No es como un baterista de *rock,* que los cambia para cada álbum que hace, y seguramente más de una vez al mes si está de gira.

»Me puse a darle a la caja y pensé: "Voy a afinarla un poco, a ver qué pasa". Literalmente, le di media vuelta a un tornillo y otra media vuelta al tornillo de abajo, y luego lo dejé. No quería estropear nada, claro, pero a mí me sonó genial. Una hora después, llega Charlie, se quita la chaqueta, la dobla y se sienta. Se pone a tocar y en cuanto da con la baqueta en la caja, pega un brinco y levanta los brazos, asustado. Yo estaba en la sala de control y me dijo: "¿Ha tocado alguien mi batería?". Le dije: "Sí, yo", y me dijo: "Ah, vale, vale". No me podía creer que se hubiera dado cuenta. Medio giro no cambiaba la afinación. Aquello me hizo comprender lo conectado que estaba ese hombre con su instrumento. Con un solo golpe, que obviamente no resonó como él esperaba, se dio cuenta. Me sentí muy culpable. Pero no supuso ningún problema, se limitó a ponerlo en su posición anterior y ya está. Fue realmente increíble. Yo ya le respetaba mucho de todas maneras, pero ahí fue cuando vi lo extraordinario que era».

La precisión exenta de esfuerzo que demostraba Charlie a la hora de tocar fascinaba a Kimsey. En 2022, con más de trescientos álbumes y un centenar de artistas en su haber como productor o ingeniero de sonido, no solo estaba de vuelta en Olympic, diseñando su nuevo estudio y supervisando el sonido Dolby Atmos de la sala de cine, sino que además daba clases magistrales de sonido en universidades. «Solo doy clases si la universidad también tiene analógico», explica. «Es un poco como empezar con lápiz y papel en vez de con un portátil, porque esas restricciones de dieciséis o treinta y dos pistas te dan de verdad una perspectiva nueva».

»Cuando enseñas así, los estudiantes llegan y te dicen: "Ay, Dios mío, ¿dónde está el ordenador, dónde está la rejilla, y la pantalla?". Yo les digo: "Olvidaos de todo eso, aquí estamos para usar los oídos, esos con los que escuchamos la música, y la cabeza". Y hablamos sobre todo de la sincronización y dicen que hay que sincronizarlo todo. Yo les digo: "Pues si tenéis que sincronizarlo todo, traedme otro baterista". Eso es la base de la grabación. El cronometrador, sea quien sea, es la columna vertebral. La música fluye y refluye. No tiene que estar perfectamente sincronizada.

»Les digo: "Puedo poneros un ejemplo de lo que es un buen baterista". Cuando grabé *Some Girls*, la canción que da título al disco, fue esencialmente una improvisación bastante larga. Mick tenía un montón de estrofas sobre mujeres, y las cantó y luego se intercaló un puente, unas dos veces en los quince minutos. Cuando grabamos ese tema, la versión de quince minutos, Mick vino a escucharlo y me dijo: "Está muy bien, pero ¿puedes editarlo para dejarlo en unos cuatro minutos?". Le dije: "Sí, vale. ¿Qué estrofas quieres usar?". Y me contestó que las eligiera yo.

»Así que me hice un pequeño croquis de las estrofas, de lo que iba cada una. No me compliqué mucho: no le metí mano pasados cuatro minutos y seguí luego hasta ocho, pero sí que hice unas cuatro ediciones para acortarlo a cuatro minutos. Tenía que cortar diez minutos y no podía ser todo del final de la canción. Quería cortar una parte del final y ponerla cerca del comienzo, y eso solo pude hacerlo gracias a la precisión cronométrica de Charlie con el tempo.

»Ahora me fascina, pero en aquel momento no le di importancia, lo hice y ya está. Evidentemente, si todos se ralentizaban por lo que fuese, no podías poner esa parte cerca del principio porque el tema se habría frenado y luego habría vuelto a coger velocidad. Pero, en general, el tempo de Charlie era absolutamente constante».

A la gira americana de 1978 le siguieron más grabaciones en California, interrumpidas por la terrible noticia de la muerte de Keith Moon con solo treinta y dos años. Moon era mucho más que su imagen caricaturesca: había sido un buen amigo de toda la banda durante sus años de fama compartida, y tanto Charlie como Bill volaron a Inglaterra para asistir a su funeral. Como recordaría más tarde Pete Townshend, Charlie lloró.

«Era todo un personaje», dijo Charlie sobre Moon en una entrevista para *Rolling Stone* en 2013. «Yo le quería mucho. Era único. Le echo mucho de menos. Era un tío muy simpático, un tío encantador de verdad, pero… también podía ponerse muy difícil. En realidad, no era una sola persona. Era más bien tres personas en una».

En 1979 los Stones no dieron ningún concierto, pero sí hicieron numerosas sesiones de grabación, en Nassau, París y Nueva

York, para el álbum *Emotional Rescue*, publicado en junio del año siguiente, con Chris Kimsey elevado al puesto de productor asociado, además de ingeniero de sonido. La actuación de Charlie en la canción, muy infravalorada, que da título al disco —y en la que Mick hace su mejor imitación de Barry Gibb—, es magnífica. Puede que la canción no sea tan pegadiza como *Miss You*, su precursora de ese cruce entre el *rock* y la música disco, pero es igual de innovadora, en gran medida gracias a Charlie.

Ello se debió en parte a que se sentía muy atraído tanto por el ritmo como por la cultura de la música disco. «Charlie era un estudioso de los ritmos de baile y le gustaba bailar, era muy buen bailarín», asegura Mick. «Bailaba bailes de salón y, evidentemente, al ser baterista, tenía afición por los ritmos y sus nuevas versiones. Primero fue el *four-on-the-floor*, el ritmo base de la música disco, y luego empezaron a aparecer los discos de baile influenciados por la música latina. Eso siempre le interesaba, y yo siempre le ponía cualquier cosa nueva que caía en mis manos. O le compraba cosas, o él me hablaba de algo que había escuchado».

La nueva década llegó cargada de nuevos estímulos imaginativos para una banda que ya tenía casi dos de existencia, pero las exigencias despiadadas de las giras pronto hicieron que Charlie buscara una vía de escape. Siempre que podía, se refugiaba con Shirley y Seraphina en Gloucestershire, y más tarde en Devon. Pero la década de 1980 fue también una época en la que, para sorpresa de todos, encontró refugio en el peor lugar posible.

BACKBEAT

Metro setenta y tres de estilo

A los dos años, Charlie Watts ya tenía estilo. En una simpática fotografía que se difundió ampliamente después de su fallecimiento, aparece en Londres con sus padres en 1943, vestido con un elegante abriguito corto de doble botonadura y una boina que le da un toque divertido a la par que audaz. Su destino quedó sellado la primera vez que su padre le llevó a un sastre judío del East End. Y cuando empezó no solo a escuchar *jazz*, sino a fijarse en las impresionantes portadas de los discos de Miles Davis, Charlie Parker o Duke Ellington, quedó prendado para siempre.

«Su estilo en el vestir le venía de mi padre, que era muy elegante», confirma su hermana Linda. «Solía comprar telas y encargar que le hicieran trajes, y para salir se ponía siempre un sombrero de fieltro, nunca una gorra. Se lustraba los zapatos cada noche, y Charlie era exactamente igual, y yo también. Un día fuimos a verle y estaba allí sentado, con una chaqueta de esmoquin. Le encantaba la ropa». Su marido, Roy, añade: «Era como un hacendado rural. Iba andando de la casa a los establos con un par de perros y subía por el camino comiéndose una manzana. Luego se daba una vuelta por la yeguada y volvía».

Cuando falleció Charlie, la revista *GQ,* que siempre había declarado su admiración por él, afirmó que su estilo personal «debería ser el modelo de referencia para comprar un traje en 2021». Un editorial señalaba que sus trajes ponían siempre de manifiesto «sus raíces como estrella del *rock,* con solapas anchas, llamativas siluetas estructuradas y pantalones acampanados. Sus elecciones estilísticas le conferían esa presencia que es imposible conseguir con un aburrido traje azul marino o gris, sin que uno supiera exactamente cómo lo hacía».

Chuck Leavell cuenta que, durante una gira a principios de la década de 2000, se encontraba un día entre bastidores con Charlie y Keith Richards. «Estábamos charlando los tres», cuenta el director musical y teclista de las giras de los Rolling Stones, «y se acercó un tipo al que yo no conocía. Supongo que conocía a alguno de los otros. Iba bastante bien vestido, llevaba una chaqueta muy bonita. Hablamos un poco y Charlie alabó su chaqueta. Al tipo se le iluminó la cara, se puso muy contento. Charlamos un rato y luego dio media vuelta para marcharse. En cuanto se alejó, Charlie dijo: "Es una lástima lo de los zapatos"».

Desde el cabello canoso hasta los zapatos hechos a mano, Charlie medía aproximadamente un metro setenta y tres: un metro setenta y tres de estilo lleno de discreción. Era un vencedor de la moda, nunca una víctima, y poseía una elegancia serena pero esencial que muchos se esfuerzan por conseguir y muy pocos logran. Recuerdo una vez que fui a verle a su *suite* de un hotel en Ámsterdam durante una gira europea. Estaba todo impecablemente ordenado y sonaba de fondo un disco de Miles

Davis que había elegido con todo cuidado entre los que llevaba en su maletín de viaje para discos compactos. Desdeñaba los pantalones vaqueros y las zapatillas de deporte. Era ese tío elegante que uno nunca ha tenido.

Cuando, al final de un concierto, se ponía la chaqueta oficial de los Stones para abrigarse y saludar al público con una reverencia, contribuía más a las ventas de *merchandising* del grupo que cualquier campaña publicitaria. Entre bastidores, incluso llevaba con estilo el albornoz con el logotipo de la lengua y los labios del que estaba tan orgulloso. «Tenía que quedarle de una determinada manera», recuerda la vocalista Lisa Fischer. «Charlie tenía un gran sentido del estilo. Daba la impresión de que habría sido feliz diseñando ropa. Como modelo no le veía, pero sí dedicándose a confeccionar ropa. Si no hubiera sido baterista, se habría dedicado al diseño. Le encantaban las texturas y la calidad y el aspecto de las prendas, y le quedaba muy bien la ropa. Hay muy poca gente a la que le sienten bien los rosas y los azules, pero él en eso no tenía ningún problema. En todo caso, realzaban el lustre rosado de sus mejillas. Era un poco tímido, pero él sabía que estaba guapo».

Prueba de ello es que, cuando acudieron a las carreras de la Royal Ascot en 2010, Charlie y Shirley demostraron estar a la altura de las circunstancias. Con su esposa del brazo, siempre tan bella, discreta y glamurosa, Charlie compareció en el hipódromo con sombrero de copa, gafas de sol y un chaqué cruzado gris paloma con los botones en diagonal, confeccionado a medida por Huntsman, su sastrería. Su chaleco y su corbata rosa claro, y llevaba el cuello redondeado de la camisa sujeto con un alfiler debajo del nudo de la corbata. Solo hay que ver la portada de *Our Man in Paris*, el clásico de Blue Note del saxofonista Dexter Gordon, para saber quién le sirvió de inspiración, como él reconocía encantado. Le ocurrió lo mismo cuando vio lo elegante y relajado que estaba Miles Davis vestido con una camisa verde en la portada de *Milestones,* en 1958: él —y todo aficionado al estilo del *jazz*— quería tener una camisa como aquella.

En la sastrería Huntsman de Savile Row, que confecciona ropa para los clientes más exigentes desde 1849, Dario Carnera me habla de lo orgullosa que está su familia de haber tenido a Charlie como cliente y amigo. Su relación fue tan estrecha que el catálogo de la sastrería incluye un tejido diseñado por el propio baterista: la raya Springfield. «Tío, él era Savile Row», comenta Keith Richards con admiración. «Podía haber vivido allí. Yo le decía: "¿Por qué no te casas con un sastre?"».

Después de que Dario me presente a los sastres que confeccionaban a medida los trajes y las chaquetas de Charlie —y de enseñarme, conmovido, las últimas cuatro chaquetas impecablemente cortadas que encargó y que no llegó a recoger—, doblamos la esquina para ir a la galería Royal Arcade, en Old Bond Street, donde nos adentramos aún más en el mundo de la moda artesanal londinense, que hoy en día muchos dan por desaparecida.

Nos reunimos con John, el padre de Dario y maestro zapatero, ya semijubilado, que durante casi treinta años fabricó el hermoso calzado que usaba Charlie en la empresa familiar G. J. Cleverley, cuya lista de clientes incluye a Winston Churchill, Humphrey Bogart y el príncipe de Gales. El suyo es un oficio muy alejado de la gratificación instantánea del mundo actual: Carnera padre pasó cinco años trabajando como aprendiz.

Poco después de hacerse cargo del negocio tras el fallecimiento de George, el fundador de la empresa, John tuvo una visita inesperada. «Charlie se presentó en la puerta», recuerda. «Le dije: "¿Cómo está usted? El señor Watts, ¿verdad?". Me contestó que sí muy modestamente. Le dije: "Pase, por favor", y dijo: "Quería saber si pueden hacerme unos zapatos". Le dije que sería un placer. Me dijo: "Tengo un zapatero pero tarda mucho. ¿Ustedes pueden hacérmelos en menos de dos años y medio?". Le dije: "Creo que eso se lo podemos garantizar. El primer par tardaría entre tres y cuatro meses". Dijo "qué maravilla. Tienen ustedes unos zapatos muy bonitos. ¿Puede tomarme medidas?", casi como si me estuviera pidiendo un favor. Así era él. En fin, le tomamos las medidas y desde 1993 fue cliente nuestro, hasta 2021».

John, que compartía la pasión de Charlie por el *jazz,* recuerda los antros del Soho que frecuentaba a finales de los cincuenta y principios de los sesenta, especialmente el Ronnie Scott's en su ubicación original, que hoy en día conmemora una placa azul. «Siempre me acuerdo de bajar a ese sótano», recuerda John, como un eco de las conversaciones que sin duda tenía con su famoso cliente. «Estaba junto a la oficina de correos de la calle Gerrard. Era un tugurio diminuto, pero siempre me acuerdo de la formación: estaban Ronnie Scott, Tubby Hayes, Phil Seamen a la batería, y creo que Johnny Hawksworth al contrabajo. Charlie y yo teníamos discusiones fantásticas».

Por lo general, Cleverley's tarda seis meses en confeccionar un par de zapatos artesanales, que cuestan en torno a cuatro mil libras. Solo hacen una docena de pares a la semana en total. Charlie encargó al menos ochenta pares, con la «puntera Cleverley» («parecida a una puntera recta», explica John. «Cada vez que terminábamos un par, decía: "¿Qué no he tenido, John, qué no he tenido?")».

Dario añade: «Tenía unos pies muy finos y elegantes («el pie que todo el mundo sueña con tener», señala el maestro hormero, Adam Law). Si venía a recoger algo, entraba y decía: "¿Qué necesito? Bueno, no necesito nada, así que, ¿qué quiero?"».

Al estrecharse su amistad con la familia, Charlie empezó a invitarlos a conciertos de los Stones y suyos por todo el mundo. John Carnera se ríe al recordar un incidente relacionado con el gurú financiero del grupo, el príncipe Rupert Loewenstein: «Solía encargarle sus zapatos a Anthony, el sobrino de Cleverley, que era incluso mejor zapatero que George, aunque a este nadie se lo dijera nunca a la cara», comenta con una sonrisa. «Anthony tenía costumbre de ir a ver a sus clientes en privado, no tenía tienda, y Loewenstein era uno de los mejores. Tenía un piso cerca de Kensington High Street. Fue a verle para entregarle un par de zapatos y que se los probara, y dio la casualidad de que Mick estaba allí. Loewenstein le dijo: "Bueno, señor Cleverley, como siempre, un par de zapatos estupendos y bla, bla, bla". Y Jagger, que estaba mirando, dijo: "Unos zapatos preciosos, Rupert". Y entonces le dice a Anthony: "¿Me haría a mí unos así?". Y él contestó: "No, no, no quiero que destroce mis zapatos dando brincos por el escenario". Por lo que a él respectaba, Mick era poco menos que el explorador John Smith».

Al hablar del príncipe Rupert, John Carnera se acuerda también de una anécdota que tiene como protagonista a otro de los clientes de Loewenstein. «Esto enlaza con Charlie, porque, cuando el hombre murió en 2004, Charlie aguzó las orejas. Me dijo: "¿Crees que podré hacerme con algunos de esos zapatos, John?". Le contesté que tenía entendido que iba a haber una subasta, y se fue a París y compró algunos. Creo que compró una docena de pares o algo así».

Charlie podía ser un apasionado de la artesanía más tradicional, pero había una costumbre relacionada con los zapatos hechos a mano con la que no estaba de acuerdo. Consideraba que era responsabilidad del cliente domar un par nuevo. Decía: «La mayor parte de los aristócratas que podían permitirse el lujo de encargar zapatos hechos a medida hacían que el jardinero o el mayordomo los usara primero para domarlos».

En ese sentido, el teclista Chuck Leavell recuerda una anécdota de una de sus giras con los Rolling Stones. «Estábamos en Madrid, y mi esposa Rose Lane y yo nos habíamos levantado bastante temprano. Íbamos a ir a un museo o algo así y nos cruzamos con Charlie en el vestíbulo. Me sorprendió un poco porque eran como las ocho y media de la mañana. Le pregunté de dónde venía y me dijo: "He llevado a mis zapatos nuevos a dar un paseo". ¿Verdad que es brillante?».

Durante los años sesenta, cuando los Rolling Stones se convirtieron en la comidilla del mundo entero, Charlie se hizo cliente del sastre Tommy Nutter, el célebre inconformista de Savile Row que reinventó el traje y que vestía prácticamente a todas las estrellas del mundo del espectáculo. Más adelante, Charlie se convirtió en cliente no solo de Huntsman, sino también de Chittleborough and Morgan, la sastrería fundada por Roy Chittleborough y Joe Morgan, discípulo de Nutter. Allí, en cierta ocasión, le compró un traje a Tony King, su amigo y compañero de trabajo, como regalo de fin de gira.

Charlie, que llegaba a Savile Row en su limusina con chófer, aprendió a amar y respetar los sutiles matices de la tradición y la costumbre propias de cada sastrería. Las solapas anchas y los cortes atrevidos a los que era aficionado hacían que pareciera más imponente de lo que sugería su modesta complexión física. Decía, de hecho, que si la cinturilla de unos pantalones que le gustaban empezaba a apretarle, dejaba de comer hasta que volvían a quedarle bien.

En el escenario era distinto: le habría encantado emular el estilo formal de chaqueta y corbata de otro de sus ídolos musicales, Art Blakey. Pero, después de llevar chaquetas en su juventud, posteriormente optó por ponerse ropa cómoda para trabajar: una camiseta o una camisa de manga corta, hechas también a medida, cómo no; no iban a ser compradas en cualquier tienda. Siguiendo las indicaciones del estilista William Gilchrist, la marca británica de ropa Sunspel, fundada en la década de 1860, le diseñó una camiseta para que se sintiera más cómodo tocando. Añadieron una tira de más a un lado de la prenda de modo que tuviera dos costuras en lugar de una en el costado, y la hicieron un poco más corta de lo habitual. Charlie quedó tan satisfecho con el resultado que toda la banda lució el diseño en el Festival de Glastonbury de 2013.

Su conocimiento de la moda iba mucho más allá de sus propios gustos o su propia ropa. «Cuando empezamos a colaborar», cuenta el productor Chris Kimsey, «mi mujer, Kristy, me acompañaba casi siempre cuando viajaba y trabajaba. Charlie le dio a conocer el perfume Opium, que acababa de salir a la venta. Trabajar con él en París era estupendo. Me llevaba por todas las tiendas de maletas *vintage,* porque tenía una colección, y también por las sombrererías.

»Iba siempre a las sesiones de grabación muy elegante, muy bien vestido. Eso era algo que tenía en común con Glyn Johns. Glyn, mi mentor, me dijo cuando yo era todavía muy joven: "Kimsey, procura vestirte bien para cada sesión". Cada noche, cuando empezábamos las sesiones en Pathé Marconi, en París, Charlie era uno de los primeros en llegar. Casi nunca entraba en la sala de control. Se acercaba a su batería, se quitaba la chaqueta, la doblaba perfectamente, la dejaba en una silla y se acomodaba con todos sus accesorios pequeños. Era como si lo desempaquetara todo».

Lisa Fischer añade: «Charlie tenía siempre cerca de la batería un sitito donde colgar la chaqueta incluso en los ensayos. Era como si fuera a su despacho. Me encantaba ese rinconcito suyo».

Dario Carnera me habla de su colección de viejos libros de patrones de *Tailor & Cutter,* lo que no resulta sorprendente a estas alturas teniendo en cuenta todo lo que sabemos sobre la afición por el coleccionismo de Charlie. «Ahora se venden por una fortuna en internet», comenta el sastre. «Me dijo que tenía una buena colección. A veces, si no estaba haciendo nada, si estaba en Londres, me llamaba, o yo le decía: "Tengo unas cosas preparadas para ti, ¿te las mando a casa?"», recuerda. En aquel entonces, Charlie vivía con Shirley y Seraphina en una casa cerca de Fulham Road. «Convirtió el sótano de su casa de Pelham Crescent en un gran vestidor. Me decía: "Si no estás muy liado, tráelas tú mismo y nos tomamos un té, charlamos un rato y miramos mi ropa". Se fijaba mucho en ciertas telas», continúa Carnera. «Hicimos una muy especial y se quedó pensando en ella. Yo le dije: "Ya sé que es mucho dinero y que no es muy resistente, es como la cachemira". Me dijo: "Eso no me preocupa, seguramente solo me la pondré dos veces". Le encantaba lucir la ropa. Yo siempre procuraba hacer algún comentario sobre lo que llevaba puesto, porque le gustaba que los demás lo apreciasen».

La familia de Charlie reconoce que había veces en que su sentido del estilo prevalecía sobre su sentido común. Su nieta Charlotte describe esos momentos con enorme cariño. «Iba a visitarlos a Devon», cuenta. «Estábamos en medio de la nada. Y hasta cuando no iba a ver literalmente a nadie, se sentaba a la mesa con un traje de tres piezas. Yo le decía: "¿Qué, te lo pones para ir a andar por el barro?". "Sí".

»Era muy gracioso, porque se ponía esos trajes tan elegantes, con ese estilo que tenía, en Londres, en Devon o donde estuviese. Luego subíamos al avión y se ponía unos pantalones elegantes y unos mocasines, pero con camiseta blanca y chaqueta de cuero. Recuerdo que a mí me chocaba ese contraste. Se vestía para ir de gira cuando iba a vérsele más, y a su manera cuando iba a vérsele menos.

»Una vez vino a visitarme cuando yo estaba en el internado, en el norte del estado de Nueva York, y nevó muchísimo, medio metro de nieve, un frío horrible. Era mayo y hacía varias semanas que no nevaba, así que ya pensábamos que era primavera, pero ese fin de semana hubo una tormenta de nieve enorme y él no había traído ropa para el frío. A veces, en Londres, nevaba de repente. Yo lo había visto ya dos veces: su negativa rotunda a comprarse calzado adecuado para la nieve.

»Salió con los zapatos envueltos en bolsas de plástico del supermercado. Y tuvimos que acompañarle por la calle para ir a desayunar. Qué vergüenza pasé. No quiso ponerse otros zapatos, con el tiempo que hacía. Tenía tantas ganas de llevarlos que no le importó salir a la calle con los pies envueltos en bolsas de plástico. Se nos saltaban las lágrimas de risa. No sé si alguna vez lo hizo estando de gira, pero sí que lo hizo en público en Londres y aquel día paseando por el pueblo, en Nueva York».

El músico y presentador Jools Holland —que se enorgullece de haber sido buen amigo y cómplice de Charlie, a pesar de que el baterista le sacaba diecisiete años— cuenta que entre sus referentes de estilo había también un miembro de la familia real británica. «Recuerdo que compró varios trajes de Eduardo VIII. Decía que le parecía un tipo con estilo. Creo que Charlie era el hombre mejor vestido que he conocido nunca. Iba impecablemente arreglado y tenía como modelo a algunos de los grandes del *jazz*. Se fijaba en algunos grandes artistas del *blues* y el *jazz* que siempre iban fantásticos, y en personajes históricos del siglo XVIII, pero también de los años treinta.

»Compró —estoy casi seguro de que sin verlos en persona— dos trajes de Eduardo, solo porque le parecieron muy bonitos. Quería que se los copiaran o, por lo menos, ver el tejido y tratar de encontrarlo. Le encantaba hacer esas cosas, ir a Savile Row y decir: "¿Dónde consigo este tejido?". "Uy, ya no se fabrica". Ese tipo de cosas.

»Yo, en ese momento, estaba de gira con él y, cuando volvió y nos vimos, le pregunté: "¿Qué tal ha ido?". Y me contestó: "No me lo puedo creer, me quedan perfectamente. Como un guante". Así que estuvo mirando en las subastas por si vendían más ropa de Eduardo VIII. Tenían exactamente la misma talla. Mucha gente, cuando envejece, y me pongo a mí mismo como ejemplo, echa barriga y le cambia la figura. No sé lo que consumían los Rolling Stones, pero, por la razón que sea, tienen todos el mismo tipo que tenían en 1962. No sé cómo lo hacen».

Las conversaciones sobre música con las personas que trabajaron para Charlie y colaboraron con él pueden ser muy reveladoras, especialmente, con quienes tenían aspiraciones propias. Dario Carnera cuenta: «Le conté que tocaba la guitarra y me contestó: "No tocarás esa música guitarrera tan ruidosa, ¿verdad?". En otra ocasión, recuerdo que le conté que mi banda estaba haciendo una versión de *Honky Tonk Women* y que a nuestro baterista le estaba costando un poco. Me preguntó que por qué y le dije: «Al principio suena un cencerro y luego empieza con un compás muy extraño. Se está esforzando mucho por captarlo, no por escucharlo". Y me dijo: "Ah, no, lo que pasa es que entré mal"».

Steve Balsamo, un afamado vocalista británico con larga experiencia en los escenarios —no solo interpretando sus propios discos, sino también en grupos como The Storys o el dúo Balsamo Deighton— pone un ejemplo delicioso del humor y la clase que tenía Charlie. «Siempre he adorado a Charlie, entre otras cosas porque era el más elegante del rocanrol y a mí me encanta la gente elegante. Así que me prometí a mí mismo que, si alguna vez me encontraba con él, se lo diría. Participé en un concierto en homenaje a Ginger Baker, cantaba en una banda con Keith Carlock, Tony Levin y Ray Russell, algunos de los mejores músicos del planeta», cuenta refiriéndose al concierto de 2008 en el que Charlie entregó a su viejo amigo Ginger el premio Zildjian a toda su trayectoria. «Tocamos *White Room* y *Manic Depression*, unas canciones geniales. Fue en el Shepherd's Bush Empire y fue estupendo. Charlie Watts estaba allí, y yo entré y grabé en vídeo el camerino, que estaba lleno de gente.

»Vi a Charlie, y se me acercó y me dijo: "Cantas muy bien, chaval", y yo le dije: "Gracias, señor Watts. Mire, hace mucho que me prometí a mí mismo que, si alguna vez le conocía, le diría esto: que es el hombre que mejor viste del rocanrol". Me dijo: "¡No digas eso!". Me quedé parado y le dije "lo siento", pensando que le había ofendido. Y me contestó: "Soy el hombre que mejor viste del *jazz*"».

5

TRABAJO SUCIO Y HÁBITOS PELIGROSOS

Aunque aquel falo gigante se desinflara a veces durante la gira de mediados de los setenta, el entorno empresarial de los Rolling Stones daba la impresión de crecer sin cesar. Las obligaciones contractuales amenazaban con imponerse al impulso creativo y Charlie, por su parte, pensaba cada vez más en el mundo que se extendía más allá de la banda.

En marzo de 1981 murió su padre a la edad de sesenta años, lo que le sumió en un estado de ánimo contemplativo en vísperas de cumplir los cuarenta. Se hablaba de otra gira por Norteamérica y había que grabar un nuevo disco, momento en el cual intervino Chris Kimsey, que se distinguió por conseguir entretejer los hilos dispares que acabaron formando *Tattoo You*, un álbum sorprendentemente enérgico.

«Rupert Loewenstein [el mánager empresarial de los Stones] me dijo: "Kimsey, ¿sabes si hay por ahí algún descarte?". Le dije que sí, que me acordaba de un montón de cosas. Sabía lo que se había grabado estando yo en el estudio, así que tenía que haber descartes de álbumes anteriores. Pero no se les daba muy bien guardar los másteres, habían perdido muchas cintas». Él se encargó de ensamblar el elepé a partir de temas cuyos orígenes se remontaban a las sesiones de grabación de los años setenta, hasta *Goats Head Soup* y *Black and Blue*.

La publicación en 2021 de una edición de lujo ampliada de *Tattoo You* ofreció una imagen más completa de esas sesiones dispersas. Contenía la versión provisional de «Start Me Up», extraída de las cintas de *Some Girls*, en la que Charlie demostraba estar en un momento pletórico, influido hasta cierto punto por el *reggae*. Había también un homenaje a «Brown Sugar» en «Living in the Heart of Love» y nuevos ejemplos del gusto de los Stones por las versiones de *soul*, como «Troubles a' Comin» de los Chi-Lites y «Drift Away» de Dobie Gray, un tema que Kimsey recuerda con especial cariño.

La opinión de Charlie fue importante, en calidad de observador, durante las sesiones de preparación de la carátula del álbum (donde no aparecía fotografiado) por la que el fotógrafo Hubert Kretzschmar, el ilustrador Christian Piper y el diseñador Peter Corriston ganaron un premio Grammy al mejor diseño de embalaje. Kretzschmar fotografió de forma memorable a los Glimmer Twins en su estudio del *loft* neoyorquino de Tribeca, en West Broadway, sobre llamativos fondos rojos y verdes, y Piper se encargó de engalanarlos con tatuajes.

«Charlie también estaba allí, aunque a él no íbamos a fotografiarle», cuenta Kretzschmar en el librillo que acompaña a la edición de lujo del disco. «Estábamos todos preparados y listos para empezar, pero Charlie no había llegado. Me llamaron para avisarme de que estaba atrapado en un bar del SoHo: había parado a tomar una copa, le habían reconocido y había acabado acorralado. Tuve que mandar a un asistente a rescatarlo.

»Me encantó tener allí a Charlie. Compartíamos la pasión por el *jazz*. Escuchábamos discos y los comentábamos mientras trabajábamos, aunque en realidad él estaba allí porque Mick y Keith respetaban mucho su sensibilidad artística. Tenía una forma de ver las cosas muy propia de un diseñador».

Mientras el álbum ocupaba durante nueve semanas, nada menos, los primeros puestos de las listas en los Estados Unidos, la banda inició una gira de cincuenta conciertos por Norteamérica organizada de nuevo por el destacado promotor americano Bill Graham, que había supervisado varias giras del grupo con anterioridad. La preparación de este nuevo *tour* hizo que la opinión de Charlie resultara aún más valiosa, a pesar de que, poco antes de la gira, se mostraba más inquieto que nunca ante la perspectiva de tener que echarse de nuevo a la carretera y en varias ocasiones llegó a afirmar que no iría. Al final le convencieron, como le convencían siempre. «Llevo dimitiendo al final de cada gira desde 1969», comentaba.

Eran conciertos de tarde, con escenarios de veinte metros de ancho y alas de otros veinticinco metros cada una, con paneles de colores diseñados a partir de ilustraciones originales del artista japonés Kazuhide Yamazaki. «Teníamos esos colores primarios tan vivos de los diseños de Kazuhide», comenta Mick, «y unas imágenes enormes de una guitarra, un coche y un disco, todo muy americano, y el conjunto funcionaba muy bien a esas horas de la tarde».

Charlie se encargó de todo, recurriendo a su instinto para el diseño y a su experiencia ya lejana como diseñador gráfico, el único trabajo que tuvo aparte de la música. «En esa [gira] fue cuando Mick y yo empezamos a meternos en serio en el diseño de los escenarios, porque tocábamos en estadios de fútbol y había que pensar a lo grande», comentaba. «Cuando estás ahí fuera, en un estadio inmenso, físicamente eres diminuto en el escenario, por eso para la gira de 1981-1982 hicimos un escenario muy espectacular. En un concierto de esas dimensiones, necesitas un poco de ayuda extra. Necesitas un par de artilugios, como los llamamos nosotros, como los paneles de colores que teníamos alrededor del escenario, y la iluminación y los fuegos artificiales. Hace falta un poco de teatro».

Tras el concierto inaugural de la gira en Filadelfia, *The New York Times* se maravillaba de que «hombres que rondan los cuarenta años» pudieran atraer a una multitud de noventa mil personas, de las que se calculaba que doce mil habían dormido en el aparcamiento la noche anterior. La hija de Charlie estaba igual de fascinada. «El primer concierto al que de verdad se me permitió ir fue cuando yo tenía unos treces años, y me acompañó mi primo», me cuenta Seraphina con una sonrisa. «Debió de ser en 1981-1982, y flipé. Yo quería estar en ese mundillo y mi madre decía: "Ay, no". Se acabó el *pony club.* Yo lo que quería era ir de gira.

»Mi padre tenía su carrera, se iba y hacía su trabajo, y eso era algo aparte. Siempre tuve la sensación de que el trabajo era el trabajo y el hogar, el hogar. Teníamos a alguien que nos ayudaba en casa con los caballos y los perros, y mi tío vivió con nosotros un tiempo. Mi madre solía ir a acompañar a mi padre, pero yo no iba porque tenía colegio.

»Luego, de adolescente, estuve en un internado y siempre pedía ir a verle tocar, pero no podías dejar la escuela para irte de gira, de eso ni hablar. Y no es que yo no lo intentara. Y cuando no era el colegio, eran los deberes o cuidar del caballo. Mi madre era muy estricta, mucho más que mi padre. Pensándolo ahora, seguramente fue muy bueno para mí».

Aquella gira se recuerda también por lo que sucedió en el escenario durante el concierto de Los Ángeles. «El primer telonero, un cantante de *funk* de la nueva ola llamado Prince, fue la única nota discordante para un público amante del rocanrol más popular», informó el periódico californiano *Oxnard Press-Courier*. «Prince duró solo tres canciones: a los veinticinco minutos, el público le obligó a huir lanzando objetos al escenario». Los otros teloneros, George Thorogood and the Destroyers, y la J. Geils Band, eran apuestas mucho más seguras. Los fans de los Stones siempre consiguen lo que quieren.

Ya que hablamos de Prince, hay que recordar que Charlie siempre fue fan suyo, como lo era de la Motown, de James Brown y de otros grandes del *soul* y el *funk*. Admiraba especialmente a los Four Tops, cuyos discos escuchaba en casa, y asistió junto con Mick y otras figuras de la música como Georgie Fame y Eric Burdon a su célebre concierto de debut en el Reino Unido en noviembre de 1966, en el Saville Theatre de Londres.

En 1998, cuando Prince estaba atravesando una mala racha —aunque quizá no tan grave como Charlie imaginaba—, me dijo: «Alguien que me parece fabuloso en el escenario es Prince, o la persona que solía llamarse Prince. Ya no pinta gran cosa, y me gustaría saber por qué. Tienes que ser capaz de proyectar ante el público lo que estás haciendo, y por lo que he visto hay muy pocas bandas que sepan hacer eso. Michael Jackson y Prince saben, pero no hay nadie como Mick Jagger».

Se habló también de posibles giras por Australia y Extremo Oriente, pero el proyecto no pasó de ahí, y al poco tiempo los Stones empezaron a trabajar en lo que después sería el álbum *Undercover,* una curiosa mezcolanza a la que daba título un tema centelleante y lleno de inventiva, «Undercover (of the Night)». Pero con el enfriamiento palpable de la relación entre Mick y Keith, era necesario hacer balance, a menudo desde la distancia de proyectos en solitario. De ahí que Charlie y Bill —que entretanto se había convertido en una estrella del pop gracias al éxito que tuvo en el Reino Unido su tema *(Si Si) Je Suis un Rock Star*— aceptaran la invitación de Glyn Johns para participar en los conciertos benéficos de ARMS en 1983.

A fin de recaudar dinero para la investigación de la esclerosis múltiple y en apoyo de su viejo amigo Ronnie «Plonk» Lane, al que se le había diagnosticado esa enfermedad en 1977, una banda de viejos camaradas, entre los que se encontraban Eric Clapton, Jeff Beck y Ray Cooper, ofreció una velada de modélico altruismo en el Royal Albert Hall. A continuación, el elenco dio una serie de conciertos por los Estados Unidos con apariciones estelares de Ronnie Wood, Joe Cocker y Paul Rodgers. Fue como un salón de la fama antes de tiempo, pero sus excelentes intenciones caritativas se vieron pronto defraudadas.

«Cuando hicimos la gira con Beck, Page, Eric y toda esa gente, nos robaron todo el dinero», cuenta Bill. «El millón de dólares que recaudamos se esfumó sin más. Alguien se lo quedó, lo que fue repugnante. Así que formamos Willie and the Poor Boys con Andy Fairweather Low y tal, para recaudar algo de dinero para Ronnie [Lane]. Se nos unió mucha gente, y Charlie también se prestó a colaborar con nosotros».

La iniciativa dio lugar a un álbum y a un concierto en Londres. «Filmamos un especial de dos días en el centro municipal de Fulham», recuerda Bill. «Durante el rodaje, estuvimos esperando a un fontanero en el camerino porque no funcionaban los grifos o algo así. Y entonces llegó Chris Rea, que era otro de los invitados. Cuando entró, Charlie pensó que era el fontanero. Típico de Charlie. La semana pasada, Chris me mandó un correo electrónico y lo firmó como "Chris, el fontanero cantante". Solíamos grabar en The Mill, en Cookham, que era de Gus Dudgeon, y más adelante de Jimmy Page y luego de Chris. Charlie se quedaba dormido en el suelo de una de las habitaciones. Los demás músicos se sorprendían mucho. "Se ha quedado dormido, ¿qué hacemos, le despertamos?". "No, él es así, dejadlo, no pasa nada"».

Tras la gira americana de 1981 y su continuación europea, se produjo el paréntesis más largo de la historia de la banda en lo que a las actuaciones en vivo se refiere. Entre su último concierto en Roundhay Park, en Leeds, en julio de 1982, y el espectáculo colosal que ofrecieron en Filadelfia para la presentación de *Steel Wheels* en septiembre de 1989, solo tocaron en el homenaje a su querido Ian «Stu» Stewart en el 100 Club de Londres en febrero de 1986.

Aquella noche, excepcionalmente, volvieron a los clubes de *rhythm and blues* de su juventud arropados por multitud de amigos tanto en el escenario (Beck, Bruce, Clapton, Townshend) como entre el público (Glyn Johns, P. P. Arnold, Kenney Jones, Bill Graham y muchos otros). La lista de canciones estaba teñida de nostalgia como era lógico: interpretaron viejos éxitos repetidos hasta la saciedad como *Route 66* y *Little Red Rooster*, y un par de temas que no habían vuelto a oírse desde los años sesenta: *Confessin' the Blues* de Jay McShann y *Down in the Bottom* de Howlin' Wolf.

El leal teclista y *road manager* de los primeros tiempos de la banda, cuya cara desentonaba en el escenario, se dedicó durante veinticinco años a pastorear a sus compañeros a pesar de que prefería el golf al rocanrol, y todavía se atrevía a llamarlos «mi chaparroncito de mierda». «Él fue quien organizó a los Stones», comentaba Keith. «En cierto modo, sigue siendo su banda».

Cuando Charlie conoció a Stewart, su sentido de la elegancia se vio gravemente ofendido por el hecho de que llevara pantalones cortos. «No cambió nunca desde el día que lo conocí», afirmaba Charlie. «No hizo ningún esfuerzo por reconciliarse con los años setenta, ni yo tampoco, en realidad, aunque lo intenté y quedé como un tonto. La primera vez que me encontré con él, a principios de los sesenta, tenía exactamente el mismo aspecto que cuando me despedí de él en la escalera del centro municipal de Fulham, un día o dos antes de su muerte. Llevaba pantalones vaqueros, mocasines y una chaqueta de punto con el cocodrilo, exactamente igual que siempre, e iba a jugar al golf, como siempre. Stu solía llevarnos adonde fuese, nos dejaba allí y luego se iba a algún campo de golf y nosotros teníamos que quedarnos esperando hasta que terminaba su partido».

El punto más bajo de los Rolling Stones suele situarse en el álbum *Dirty Work*, de 1986, y Ronnie Wood afirma que el hecho de que él consiguiera coescribir cuatro temas del disco pone de manifiesto lo mal avenido que estaba en esos momentos el matrimonio Jagger-Richards. A Mick se le suele considerar el malo de la película porque poco antes había firmado un contrato por separado con CBS y publicado *She's the Boss,* el primero de los dos álbumes en solitario que sacó en dos años y medio, y había salido de gira con su propia banda.

Tony King ofrece una versión alternativa de los hechos. Según él, Mick consideraba que los Stones no estaban en condiciones de hacer giras, y la nueva baja era Charlie, que con cuarenta y tantos años adoptó hábitos muy poco recomendables. Su sorprendente caída en los excesos, afortunadamente breve pero preocupante, llegó a su máxima expresión en París durante las sesiones de grabación de *Dirty Work.* El álbum, poco reconocido, tiene no obstante sus buenos momentos, creados bajo la férula del coproductor Steve Lillywhite, como la elegante versión de «Harlem Shuffle» o la reflexiva «Sleep Tonight» de Keith.

Dos noches después del concierto homenaje a Stu, los Stones al completo estuvieron en Kensington Roof Gardens para aparecer en directo en la gala de los Grammy de 1986, en la que Eric Clapton les entregó el premio a toda su carrera. Dos cosas llamaron la atención: lo absurdo del hecho de que los Stones no solo no hubieran ganado nunca un Grammy, sino que ni siquiera hubieran estado nominados hasta 1978, y lo esquelético y desmejorado que estaba Charlie.

He aquí una historia que ha adquirido proporciones casi mitológicas y que, tras ser repetida y adornada durante décadas, se embelleció de nuevo al fallecer Charlie. Puede que las circunstancias y los pormenores hayan sido retocados y adulterados, pero el propio Charlie reconoció que la historia estaba basada en hechos reales.

El coro ensordecedor de los rumores y las habladurías hace imposible establecer una versión definitiva de los hechos. El incidente tuvo lugar en Ámsterdam o en Nueva York. Mick llevaba puesta, o no, la chaqueta de esmoquin de Keith. Charlie le dio un golpe a Mick, o no. Mick cayó sobre una bandeja de salmón ahumado y estuvo a punto de precipitarse por la ventana, o no.

«Keith ha inventado una nueva versión de aquello», asegura Bill sin rencor, ejerciendo aquí su papel de eterno archivero de los Stones. «Dice que fue en Ámsterdam y que él salvó a Mick de caer por la ventana. ¡Puro cuento! Keith es así. Fue en Nueva York y Mick tenía un montón de invitados famosos en su *suite* del hotel. A mí me lo contó Paul Wasserman, que era nuestro relaciones públicas, porque estaba allí [«Wasso», el poderoso relaciones públicas de los Stones, tenía también otros clientes, como los Who, Bob Dylan y Neil Diamond]. Los demás no estábamos. Keith estaba durmiendo.

»Charlie volvió a bajar, porque por lo visto se aburría, y se fue a buscar algún sitio donde quedara alguien despierto. Así que baja, entra y Mick les dice [a sus amigos]: "Ah, es Charlie, este es mi baterista". Y entonces Charlie perdió los nervios. Le contestó: "Yo no soy tu puto baterista, tú eres mi vocalista", y de un puñetazo lo mandó al otro lado de la habitación. Por supuesto, todos aquellos famosos se quedaron de piedra, pero Charlie se limitó a salir y volvió arriba».

Bill continúa relatando su versión de los hechos tal y como se la contaron a él: «Mick dijo: "Debe de estar borracho", y entonces sonó el teléfono y alguien dijo: "Es Charlie, creo que quiere bajar a disculparse". Así que volvieron a llamar a la puerta, Mick fue a abrir y Charlie le dijo: "¡Esto para que no se te olvide!", y le pegó otro puñetazo que le hizo volar otra vez por la habitación, y luego se fue a la cama. Yo estaba despierto, así que Paul Wasserman me llamó y me contó toda la historia, y yo llamé a Keith, pero, como estaba dormido, se lo conté por la mañana. Por suerte, siempre llevo un diario, así que sé exactamente lo que pasó ese día y quién estuvo involucrado».

Para mi sorpresa, Mick no se resistió a hablar del tema cuando le entrevisté durante los preparativos de la gira SIXTY de 2022. «Puede que yo dijera eso, pero no es lo peor que se puede decir de alguien, ¿no? Fue en plan amistoso. Y no me noqueó, ni siquiera llegó a golpearme. Alguien le paró antes de que se acercara a mí. Recuerdo que yo estaba cerca de un balcón y que la gente de seguridad dijo: "Ya está bien". No llegamos a las manos ni nada por el estilo. Recuerdo que fue un encontronazo, pero que no llegó a tanto. Y fue algo muy raro viniendo de Charlie».

En sus declaraciones para el libro *According to the Rolling Stones*, Charlie se mostró avergonzado y al mismo tiempo trató de justificarse. «En resumidas cuentas, venía a decir "no me toques las narices"», afirmaba. «No es algo de lo que me sienta orgulloso y, si no hubiera estado bebido, jamás habría hecho una cosa así».

Keith recuerda otra ocasión en que Charlie perdió el control y «hasta eso lo hizo de una manera muy discreta», afirma. «Algún bocazas dijo algo, estábamos en un restaurante no sé dónde, creo que en los Estados Unidos. No sé de qué iba el tema, pero Charlie lo oyó. Estábamos sentados juntos en un reservado —creo que estaban también otros dos de la banda, pero no estoy seguro— y Charlie hizo su pedido y luego se levantó y se acercó a aquel tipo. Le dijo: "He oído lo que has dicho", y pum, el tío acabó en el puto suelo».

Tony King estaba alarmado por cómo habían cambiado las drogas a Charlie, pero por fortuna el baterista se miró al espejo, literal y metafóricamente, cuando todavía estaba a tiempo de hacerlo. «Yo estaba hecho un asco, de ahí que no fuera de verdad consciente de los problemas que había entre Mick y Keith y del peligro que suponían para la continuidad de la banda», comentaba. «Estaba muy mal, me drogaba y bebía mucho. No sé qué me llevó a eso siendo ya tan mayor, aunque pensándolo ahora creo que debía de estar pasando por una especie de crisis de la mediana edad. De joven nunca me había drogado en serio, pero en ese momento de mi vida dije: "A la mierda, ahora sí voy a hacerlo", y se me fue la mano por completo.

»Lo que me asustó fue que me convertí en una persona totalmente distinta al seguir ese camino, dejé de ser el que todos conocían desde hacía más de veinte años. Algunas personas son capaces de funcionar así, pero para mí era muy peligroso, porque soy el tipo de persona que puede acabar siendo una víctima con bastante facilidad. No tengo constitución física para eso. Esa fase duró un par de años, pero a mi familia y a mí nos costó mucho tiempo superarla».

En nuestro primer encuentro, Charlie negó que él fuera el sensato, el más formal tanto de los Stones como del mundillo de la música en general. Los comentarios que me hizo entonces, en tono casi confesional, han permanecido inéditos hasta ahora. «No soy tan formal», dijo. «Pero no caí en excesos hasta los cuarenta y cinco años, más o menos, hasta la menopausia masculina, podría decirse, y entonces sí lo probé todo. Y estuve a punto de matarme. No me refiero a una sobredosis ni nada parecido, sino a que casi me maté espiritualmente, estuve a punto de arruinar mi vida.

»Hice todo tipo de cosas que iban en contra de mi carácter, porque ese es el efecto que surten las drogas, te trastornan en más de un sentido. Y bebía mucho, además. Ahora, por suerte, gracias a mi mujer, lo he dejado todo. Nunca me había roto nada y me rompí el tobillo en casa, bajando a la bodega a coger otra botella de vino más. Iba a tocar en el Ronnie Scott's tres meses después y ya tenía contratada la orquesta. Y pensé: "Se acabó. Esto es ridículo. ¿Qué estás haciendo?". Y a partir de ahí paré prácticamente, lo fui dejando.

»Echando la vista atrás, es una idiotez lo que hice durante ese periodo, que fue corto. Es bastante sencillo perder el norte y, estando así, es fácil que ocurran accidentes, cuando estás muy cansado y bebido. Puedes caerte y romperte el cuello con bastante facilidad. Ocurre a menudo, ¿no? Te das golpes en la cabeza con cosas. Hay una red de seguridad que no notas, pero, cuando llegas a los cincuenta, ya no lo llevas tan bien».

Charlie siguió desnudando su alma a pesar de que era nuestro primer encuentro. «Solía beber y fumaba mucho», me dijo hablando de sus años de juventud, «pero solo era un alcohólico a tiempo parcial, dos días en semana, esas cosas. Pero hace unos años empecé a beber mucho. Descarrilé. Así que ahora entiendo cómo Keith Moon, por ejemplo... Si tienes ese temperamento, es bastante fácil entender cómo acabas así. Y Keith era un tipo encantador. Muy buena gente. Estaba un poco chalado, pero de la manera más simpática posible. Se necesitan personajes así, si no, sería todo muy aburrido, ¿no? No digo que fuera así por las drogas. Keith era así aunque solo se tomara un vaso de leche».

«Aquello no era propio de Charlie», asegura Chris Kimsey. «Él no era un drogadicto, creo que solo estuvo experimentando durante una temporada». Dave Green, el amigo de infancia de Charlie, era consciente de que en aquella época algunos de sus compañeros músicos abusaban de los fármacos, pero no era el caso de Charlie. Tony King notó que trataba a su esposa de forma muy grosera, lo que llamaba más aún la atención tratándose de un hombre como él, de modales impecables. «No estaba bien de salud en esos tiempos, pero lo superó», comenta con delicadeza. La espiral de las drogas duras puso en peligro su matrimonio, pero finalmente Charlie tuvo la fortaleza necesaria para reconocer lo que se estaba haciendo a sí mismo y lo que le estaba haciendo a su familia, y consiguió sobreponerse.

«Mi padre no era esa persona maravillosa el cien por cien del tiempo», comenta Seraphina. «Tenía sus demonios, como todo músico. Obviamente dejó el alcohol y no volvió a probarlo en mucho tiempo, y no hubo ningún revuelo, no fue noticia. Se desenganchó sin necesidad de rehabilitación, lo hizo sin más». Chuck Leavell añade: «Cuando decidió desintoxicarse, lo hizo a lo grande. Se hizo vegetariano y no probaba ni una gota de alcohol ni de nada. Dio un giro de ciento ochenta grados. Para eso hace falta mucha fuerza de voluntad». El principal inconveniente, según admitía el propio Charlie, fue que también dejó de comer y durante seis meses vivió «de agua, pasas y frutos secos».

De entre todas las personas que elogiaron su recuperación y que comprendían la fortaleza que requería, destaca Keith, que se deshizo en elogios hacia él tras su fallecimiento. Años antes, hablando del desenfreno colectivo de la banda en la época de *Exile,* no tuvo reparo en declarar: «Las drogas eran la herramienta y yo el laboratorio». Pero también señaló que en ese periodo de principios de los años setenta «la industria del coñac hizo su agosto con Charlie».

Cincuenta años después de aquel disco, Keith asegura: «Charlie podía beber y aguantar el alcohol. Lo que odiaba era que le hacía estallar. Empezó a engordar por culpa del alcohol y eso para él era imperdonable. Unos años más tarde, volvió a probarlo una o dos veces, en París. Pero Charlie no necesitaba nada para cambiar de rollo. Habría sido el peor yonqui del mundo». Sobre la desintoxicación de su amigo, añade con admiración: «Creo que se dio cuenta de que ya había pasado esa fase y se dijo: "Ya está, se acabó, nunca más". Muy bien hecho. ¡Yo tardé diez años!».

Para Dave Green aquella fue una época de recuerdos casi siempre felices debido a que su antiguo vecino y camarada de *jazz* le invitó de nuevo a trabajar con él. «Me llamó y me dijo: "Voy a formar una *big band* para tocar una semana en el Ronnie's" como regalo de agradecimiento al club. Fue fantástico. La banda era una maravilla. Demasiado grande, en realidad: dos o tres bateristas, dos contrabajistas, dos vibrafonistas, doce trompetas... Un escándalo». *Variety* la calificó de elefantiásica.

«Eso no podía hacerlo nadie más que Charlie, y lo sufragó él de su bolsillo», se maravilla Dave. «Nos pagó mil libras a cada uno por la semana, que en 1985 era mucho dinero. La banda tenía... Yo digo que éramos cuarenta, pero quizá "solo" éramos treinta y cinco. Es mucha pasta. Toda la recaudación fue para Ronnie y Pete [King] y para el club. Y luego se llevó la banda a los Estados Unidos». Charlie les comentó a sus amigos que se estaba divirtiendo como nunca.

Con los Stones fuera de combate, la *big band* cruzó el Atlántico en 1986 y no solo siguió en activo hasta bien entrado 1987, sino que dio lugar al primer y único álbum que lleva el nombre del baterista. El disco *Live at Fulham Town Hall* de la Charlie Watts Orchestra constituye un elegante tributo a aquel conjunto rebosante de entusiasmo, tan refinado como uno de los trajes hechos a mano de Charlie y formado por músicos tan distinguidos como Courtney Pine, Stan Tracey y Jack Bruce, su compañero de los tiempos de Blues Incorporated.

Juntos dieron nueva vida a estándares de la era del *swing* como *Stompin' at the Savoy* de Benny Goodman y *Flying Home* de Lionel Hampton. El *The New York Times* afirmó con admiración que, en *Lester Leaps In,* «siete saxos tenores escupen fuego y azufre. Cuando las siete trompetas y los cuatro trombones entran en acción, casi se siente cómo tiemblan las vigas».

La elección del escenario —es posible que su amado Ronnie's estuviera ya reservado— también fue un acierto. «Por suerte para mí, no necesito tocar para noventa mil personas en un festival de *jazz,* porque eso ya lo hago con los Stones», comentó. «Así que puedo permitirme tocar en el pub King's Head and Eight Bells delante de veinte personas simplemente presentándome allí cuando me lo piden. Tengo ese colchón».

Los años 1987 y 1988 estuvieron centrados en gran medida en las prioridades individuales de los miembros del grupo. Mick publicó discos en solitario y Keith hizo lo propio, aunque en su caso a regañadientes; Ronnie se dedicó a pintar y Bill, a diversos proyectos benéficos, además de llevar a la práctica su idea de montar un restaurante, el Sticky Fingers. Charlie estaba volviendo a la vida al calor de su *big band*, con la que hizo dos giras por los Estados Unidos. Luego regresó a casa, a Devon, donde se esforzó con diligencia por restablecer el equilibrio familiar.

Cuando llegó a casa, su periodo de autorreflexión había dado resultados positivos y le había permitido ver con claridad cómo se había comportado y cómo era ahora. Los comentarios recogidos en el libro *According to the Rolling Stones* ponen de manifiesto la extraordinaria lucidez de Charlie para consigo mismo.

«Aprovechando que los Stones no estaban de gira», decía, «reuní una orquesta compuesta por todos los músicos que me gustaban, pero con los que no había tocado nunca, y por gente con la que sí había tocado, y acabé teniendo una banda enorme. No podría haberlo hecho si no hubiera estado en ese estado, pero me alegra mucho haberlo hecho porque me permitió trabajar con grandes figuras a las que adoraba desde que era niño.

»Así que mi mala racha tuvo su lado malo y su lado bueno. Me habría gustado estar más centrado cuando lo hice, porque habría salido mejor, pero, por otro lado, sin las drogas nunca habría tenido el valor necesario para pedirle a esa gente que tocara conmigo. Durante el periodo que estuvimos tocando, me desenganché, así que la primera fase fue una locura total y en la segunda todo se enderezó».

Esa nueva claridad mental de Charlie tuvo otra ventaja, como contaba Tony King tras muchos años encargándose de la promoción de la banda. «Recuerdo que cuando me pidió que trabajara en lo de la orquesta, le dije: "Si quieres que me encargue de eso, vas a tener que hacer muchas entrevistas". Me dijo que haría lo que le pidiera. Mick me preguntó un día en el estudio qué iba a hacer con Charlie. Le dije que muchas entrevistas y me dijo: "¿Estás seguro?". Pero después de hacer todas esas entrevistas de *jazz,* Charlie se mostró mucho más abierto a hacer cosas de los Rolling Stones. Se dio cuenta de que el mundo de las entrevistas no tenía por qué ser un atolladero. Dependía de con quién hablases».

Seraphina cuenta que, durante su adolescencia en Devon y posteriormente, cuando, viviendo ya en el extranjero, volvía para visitar a sus padres, la vida hogareña de Charlie estaba gozosamente alejada del escrutinio constante que suponía formar parte de un grupo famoso en todo el mundo. «Era un buen hombre, pero no un hombre perfecto. Un hombre justo, pero con el que a veces era imposible vivir. El fregado de los platos, ay, Dios mío. Tengo una foto suya junto al fregadero. Le gustaba que las cosas se guardaran de determinada manera, y preparaba un té buenísimo. Son esas cosas cotidianas… Ahora, cuando estoy fregando los platos, hablo con él.

»No hay tiempo suficiente», añade en voz baja. «Una desearía haber preguntado más, o saber más. Por supuesto, yo, que he vivido mucho tiempo en los Estados Unidos, le preguntaba, por todos sus viajes, si creía que el país había cambiado y él opinaba que sí. Pero era muy difícil sonsacarle cosas, hacerle salir de sí mismo, opinar. Solía responder: "No lo sé" o "Me da igual". Pero yo lo intentaba».

Su nieta Charlotte recuerda una ocasión en la que su padrino, Tony King, pasó la Navidad con la familia. «Le compró al abuelo un delantal parecido a un esmoquin, porque mi abuelo era muy maniático con la limpieza y apagar las luces. Era muy

muy ordenado. Cuando abrías un regalo, el papel no llegaba a caer al suelo. Él andaba por ahí con la bolsa recogiéndolo todo. Así que Tony le compró un delantal de mayordomo porque siempre estaba ordenándolo todo alrededor del árbol de Navidad. Siempre fregando los platos».

Los integrantes de los Eagles, otro megagrupo que convivió durante muchos años, llegaron a declarar que solo volverían a trabajar juntos cuando se helara el infierno. Con mucha sorna, utilizaron después esa frase como título de su álbum de reencuentro. En el caso de los Stones, a principios de 1989 se produjo una especie de deshielo en pleno invierno. Mick y Keith habían tanteado un poco el terreno durante el verano anterior para ver si podían llegar a un entendimiento, pero, al estar ambos a punto de irse de gira para presentar sus discos en solitario, aquel no era momento para una reconciliación al estilo de las Naciones Unidas.

Sin embargo, al concluir esas giras, la banda volvió a ocupar el lugar central y los «gemelos» recuperaron en parte su química durante un encuentro en Barbados que hizo posible que volvieran a acercarse y a componer canciones. «Nos entendimos bastante bien cuando nos pusimos a trabajar», comenta Mick. Su llegada a Nueva York para el ingreso de la banda en el Salón de la Fama del Rock and Roll no fue precisamente un ejemplo modélico de unidad, ya que ni Charlie ni Bill estuvieron presentes, pero poco después el quinteto se reunió al completo para los ensayos en Barbados y las sesiones de grabación posteriores en la isla de Montserrat. La era moderna de los Rolling Stones estaba a punto de comenzar, y el papel de Charlie sería más importante que nunca.

Chris Kimsey, de vuelta al redil, estaba entusiasmado. «Cuando me pidieron que hiciera *Steel Wheels* ya tenía una imagen mental de cómo debía sonar el álbum», cuenta. «Había escuchado las canciones, porque se acordó que Mick y Keith se fueran a algún sitio a escribir juntos en lugar de juntarse todos y componer en el estudio, lo que llevaría un año. Estuvieron componiendo en Barbados, así que pude escuchar las canciones muy al principio. Me imaginaba ese sonido, que el álbum debía ser casi como en tecnicolor, muy exuberante, no crudo como *Exile,* tampoco muy pulido, pero sí con un sonido muy rico, y creo que lo conseguí. Es un sonido muy interesante, distinto de lo que habían hecho antes. Fue muy divertido hacerlo».

En algunos sectores, se acusó al grupo de hacer de la música un ejercicio de egolatría al repetir siempre las mismas fórmulas. Pero *Steel Wheels* es un disco lleno de joyas infravaloradas, entre ellas algunos temas que hoy en día pueden considerarse verdaderos clásicos de los Stones, como «Mixed Emotions», el tema empapado de *soul* «Almost Hear You Sigh», una excelente vuelta a Richmond en «Break the Spell» (adornada con la armónica siempre ágil de Mick, que Keith nunca ha tenido reparos en alabar) y el emotivo tema de cierre de Richards, «Slipping Away». Kimsey cuenta una anécdota muy reveladora sobre Charlie referida a una canción del disco en la que él no tocaba.

«Continental Drift» era un tema semiinstrumental muy inusual y emocionante en cuanto a la percusión, con un aire místico de inspiración marroquí realizado por la presencia de los Maestros Músicos de Jajouka. Era memorable oírlo sonar cuando la banda salía al escenario durante Urban Jungle, la etapa europea de la gira Steel Wheels, en el verano de 1990.

Kimsey recuerda que, durante la última fase de mezcla del álbum en los estudios Olympic, «Charlie no intervenía en esa pista [en «Continental Drift»]: estaban solo los percusionistas africanos y Keith tocando la bicicleta. Tomó prestada la bicicleta del asistente, apoyó el sillín en el suelo, movió los pedales para que giraran las ruedas y se puso a tocar los radios con una baqueta. Intentamos meter a Charlie en la canción. Teníamos una pista de clic, instalamos a Charlie abajo y se puso los auriculares, y como a los tres minutos se los quitó y dijo: "A tomar por culo, no puedo. Yo no hago *overdub,* yo toco en directo". Y era muy cierto. Charlie tocaba reaccionando a todos los músicos que le rodeaban. No se centraba en una parte en concreto, reaccionaba a lo que hacían todos los demás».

El álbum también dio lugar a la publicación de un documental titulado *25 × 5*, que conmemoraba el vigésimo quinto aniversario del año triunfal de los Stones, 1964 (y no su primer concierto en 1962, considerado su año cero). En él, Charlie pronunció una de sus frases más clásicas, al parecer sin ninguna premeditación. En concreto, la pregunta del entrevistador era: «Usted habrá gamberreado mucho en veinticinco años con los Stones». A lo que él contestó tranquilamente: «He trabajado cinco años y he gamberreado veinte». «Eso era muy típico de él», afirma Bill, riéndose al recordarlo. «Siempre era capaz de condensarlo todo en una sola frase».

«Cuando le daba la ventolera, hacía salir volando a cualquier entrevistador», comenta Ronnie entre risas. «Recuerdo que fuimos al programa de Geraldo Rivera en los Estados Unidos y se armó mucho jaleo. Pusieron a Charlie allí, en la sala, y Geraldo dijo: "Vale, que las cámaras empiecen a grabar. Bueno, Charlie…" y Charlie le cortó: "Espera un momento. No te conozco, tú no me conoces a mí, así que, ¿qué pinto yo aquí?". Y se levantó y se fue. Ese era el registro de Charlie en las entrevistas».

El disco *Steel Wheels* propició también la incorporación de varios vocalistas que desempeñarían un papel muy importante en las giras de los Stones durante las décadas siguientes. Lisa Fischer y Bernard Fowler se convirtieron en pilares fundamentales de la banda en sus actuaciones en directo. En las sesiones de grabación se les unió también Sarah Dash, exintegrante de LaBelle, que el año anterior había hecho un dúo sublime con Keith en la suntuosa «Make No Mistake» de su primer disco en solitario, *Talk Is Cheap*. Fischer, una de las vocalistas más *soul* que se ha cruzado en el camino de la banda —además de ser un complemento explosivo para Mick en el escenario—, formó un vínculo muy especial con Charlie.

«Nos llamábamos el uno al otro marido y mujer», cuenta Tony King. «Ella era un espectáculo. Cuando hacía *Gimme Shelter* con Mick era impresionante». La hija de Charlie, Seraphina, añade refiriéndose al homenaje a su padre celebrado en diciembre de 2021 en el club Ronnie Scott's: «Mi padre la adoraba, por eso cantó en el homenaje. Le pedimos expresamente que lo hiciera, por nosotros. En las giras, él temía cuando Lisa le llamaba y corría a darle un abrazo, y él decía: "Ayyy, vete". Era genial lo que había entre ellos».

«Conocí primero a Mick», cuenta Fischer, «luego nos llevaron a mí, a Bernard y a Sarah Dash a un estudio para la grabación de *Steel Wheels* en algún sitio de Londres, y Ronnie y Keith estaban allí. No recuerdo que Charlie estuviera en esa sesión. Recuerdo haberle visto mucho más cuando yo tenía el trabajo un poco más asegurado, porque creo que ese fue como mi campo de pruebas.

»Le recuerdo más entre bastidores o durante los ensayos, entrando y saliendo casi como una aparición. Se movía con mucho sigilo y nunca le oías, aparecía sin más. O, cuando por fin te fijabas en él, estaba en una esquina observándote, o de pie, casi fundido con la pared, con esa mirada suya, como diciendo: "¿Que hace ahí?". O hablando con Tony King, que era muy amigo suyo. Tenían una energía muy parecida, con mucha clase. Parecía que se llevaban muy bien, y cuando los veías a los dos muy juntos te dabas cuenta de que era mejor no acercarse por la cara que ponían cuando estaban enfrascados en una conversación.

»A veces Charlie le tomaba el pelo a la gente, como por ejemplo cuando yo comía algo que no debía comer. "¿Qué haces con eso?". "Charlie, sal de aquí". Siempre te pillaba cuando estabas haciendo algo que no querías que te pillaran haciendo. Pero nunca te criticaba, se limitaba a ponerte delante un espejo de una manera muy interesante.

»Por eso yo siempre intentaba meterme con él, pero con ternura, como un juego. Cuando estaba sentado detrás de la batería, en el escenario, no tenía escapatoria, claro, no podía huir de mí. Por lo general, cuando empezaba a meterme con él diciendo: "Uy, Charlie, qué mono eres", salía corriendo. Le entraba la timidez y huía. No le gustaba nada. No quería tener nada que ver con esas provocaciones, porque él no era así».

La gira Steel Wheels fue un espectáculo de dimensiones colosales, una monstruosa caravana de ochenta camiones que se desplazaba rugiendo de una ciudad a otra, dirigida por una banda empeñada en demostrar que seguía sin tener rival. Subían al escenario entre fuegos artificiales y llamaradas, con Fischer y Fowler por primera vez como refuerzo vocal y Chuck Leavell a los teclados. La gira sería también la última de Bill con la banda.

Tony King recuerda un concierto en el que otro de sus amigos más famosos se quedó maravillado. «Elton vino a un concierto [cerca de] Chicago y estuvo de pie toda la actuación», cuenta. «Shirley me miraba y decía: "A Elton le está encantando, ¿no?". Daba puñetazos al aire. Teníamos unos vocalistas fantásticos, Lisa, Bernard y, en ese *tour*, también Cindi Mizelle. Los tres juntos… Nunca he oído mejores coros. Me encantaba cuando estaba Cindi. Y la banda sabía que tenía algo que demostrar, así que salían a darlo todo».

Pasados más de veinticinco años, el futuro había comenzado. Y, por increíble que pareciera, Charlie Watts iba a ser una parte indispensable del mismo durante otros casi treinta años.

6

ALREDEDOR DEL MUNDO Y DE VUELTA A LA GRANJA

Al iniciarse la década de los noventa, el papel en la sombra de Charlie como asesor de diseño de los Rolling Stones cobró más relevancia que nunca. La banda estaba cosechando los dividendos de su fama sin igual como no lo había hecho hasta entonces y parecía ir camino de convertirse en lo que más adelante *The New York Times* describiría desdeñosamente como «una organización con largas temporadas de inactividad y beneficios infinitos». No obstante, la banda reinvertía en el negocio gran parte de los ingresos de su imperio para asegurarse de que seguía siendo más famosa, mejor y más espectacular que sus competidores, en gran medida inofensivos.

Charlie no era muy aficionado a los estadios, pero entendía su conveniencia económica. De lo contrario, comentaba en 1998, «tendríamos que estar un mes en una ciudad para tocar ante treinta mil personas. ¿Dónde podríamos actuar, en una sala para tres mil espectadores? Así que lo hacemos para dar cabida a todo ese público, y con un poco de suerte consigues el aforo completo. Y en eso nos hemos convertido, además. Ha sido por culpa nuestra, o por gusto, o como quieras llamarlo. Así es como hemos orientado nuestra carrera. Y así es como ha evolucionado este mundo en el que nos movemos.

»En realidad, solo nos tenemos a nosotros mismos como referente», continuaba. «De vez en cuando hay un grupo como U2 y piensas: "¿Qué tal les fue en Denver? Jo, más vale que lo hagamos igual de bien que ellos". Es una especie de rivalidad amistosa. Y a menudo eres tú quien ha estado ahí primero, así que piensas: "¿Por qué no nos ha ido tan bien como la última vez?", y empiezas a preocuparte».

En la gira Steel Wheels, Charlie y Mick colaboraron estrechamente con el difunto escenógrafo Mark Fisher y el director de iluminación Patrick Woodroffe. La gira —tan larga que la etapa europea tuvo otro nombre, Urban Jungle, y otra escenografía— ganó uno de los primeros premios de la revista especializada *Pollstar* a la producción escénica más creativa.

Fisher era el fundador de Stufish, el estudio de arquitectura y diseño de escenarios cuya relación con los Stones se ha prolongado hasta los festejos de la gira SIXTY de 2022. Mientras la empresa se preparaba para el lanzamiento de dicha gira —lamentablemente, esta vez sin la aportación de Charlie—, su actual director ejecutivo, Ray Winkler, habló con el diario *The Guardian* acerca de Steel Wheels.

«La gira fue en su momento la más grande en cuanto al volumen de los distintos elementos que intervinieron en la construcción del escenario. Se necesitaron más de cien operarios para construirlo. El escenario tenía más de noventa metros de largo y estaba flanqueado a cada lado por torres de veinticuatro metros de altura en las que aparecía Mick Jagger interpretando *Sympa-*

thy for the Devil. Fue entonces cuando nació la industria actual de las giras musicales, cuando arquitectura y música se conjugaron para crear esos espectáculos de *rock*».

Mick Taylor estaba totalmente de acuerdo como antiguo y futuro colaborador de los Stones y como espectador. En 2013, cuando volvió a colaborar temporalmente con la banda para los actos de celebración de su cincuenta aniversario y para el *tour* 14 on Fire, me comentó: «Yo diría que el comienzo de los Stones actuales, en cuanto a su presentación escénica, fue… Bueno, sus espectáculos siempre han sido muy teatrales y musicales, pero, en lo relativo a la iluminación y la escenografía a lo grande, hubo una evolución muy importante entre el 69 y los años ochenta. Sus giras de verdad masivas comenzaron con Steel Wheels. Yo los vi en 1999, en el estadio de Wembley, y estuvieron fantásticos».

La hija de Charlie, Seraphina, se emociona al hablar de la enorme importancia que tuvo su padre en la toma de esas decisiones escenográficas, a pesar de que su papel no se reconociera nunca oficialmente. «Él estuvo detrás del proceso creativo, de esas megagiras, de esos escenarios, antes de U2, antes que cualquiera de esos grupos», afirma. «Como tenía experiencia en diseño gráfico, hacía el *merchandising* y diseñaba los escenarios. Se encargaba de toda la dirección artística, en realidad. Intervenía en la iluminación y en todo lo que se hacía entre bastidores. Tienen un equipo realmente fantástico, siempre las mismas personas, y creo que la gente no sabe hasta qué punto se implicaba en el proceso».

Charlie se quitaba importancia, por supuesto. «En realidad es Mick, yo solo estoy con él. Así funcionamos. Luego, cuando salimos de gira, yo tiendo a desentenderme y él está mucho más al tanto de todo. Trabaja muchísimo. Además, la gente acude más a él. Por suerte, han aprendido a no acudir a mí», se reía. «Ese es un viejo cascarrabias, no recurras a él».

Después de un año —y de ciento quince espectáculos—, la gira Steel Wheels/Urban Jungle se despidió en agosto de 1990 con dos últimos conciertos en el estadio de Wembley de un total de cinco en ese recinto, una cifra digna de asombro. En uno, recuerdo claramente que Ronnie hizo un solo que recibió una ovación más estruendosa de lo habitual. Luego se enteró de que lo que en realidad estaba celebrando el público era que Inglaterra había marcado un gol en el Mundial. «Pensé: "Vaya, no sabía que estaba tocando tan bien"», comentó Woody.

A pesar de lo absurdo que era que un hombre que anhelaba actuar en un club de *jazz* tocara ante un total de cinco millones y medio de personas entre las dos etapas de la gira, Charlie me dijo poco después que no era ninguna molestia hacer esos espectáculos gigantescos. «Es muy fácil tocar con los Stones. Hoy en día es muy fácil, porque… [aquí viene otra de sus pausas inesperadas y sus cambios de rumbo]. Vamos a ver… Yo le echo la culpa a Led Zeppelin de los conciertos de dos horas de duración. Porque, verás, pasamos en unos pocos años de hacer conciertos de veinte minutos, tocando solo los éxitos y fuera (del tipo del teatro Apollo, vamos a llamarlo); de tocar en clubes dos actuaciones por noche, lo que era muy divertido, a tocar dos minutos porque te arrancaban del escenario; de hacer conciertos de veinte minutos tipo Apollo, a hacer, gracias a Led Zeppelin, esos espectáculos de dos horas de duración.

»Si eres Jimmy Page, con el solo de batería de veinte minutos de Bonham, puedes permitírtelo. En nuestro caso no se trataba de eso, era algo distinto. No me gusta hacer solos de batería y punto. Yo no escucho cosas así. Cuando los Zep, como los llamamos nosotros, hacían eso —a principios de los setenta, calculo yo— era un trabajo físico muy duro, por los monitores, que no eran tan buenos, y por el volumen al que tenías que tocar. Hablo como baterista. Ahora, en cambio, el equipo de sonido es muy sofisticado. Lo más difícil para un baterista en esos escenarios tan grandes es que se le oiga. Ahora te lo dan prácticamente hecho. Tenemos amplificación, así que yo me limito a tocar de forma natural, al volumen que me apetece tocar en esa jaulita en la que vivo, y ellos ajustan el volumen».

Chuck Leavell se había incorporado a la banda de directo de los Stones en la gira europea de 1982 y había colaborado con ellos en los dos álbumes siguientes, de modo que fue la elección lógica cuando el circo de Steel Wheels inició su periplo por el mundo. Baluarte del *rock* sureño, muy admirado anteriormente como miembro de la Allman Brothers Band, Leavell se convirtió en otro elemento importante para el futuro de un grupo que no tenía intención de retirarse a disfrutar de la posteridad. Con el tiempo, ascendió a director musical de los espectáculos de la banda, lo que hizo que entre Charlie y él se estableciera un canal de comunicación de importancia esencial.

Leavell vio por primera vez a los Stones en directo en 1965, a los catorce años, cuando pagó tres dólares por asistir a su concierto conjunto con los Beach Boys y los Righteous Brothers en el Legion Field de su ciudad natal, Birmingham (Alabama). Estaba de nuevo entre el público en la gira estadounidense de 1969 y coincidió con Charlie por primera vez cuando los Allman Brothers hicieron su debut en Europa. En su segunda actuación, fueron cabezas de cartel en el festival de Knebworth, en julio de 1974. Charlie —cosa rara en él— acudió a la fiesta de la compañía discográfica, donde Chuck le preguntó para trabar conversación: «¿Qué tal van las cosas, tío?». La respuesta del baterista fue tan inescrutable como de costumbre: «¿Te refieres a qué tal me van a mí o a qué tal les van a los demás?». «Fue muy cordial», recuerda Leavell, «salvo por esas respuestas tan escuetas».

Charlie, como todos los Stones, hacía que todo pareciera instintivo, pero para ejecutar a la perfección un concierto de dos horas y media, que incluye recuerdos musicales muy queridos para el público, hacen falta muchos ensayos y mucha simbiosis, y la contribución de Leavell fue fundamental en ese proceso. «Charlie tocaba en algunos de los discos más legendarios que se han hecho, evidentemente. Pero cuando íbamos a presentar esos temas en directo, no siempre recordaba con exactitud lo que tenía que hacer o dónde iban los cambios.

»Ahí es donde intervenía yo, en mi papel de director musical, echando un cable a Charlie cuando iba a llegar la sección B. Siempre me miraba para eso, y para mí era muy especial poder darle esas indicaciones. No era solo con Charlie, también lo hacía con Mick, que a veces estaba en el escenario animando al público y me miraba y yo le decía "estrofa" o "estribillo". Pero especialmente lo hacía con Charlie. Teníamos ese vínculo y para mí era muy entrañable. Significaba mucho para mí poder hacer eso». El nombramiento por parte de los Stones de Steve Jordan, su viejo amigo y colaborador, como sustituto y luego sucesor de Charlie, dio como resultado una continuidad admirable, pero también un inevitable cambio en la dinámica de las actuaciones en vivo de la banda. «Francamente, en la gira [de 2021, la reanudación de No Filter, el *tour* por Norteamérica] eché eso de menos, porque Steve Jordan tiene una cabeza privilegiada para la música y la verdad es que no lo necesita».

Charlie se sentía inmensamente orgulloso de la dedicación de los Stones a su trabajo y era consciente de que no casaba con la idea injusta de que el hedonismo colectivo de la banda menoscababa de algún modo su compromiso con la música. «Aunque mucha gente no lo sepa, los Rolling Stones son muy teatreros y extremadamente profesionales», aseguraba. «Siempre lo han sido, con el talento, poco o mucho, que tengan. La banda solo ha faltado a un concierto una vez, y yo solo me he perdido uno porque me equivoqué de fecha», comentaba refiriéndose a la confusión de 1964 que hemos comentado anteriormente. «Hasta de jóvenes, cuando éramos unos cabezas locas, que en realidad nunca lo fuimos, porque eso eran chorradas en su mayoría. Conozco a gente que era mucho más… No sé cuál es la palabra. Los periódicos son una cosa horrible. No puedo leerlos. Hojeo las páginas de críquet y ya está».

Charlie pudo volver por fin a casa y concentrarse en su siguiente aventura jazzística: la reedición de *Oda a un pájaro de altos vuelos*, el proyecto que había hecho para la escuela de arte treinta y tantos años atrás. UFO Records reeditó el libro en la primavera de 1991, acompañándolo del miniálbum *From One Charlie*, grabado en los estudios Lansdowne de Londres, con Dave Green al bajo acústico; el saxofonista y director de banda Peter King, viejo conocido de Charlie y gerente del club Ronnie Scott's, el paraíso jazzístico del Soho; Brian Lemon al piano; y el joven talento

Gerard Presencer a la trompeta. Juntos crearon el complemento perfecto para el libro al combinar cinco composiciones originales de King con dos temas de «Bird»: «Bluebird» y «Relaxing at Camarillo».

El instinto de Charlie como diseñador gráfico le había llevado a rechazar numerosas ofertas anteriores para reeditar el libro porque, al ver las pruebas, no quedaba satisfecho con los colores de la impresión. «El libro era un ejercicio de dibujo y nosotros lo interpretábamos musicalmente», me contó la primera vez que nos vimos en agosto de 1991. «Peter King escribió la música por encargo mío: yo elegí distintas partes del libro para ilustrarlas y él compuso en torno a esos motivos. Está todo cuidado al detalle. Solo hay una cosa que me faltó en el libro y fue mencionar la sección de cuerdas, pero eso lo suplimos en el disco».

Su explicación sobre el sonido del álbum evidencia lo meticulosamente que se informó y el entusiasmo voraz que suscitaba en él aquella música. «Las instrucciones que le di a Peter, en cuanto a la composición, eran que quería que la banda sonara como la formación improvisada que reunió [Charlie] Parker en el estudio, e hicieron cuatro temas. Me refiero a la banda con Red Rodney, que casualmente estaba en Londres y Nueva York cuando tocamos allí hace poco y fue a vernos.

»Así que hay un vínculo increíble con Parker: desde que hice el libro hace treinta años hasta este disco. Yo quería que sonara como el grupo de Red Rodney, que tenía al baterista Kenny Clarke, uno de mis favoritos, al pianista John Lewis y al contrabajista Ray Brown. Habría sido maravilloso que Parker siguiera vivo y hubiera subido con nosotros al escenario. Pero no se puede pedir tanto».

Al cumplir Charlie cincuenta años, el álbum *From One Char-lie* cobró vida en conciertos que incluyeron una velada de ensueño para él en el Blue Note de Nueva York, en la que Bernard Fowler —que para entonces se había incorporado definitivamente a la tripulación de los Stones— actuó como narrador del libro. Keith estaba entre el público. El quinteto también visitó Tokio y, un poco más adelante, ese mismo año, el álbum formó parte de su repertorio durante la semana de conciertos con la que la formación inauguró el nuevo club de Scott en Birmingham, esta vez con Ronnie entre los asistentes.

«Considero un gran honor que me lo hayan pedido», declaró Charlie antes del evento con una modestia totalmente innecesaria, «porque no soy muy conocido en ese mundo. Pensaba que habría otras mil personas a las que podían acudir. Pero va a ser muy bonito hacerlo». De aquellas sesiones saldría el álbum en directo del Charlie Watts Quintet, *A Tribute to Charlie Parker with Strings*.

El quinteto siguió actuando con el mismo ímpetu durante la primavera de 1992, en una gira por Sudamérica que incluyó no menos de once actuaciones en Brasil, hasta que un resbalón en casa y una fractura de codo obligaron a cancelar los conciertos que tenían previstos en Alemania. Posteriormente volvieron a hacer una gira por los Estados Unidos durante la cual actuaron varias veces en el Blue Note, de nuevo con Keith entre el público. Cuando tocaron en el Hollywood Palace, la revista *Variety* afirmó con entusiasmo que aquel «podía ser el proyecto en solitario artísticamente más meritorio de cualquiera de los Rolling Stones al margen de su género musical».

La conclusión de Charlie sobre el libro y el álbum de homenaje a Parker fue muy sencilla. «Lo que sería bonito es que la gente lo escuchara y pensara: "Pues ahora me apetece oír el original", y que comprara el disco *Parker with Strings* o todo ese material tan fantástico de Verve».

En Devon, la vida doméstica de Charlie proseguía con las prioridades y diversiones habituales. La *Antiques Trade Gazette* informaba, por ejemplo, de que se había visto al baterista en la Feria de Antigüedades de Dublín. Después de que Mick y Keith llegaran a una tregua y de que se restablecieran las buenas relaciones entre los miembros de la banda (pese a algunos estallidos posteriores), en noviembre de 1991 la firma de un nuevo contrato enormemente lucrativo con Virgin Records confirmó que los Stones seguirían adelante durante esa década.

Lo harían sin Bill Wyman, cuya agónica salida de la banda se confirmó finalmente en enero de 1993. El bajista había superado su turbulento matrimonio con Mandy Smith y al poco tiempo se casaría con su novia de siempre, Suzanne Accosta. Ahora quería dedicar tiempo a desarrollar sus muchos intereses aparte de la música. A pesar de que lo entendió, Charlie comentaba: «Fue una pena que se marchara porque, primero, era estupendo contar con él, y segundo, creo que se perdió un periodo muy lucrativo de nuestra existencia. Hubo periodos muy precarios mientras se asentaba la banda, y Bill no llegó a cosechar los frutos que obtenemos nosotros ahora».

Bill contó una vez que, varios años después de su marcha, Charlie le llamó por teléfono desde Sudamérica y le dijo: «Esta noche, en mitad del concierto, he mirado para decirte algo y no estabas ahí». Incluso reconoció de forma muy reveladora que, en cierta ocasión, excepcionalmente, había revisado su trabajo y el de la banda. «Cuando estábamos en Toronto ensayando para la gira Forty Licks, escuché muchas de las canciones que Bill y yo habíamos tocado juntos y me encontré pensando que él era mucho mejor de lo que yo recordaba. Supongo que nunca me había parado a pensarlo realmente. Bill era un bajista con el que había trabajado y un amigo y, en realidad, nunca me había parado a considerar su forma de tocar el bajo».

Esa revisión de su catálogo de grabaciones era muy poco frecuente. Si le preguntabas a Charlie por sus temas favoritos de los Stones, te decía que nunca los escuchaba, salvo quizá en algún contexto fuera de lo corriente. Como me contó una vez: «Anoche estaba tumbado en la cama y escuché un anuncio del RAC y pensé: "Yo conozco esa intro", y resulta que era una copia de la de *Street Fighting Man*. Sonaba muy bien. Así es como me gusta escuchar a los Stones.

»No hay nada más bonito, y esto es un poco egocéntrico, que ir conduciendo un Cadillac rosa por Mulholland Drive, en Los Ángeles, con el sol brillando y la capota bajada, y que suene tu disco en el número uno. Es una tontería de colegial, pero es una sensación maravillosa. He escuchado algunos de nuestros temas en fiestas y me han sonado un poco flojos. Pero, de vez en cuando, oyes uno que es muchísimo más potente de lo que recordabas. Normalmente, nuestros discos suenan de maravilla cuando Chris Kimsey, o quien sea, saca la cinta al final del día, después de haber hecho dos pistas o algo así. Ahí estamos solo nosotros. Los cinco juntos hacemos muy buenas cancioncillas».

La siguiente vez que Charlie pasó por un estudio de grabación no fue por obligación, sino por decisión propia, cuando su quinteto con Dave Green, Peter King, Brian Lemon y Gerard Presencer volvió a reunirse en marzo y abril de 1993 para grabar *Warm and Tender*. El álbum contiene versiones magistrales de canciones de los Gershwin, Rodgers y Hart, Cahn y Styne, y otros compositores, en las que brilla la versatilidad vocal de Bernard Fowler.

El vocalista neoyorquino había entrado en la órbita de los Stones al hacer los coros del primer álbum en solitario de Mick, *She's the Boss*. Desde entonces se había convertido en parte indispensable de los espectáculos en vivo y los discos de la banda, pero Charlie también estaba totalmente convencido de que era la voz perfecta para su conjunto de *jazz*. «Bernard Fowler es un cantante fantástico, tan bueno como Bobby Womack», me dijo. «Lo hizo estupendamente en mis discos. No hablo de si las canciones te gustan o no, porque son canciones antiguas que te hacen llorar, pero él las cantó maravillosamente, todas ellas. Siempre he pensado que si alguien hubiera venido a preguntarme si quería ser su mánager, habría tenido que decirle que sí».

El álbum salió a la venta en octubre con un enternecedor primer plano de Seraphina en la portada. Dentro había otra fotografía en la que Charlie aparecía con su hija en brazos cuando esta era un bebé, con una expresión de beatífica alegría. Si uno no supiera que aquella música le hacía feliz, habría podido adivinarlo por el hecho de que incluso aceptó que le entrevistaran para hablar del disco en programas que normalmente le habrían hecho huir despavorido, como *Late Night with Conan O'Brien*. Su recompensa y la de Shirley, poco después, fue volar a Albuquerque (Nuevo México) para comprar caballos. «Tiene que pagar todos esos sementales árabes», me comentó Ronnie riendo. «¡No le queda más remedio que salir de gira, si no, se arruina!».

«Una vez nos llevó a ver caballos», cuenta Lisa Fischer, «a mí y a Bernard [Fowler], para ver un semental árabe. Creo que estábamos en Australia. Estaba pensando en comprarlo y fuimos a comer. Sabía mucho de caballos, y esa era otra faceta suya muy apacible y bonita que yo no había vivido hasta entonces».

Los Stones iniciaron una nueva vuelta al sol con las sesiones preliminares para la grabación de su siguiente álbum en el estudio que Ronnie tenía en su casa de Kildare, al suroeste de Dublín. Pasaron una semana muy intensa haciendo pruebas a nuevos bajistas hasta que, como comentó Charlie, les «dio el bajón». Se presentó todo el mundo, desde novatos hasta viejas glorias como Noel Redding, de la Jimi Hendrix Experience. El baterista afirmó que había sido «una labor ardua de narices». Mick lo calificó de tortura.

«Al final», recordaba Keith, «le dije a Charlie: "Tú decides". Y él dijo: "¡Cabrón, en menudo aprieto me pones!". Y le dije: "Sí, por una vez, Charlie, por una vez en treinta años, en esto vas a ser tú el juez supremo. Mick y yo daremos nuestra opinión"». Al final, se tomó una decisión unánime que tenía en cuenta el temperamento y la compatibilidad —además del talento— de los candidatos. El elegido fue el músico de Chicago Darryl Jones, cuyos años de colaboración con Miles Davis difícilmente podían perjudicar sus posibilidades a ojos de Charlie.

Las sesiones de mezcla de *Voodoo Lounge* tuvieron lugar en Los Ángeles a principios de 1994. En una de sus noches libres, esta vez fue Charlie quien estuvo entre el público junto con Keith, Ronnie y Darryl para ver a Bernard Fowler actuar en el Viper Room. Al poco tiempo, el álbum dio paso a otra gira gigantesca. «Echas de menos las giras cuando no estás de gira», comentaba Charlie. «Luego vuelves y te hartas enseguida».

El calendario era tan apretado como de costumbre: Norteamérica de agosto a Navidad, Sudamérica a comienzos de año y África, Asia, Oceanía y Europa, de mayo a agosto del año siguiente. Sin posibilidad de libertad condicional, porque, incluso con beneficios de cientos de millones de dólares, el umbral de rentabilidad de una gira de esa magnitud no se alcanzaba hasta más o menos la mitad de la programación, en torno a febrero.

La noche de inauguración en el estadio RFK de Washington DC les vi desenvolverse cómodamente en el escenario, metiendo la cuarta y hasta la quinta marcha, desde la salva de apertura de Charlie en *Not Fade Away* hasta *Jumpin' Jack Flash* veintiséis canciones después. Era lógico que, pese a su innegable veteranía, la banda estuviera cansada de los tópicos que auguraban que aquello podía ser el inicio de su última gira. «No había oído hablar tanto de cuidados geriátricos desde que Bill dejó la banda», se quejó Mick. Pese a todo, las canciones nuevas, como *You Got Me Rocking* y *Love Is Strong*, aguantaron firmes frente a sus hermanas mucho mayores. Charlie tocaba infatigablemente y sonreía mucho.

Cuando faltaban tres semanas para que la gira cumpliera un año, escribí en *The Times* acerca del concierto en el estadio de Wembley: «Mientras la mayoría de los hombres de su edad acometen ligeras tareas de jardinería, los Rolling Stones siguen en la oficina hasta las diez y media de la noche. Las canciones que enlazan Washington con Wembley sonaron más brillantes y atrevidas después de un año de interpretarlas una y otra vez. Los viejos diablos no solo están cumpliendo el expediente en esta gira: están arrasando».

Charlie tenía su rutina cuando estaba de gira y pobre del que interfiriera en ella. «No te dejes engañar, le encantaba la adulación del público», afirma su amigo íntimo Tony King. «A veces le desagradaba que le gustara. No le gustaba viajar, pero su vestuario era impecable, todo perfectamente ordenado. Recuerdo que una vez le pregunté si podía ver su armario. Y tenía todos los calcetines alineados en una gradación de colores perfecta.

»Vi un calcetín que pensé que debía ir delante de otro y le dije: "Creo que ese calcetín está mal colocado", y me miró como diciendo: "¿Cómo te atreves?". Más tarde, entre bastidores, durante el concierto, se me acercó y me dijo: "¿Te acuerdas de lo que me dijiste antes sobre los calcetines? Tenías razón". Le molestó enormemente que me diera cuenta de que un calcetín estaba mal colocado». A Serafina le encantaba desordenar su calzado cuando él no la veía. «Shirley también lo hacía en casa», cuenta King. «Le descolocaba el cajón de los calcetines».

«Charlie hacía cosas como llegar a una habitación de hotel, deshacer las maletas, que estaban perfectamente ordenadas, igual que las mías, y sacarlo todo, prenda por prenda», cuenta Bill. «Solía tener una habitación con dos camas o una *suite* pequeña, y extendía toda su ropa sobre la otra cama, en la que no dormía, como en una inspección militar. Yo hice la mili, así que sé cómo había que hacerlo cuando los oficiales pasaban revista por la mañana. Todo tenía que estar colocado con precisión. Charlie tenía esa costumbre, y eso que no estuvo nunca en el ejército. Sacaba sus camisas, todas perfectamente dobladas, y las corbatas y los calcetines, y luego ponía todos los zapatos en fila», cuenta riendo. «Era como una tienda, algo así. Y lo hacía siempre».

«Charlie llevaba dos maletas, nada más, cuando estaba de gira», explica Keith. «Yo cargo con altavoces y baúles llenos de porquerías. Me llevo de viaje todas mis mierdas; él, en cambio, las dejaba en casa. Ver a Charlie hacer el equipaje era como ver una ceremonia budista».

«La mayoría de la gente de la gira sabía que él y yo éramos muy amigos», cuenta King, «y que hacíamos cosas juntos. Íbamos a museos, a comer… Recuerdo que una vez salimos a cenar en Roma y había un tipo sentado con su señora; se inclinó hacia Charlie y le dijo: "¿Trabajas en el mundo del espectáculo?", y Charlie le contestó: "Creo que podría decirse así". El otro le dijo: "Yo también me dedico al espectáculo, me llamo Harold Davison". Y Charlie le dijo: "Tengo veintitrés programas [de conciertos] tuyos"».

Davison era el empresario estadounidense que llevó a Europa a Frank Sinatra, Judy Garland y otras atracciones exóticas y que, a la inversa, ayudó a los Stones y a otros invasores británicos a organizar sus primeras giras transatlánticas. Evidentemente, Charlie no lo conocía en persona en aquel momento, pero para él fue emocionante poder conversar con el hombre que había llevado a Ella Fitzgerald a los escenarios británicos. «Harold le miró asombrado», recuerda King, «y acabamos teniendo una conversación fantástica sobre Ella y Sinatra y toda la gente con la que había trabajado Harold Davison. A Charlie le hizo muchísima ilusión».

El balance que hizo Keith tras la gira Voodoo Lounge fue muy positivo. Mick y él se llevaban bien, y el baterista estaba mejor que nunca gracias a la gira que había hecho por su cuenta con anterioridad: «Nunca he visto a Charlie Watts tan feliz en una gira», comentaba. «Normalmente es un tipo alegre, pero una gira puede afectar a cualquiera. Ha traído más a su mujer y creo que disfruta tocando con Darryl y con los Stones. Creo que en parte se debe a que ha salido por ahí con su banda de *jazz*. La llevó por todo el mundo y aprendió un montón, descubrió muchas más posibilidades de tocar y de disfrutar».

Era ya de rigor que, después de una gira, los Stones sacaran un álbum en directo, pero en 1995 se superaron en cuanto a originalidad. *Stripped* era una mezcla de regreso a los orígenes, sesiones intensivas de directo en estudios de grabación de Tokio y Lisboa y actuaciones en salas más pequeñas, como el Paradiso de Ámsterdam, el Olympia de París y la Brixton Academy en Inglaterra. El álbum fue su respuesta a *MTV Unplugged*, pero hecha a su modo, sin ese aire comodón de los conciertos acústicos de aquella serie. No hicieron falta taburetes, si se quiere, y hacía años que los Stones no sonaban tan espontáneos.

Para empezar, Charlie pudo sacar las escobillas, especialmente en una gloriosa revisión de «Spider and the Fly», una canción de los primeros tiempos de la banda, medio olvidada ya, que escribieron Mick y Keith para el álbum *Out of Our Heads* de 1965. No obstante, los chicos y él seguían haciendo rocanrol, como queda claro en las excelentes versiones de «Street Fighting Man» y del «Like a Rolling Stone» de Dylan. «Gracias, Bob», decía Keith al final del tema. *Stripped* fue y sigue siendo un álbum muy infravalorado. Para Charlie era «uno de los discos más interesantes que hemos hecho».

Todos se habían ganado unas vacaciones, pero ninguno de los Rolling Stones era capaz de pasar mucho tiempo dando vueltas por la casa después de una temporada de relax. Charlie, como reconoció siempre, solo conseguía ser un estorbo para Shirley. El año siguiente, 1996, tuvo aún más motivos para centrarse en el trabajo al fallecer su madre, Lillian, a la edad de setenta y cuatro años. Llevaba algún tiempo enferma en el hospital Milton Keynes, donde Linda y Charlie la visitaban a diario.

Al poco tiempo, sus compadres del *jazz* y él volvieron a transitar por un terreno que les era muy familiar, tanto geográfica —los estudios Olympic de Barnes— como musicalmente, revisando las páginas del repertorio de Porter, los Gershwin y Hoagy Carmichael. El disco resultante, *Long Ago and Far Away*, se publicó en junio, con Bernard Fowler como vocalista principal.

Charlie luce quizá más elegante que nunca en la portada del álbum, donde aparece con traje y gabardina junto a una farola. A esas alturas ya casi dominaba el arte de conceder entrevistas, y llegó a aparecer como invitado en el *Show de David Letterman* durante una gira por Norteamérica que incluyó un concierto en el Carnegie Hall. Keith, siempre leal, estaba de nuevo presente, y el quinteto tocó también en el Shepherd's Bush Empire de Londres.

El siguiente álbum de los Stones, *Bridges to Babylon,* se gestó ese mismo año en fructíferas sesiones de composición conjunta de

Jagger y Richards. Mick estaba deseoso de trabajar con los Dust Brothers, productores de Los Ángeles y magos del *sampling,* lo que obligó a Charlie a asumir un papel distinto y potencialmente difícil al tener que tocar utilizando *loops.* Mick afirma, no obstante, que el baterista salió airoso del reto de combinar tecnología y tradición.

«Le encantó hacerlo», comentaba, «y era capaz de hacer ambas cosas: tocar a la manera tradicional, tocar con la banda, y también hacer *loops* y experimentar. Le gusta mucho el *jazz,* que es una música muy experimental. Es mucho más experimental que la música *rock,* que puede ser muy híbrida». Charlie se mostró sólido como una roca no solo en el sencillo principal del disco, «Anybody Seen My Baby», sino también en temas arquetípicos pero emocionantes como «Flip the Switch» y «Low Down», y brilló en el excepcional *electro-blues* «Might as Well Get Juiced».

También tocó una memorable floritura final en la última canción del disco, la bella y conmovedora «How Can I Stop» de Keith, que el productor Don Was describió como «lo más radical del álbum». Su valentía empapada de *jazz,* que incorpora pasajes de saxofón deliciosos tocados por el gran Wayne Shorter, se apoya en una de las mejores actuaciones de Charlie y de las más afines a su verdadera pasión musical.

«Fue lo último que se grabó para el álbum», comentaba Was. «Había un coche esperando a Charlie fuera del estudio y le llevó al aeropuerto inmediatamente después de que termináramos esa toma. Charlie hizo esa floritura tan intensa al final con Wayne y fue casi como su despedida del disco. Luego se levantó, se fue y volvió a Inglaterra. Eran como las cinco y media de la mañana y fue un momento muy emocionante el que quedó ahí recogido».

Ese verano fui a Toronto para la siguiente ronda de entrevistas con la banda. Tuvieron lugar una a una (y uno por uno) a lo largo de un día en un antiguo templo masónico de seis plantas que los Stones habían adaptado a sus necesidades. Como colofón, y tras una deliciosa charla nocturna con Keith, tuve el privilegio alucinante de que me invitaran, junto a un puñado de personas, a verlos ensayar hasta altas horas de la madrugada. «Nos lo pasamos igual de bien ensayando ahí arriba, sin nadie en la sala, a las dos de la mañana, que cuando hacemos un gran concierto», comentó Charlie.

No hicieron un repaso somero de temas como *Satisfaction,* a pesar de su presencia constante en la vida de la banda desde hacía más de tres décadas: los tocaron de principio a fin, exhaustivamente. Estaban solo ellos cuatro, si no recuerdo mal, aunque puede que también estuviera Chuck Leavell a los teclados. Desde luego, no estaba la banda de directo al completo. Tocaron cada canción, no mirando a un público casi inexistente, sino de cara a Charlie, esperando su aprobación, su contacto visual, su veredicto.

Él, siempre experto en disipar la sensación de sobrecogimiento que provoca una experiencia de ese tipo —y, si no te sobrecogía, es que no pintabas nada allí—, hizo el comentario perfecto con su naturalidad habitual. «Aquí, en los ensayos, es el único momento en que me sé el repertorio de los Rolling Stones», dijo. «Fuera de esto, se me olvida».

Refiriéndose a la forma en que se situaba la banda para ensayar, añadió: «Siempre lo hacemos así. Yo toco siempre con el amplificador de Keith junto a mi pie izquierdo. Nunca he querido subirme a una tarima porque no le oigo».

La gira consiguiente («Han vuelto a convencerme») comenzó en septiembre y dio la vuelta al mundo, y al año. Incluyó noventa y siete conciertos y una innovación magnífica y audaz: un puente elevado que se extendía telescópicamente sobre el público y que conducía al escenario B, donde los Stones podían recrear el *rhythm and blues* de Richmond (incluido el tema *Little Queenie*) pese a hallarse en grandes estadios. Charlie participó en el diseño del puente junto con Mick, Mark Fisher y Patrick Woodroffe, y la potencia de la producción resultaba abrumadora.

«Veía películas antiguas de Busby Berkeley y se fijaba en los decorados», cuenta su amigo Jools Holland. «Se implicaba mucho en la estética, así que, por si quienes hayan ido a ver conciertos de los Rolling Stones a lo largo de los años no lo saben, él intervenía mucho en esa faceta». Holland fue el teclista de Squeeze durante la primera racha de éxitos del grupo, como *Cool for Cats,* uno de los primeros discos que compró Seraphina, la hija de Charlie. Mucho después, Charlie y él se hicieron amigos. «Mi padre se reía de mí porque me ponía como loca. "¡Ay, Dios mío, ha llamado Jools Holland, papá!"», cuenta ella. Una vez pasó vergüenza porque tuvo que decirle a Holland que su padre se había ido a la cama a las ocho de la tarde.

Cuando Charlie y él trabaron amistad, Holland, además de músico por derecho propio y líder de su propia banda, era ya un famoso presentador de programas musicales de televisión como

The Tube y *Later with Jools Holland.* Se sumó al séquito de la gira Bridges a fin de entrevistar a los Stones para el libro *The Rolling Stones: A Life on the Road,* pero ese no fue su primer encuentro con el baterista: «Creo que toqué en el cincuenta cumpleaños de Mick con mi banda y que pasé un rato hablando con Charlie, porque le gustaba el estilo *boogie-woogie* de la Big Band. Fue en Strawberry Hill, esa mansión neogótica de Twickenham. Fue bastante surrealista porque estábamos en esa especie de fantasía gótica del siglo XVIII tan rara, hablando de percusión, y creo que enseguida nos dimos cuenta de que nos caíamos bien».

El teclista, que no es de los que se quedan boquiabiertos al hallarse frente a artistas de fama mundial, era consciente, sin embargo, de la importancia de aquel encuentro con un músico al que siempre había admirado desde lejos. «Siempre me habían gustado sus discos, por supuesto, y me encantaba su forma de tocar la batería porque era especial, por lo que transmitía. No es que quiera hacer comparaciones, pero Ringo era igual.

»Los dos admiraban a Earl Palmer, el baterista que tocaba en todos los discos de rocanrol, y Palmer transmitía esa misma sensación. Si tuviera que intentar definirlo, diría que es algo que casi atraviesa el ritmo y por eso encaja perfectamente. No va en contra de todo, sino que es un contraste: tocar con un ligero *swing* cuando los demás tocan con el tempo justo, y tocar con el tempo justo cuando los demás están haciendo *swing.* Es una variación minúscula y difícil de definir, pero, cuando consigues eso, lo tienes todo, y no hay mucha gente que lo consiga», afirma Holland.

«Estuve de gira con ellos unas tres semanas, lo que fue genial, y se portaron de maravilla conmigo. Me cuidaron mucho.

Disfruté un montón, y seguramente la persona a la que más vi fue a Charlie, así que fue entonces cuando empecé a conocerle más. Vives en una especie de burbuja con todos y hay un ambiente como de camaradería. También estuvimos de gira por Japón.

»Creo que teníamos un sentido del humor muy parecido. Él era muy irónico. Se quedaba ahí sentado y había largos silencios. Tengo un par de amigos que también son así. Uno decía algo, luego otro decía otra cosa, y después había una pausa bastante larga. Entonces alguien soltaba algo tan gracioso que te quedabas sin habla después de haber tenido una conversación muy larga e irónica. Todo muy caballeroso.

»Me di cuenta de que Charlie y yo teníamos muchos intereses en común. Además, Ronnie y los otros habían llevado a su familia a la gira, así que Charlie tenía más tiempo libre para salir a cenar. Cenábamos juntos bastante a menudo y, si estábamos en una ciudad, Charlie siempre quería ir a visitar los clubes de *jazz*. Le cogí muchísimo cariño y descubrí cosas muy entrañables sobre él. Me enseñó algunos de los dibujos que hacía de las habitaciones de hotel en las que había estado y eran de verdad geniales. Pensabas: "Qué buena idea, dibujar cada cama, tomarse ese momento, es tan zen…"».

La lista de cosas que la gente suele saber de Charlie Watts es más bien corta, pero incluye, aparte de su pasión por el *jazz*, lo que podríamos llamar su «diario de dibujo»: desde 1967, dibujaba la cama de todas las habitaciones de hotel en las que se alojaba. La historia es completamente cierta. «Cuando estábamos grabando en París», cuenta el productor Chris Kimsey, «nos alojábamos en el mismo hotel que Charlie, el Château

Frontenac, y una mañana, después de una sesión —porque no terminábamos hasta las cuatro o las cinco de la madrugada—, me dijo: "Chris, quiero enseñarte una cosa". Y eran cuadernos con dibujos de todas las habitaciones de hotel en las que había estado. Era increíble, chulísimo. Había también pequeños grabados muy bonitos. Ya se sabe que las bandas, cuando están de gira, lo único que ven es el hotel y la sala del concierto. En realidad, nunca ven la ciudad donde están. Quizá por eso Charlie dibujaba todas las habitaciones de hotel».

«Cuando estábamos en los Estados Unidos», recuerda Holland, «le gustaba salir, pero, como no bebía, se levantaba por la mañana y dibujaba la habitación. Le gustaba ir de compras, a comprar calcetines o lo que necesitara. Nunca se preocupaba por la seguridad ni esas cosas, solo tenía un "sombrero de invisibilidad". Era muy lacónico y tenía un aura increíble que contagiaba a todo el mundo. Era una de las personas más tranquilas que uno podía conocer y, como era tan tranquilo, la gente se relajaba enseguida cuando estaba con él».

«A pesar de lo famoso que era, la gente en general se portaba bastante bien, le dejaban en paz», asegura Seraphina. «Pero cuando estás de gira así, día tras día… No digo que no quisiera a los fans, porque sería incierto, por supuesto que los quería, pero no le interesaba especialmente ir a discotecas».

Bill Wyman recuerda la meticulosa rutina que seguía Charlie para pasar las horas y los días cuando estaban de gira. «Solía sentarse a dibujar el teléfono de la habitación, o en otra habitación dibujaba la tele y luego una silla u otra cosa. Allí donde estuviera, dibujaba. Esos cuadernos son de un valor absolutamente incalculable. Serían alucinantes para el Museo Británico o algo así, deberían conservarse». El baterista les quitaba importancia, como siempre. «No es nada, un librito de fantasía de nada», dijo una vez.

En 1996 tuvo aún más motivos para querer quedarse en casa, ya que Seraphina dio a luz a su única hija, Charlotte (que no se llama así por su abuelo, como supusieron muchos). Charlie no podía estar más feliz ni orgulloso. «Era un abuelo estupendo, muy cariñoso», comenta Chris Kimsey.

Volviendo a las giras, Holland se acuerda de un momento de relax en concreto junto a Charlie. «Creo que pasamos una tarde dibujando juntos y yo copié su televisión. Intenté dibujarle a él, pero no me salió, y pensé que él me dibujaría a mí, pero yo no le interesaba. Se puso a dibujar la habitación, otra vez.

»Luego fui al *château* de Mick en Francia y pasé mucha vergüenza porque hice la tontería de no llevar dinero encima. Había cogido un vuelo de última hora y luego, cuando tomé un taxi, tuve que pedirle prestado dinero a Mick para pagarlo. En fin, el caso es que, como Charlie estaba por allí cerca, Mick organizó una pequeña fiesta. Es muy acogedor, nos invitó a mí y a Charlie, y también estaba Tom Stoppard, el dramaturgo. Mick estaba haciendo una película con él [*Enigma,* de 2001, escrita por Stoppard y producida por Jagged Films, la productora de Mick]. Puede que hubiera otras tres personas más, un puñado de gente.

»Mick montó una cosita alrededor de una hoguera y nos preparó comida. Fue muy bonito. Recuerdo que Charlie me dijo [sobre Mick]: "Es increíble, ¿verdad? Dondequiera que va, reúne a gente increíble. Nunca he conocido a nadie como él". Adoraba a Mick. En una banda, la gente tiene rencillas, son cosas de familia, es normal. Pero él sentía de verdad un gran respeto por Mick».

Tony King asegura: «Estaba muy orgulloso de los Rolling Stones, y siempre me decía que Mick era el mejor cantante de la industria musical. Le admiraba con locura y eran grandes amigos». Lisa Fischer añade: «Me encantaba cómo hacían piña Mick y Charlie. Se querían mucho. A Charlie le quería todo el mundo».

«Se preocupa una barbaridad por todo», me confesó Charlie sobre Mick cuando llevaba medio siglo viéndole menear el trasero delante de él. «No es como Keith o como yo, y menos mal que no lo es, a veces. Puede que a veces se preocupe demasiado. Yo solo tengo que preocuparme de si me duelen las manos. Él, si le duele la garganta, no puede cantar, no puede actuar. Tienes que ser muy estricto en ese sentido, y es un hombre muy inteligente, muy lúcido».

Mientras recababa esa opinión sobre Mick para uno de los muchos documentales de BBC Radio 2 que he hecho sobre los Stones, decidí ir un paso más allá y le pregunté a Charlie por sus otros compañeros de banda. Su respuesta, como cabía esperar, me sorprendió. «¿Ronnie? Es un hombre encantador», dijo (esto fue en 2006, antes de que el guitarrista se desintoxicara drásticamente al volver a ser padre). «Tiene sus movidas, pero es el más sociable de la banda y el que tiene más cabeza. La gente le adora. A mi nieta le parece maravilloso. Es un tío muy cariñoso».

»Mick es con quien más hablo. Keith es el que nunca llama, un mes tras otro, porque odia hablar por teléfono. Es el más excéntrico de todos nosotros. Le encanta salir de gira. Siempre que digo que voy a retirarme, me dice: "¿Y qué vas a hacer?". Lee unos tomos… No creo que lea ningún libro de menos de cinco centímetros de grosor. Cuanto más gordo es el libro, más contento está él. Y no ve la televisión».

La afición de Keith por la lectura quedó patente en 1998 cuando la gira europea de la banda tuvo que retrasarse casi un mes debido a que el guitarrista se cayó de la escalera de la biblioteca de su casa en Connecticut al tratar de alcanzar un libro sobre Leonardo da Vinci y se fracturó dos costillas. «Estaba buscando el libro de anatomía de Da Vinci», contó. «Aprendí mucho sobre anatomía, pero no encontré el libro».

Cuando, poco después, la laringitis de Mick provocó una breve interrupción de la gira europea, Charlie no tuvo tiempo de volver a casa, pero aprovechó al máximo ese paréntesis. Viajó a España para pasar dos o tres días de descanso y visitar —como es fácil adivinar— el Museo Guggenheim de Bilbao. Mick le acompañaba a veces en sus viajes culturales. En 2015 visitaron juntos la Casa Darwin D. Martin, en Buffalo (Nueva York), diseñada por Frank Lloyd Wright conforme al estilo de la Escuela de la Pradera.

La gira se reanudó por fin, jalonada por un auténtico triunfo sociológico: después de muchos años tratando de traspasar el Telón de Acero, los Stones tocaron por primera vez en Rusia, en el estadio Luzhniki de Moscú. Cuando le plantearon la idea a Charlie, reaccionó como cabía esperar: «No quería ir. No tenía ningún interés en ir allí. Mick no paraba de decir: "Será genial cuando estemos allí". Cuando finalmente fuimos, fue fantástico, la verdad. Pensaba que iba a ser un público horrible, porque después de la Guerra Fría y de Jrushchov, pensabas: "Ay, Dios".

Pero nos acogieron muy bien. Éramos como esa cosa que nunca habían tenido.

»Hacía como treinta y cinco grados la semana antes de que llegáramos, y cuando tocamos las temperaturas habían bajado a unos doce grados bajo cero», contaba. «Hacía muchísimo frío y llovía, y cuando llegamos era de noche, y pensé: "Madre mía, Moscú, nieve" y todo eso. Abrí la ventana del hotel, que estaba justo al otro lado del río, y se veía la Plaza Roja y la catedral, y era como un cuento de hadas. Era algo de verdad mágico de ver cada vez que lo miraba. Fantástico. Salí con Mick un par de veces y fue divertidísimo. Algunos sitios a los que fuimos… Me sentía como un estadista anciano».

La paradoja es que, si Charlie hubiera cumplido su amenaza de no volver a salir de gira, posiblemente se habría perdido todas esas experiencias culturales y apenas habría tenido interacción social. «Soy lo que se dice un solitario», afirmó una vez. «Puedo estar perfectamente sin nadie alrededor. Vivimos en una granja. Es más, tenemos dos: una en Inglaterra y otra en Francia. Mi mujer las dirige y yo vivo allí, por decirlo de alguna manera. Las únicas personas que hay en casa son hombres y mujeres que se dedican a la agricultura.

»De vez en cuando salimos a cenar con amigos, pero no muy a menudo. No soy como Ronnie Wood, que necesita tener gente alrededor todo el día. Para ser sincero, disfruto más de la compañía de los perros que de la de los seres humanos. No es que aborrezca a mis congéneres, pero no se me da bien relacionarme con ellos. Pasado un rato, les parezco un hombrecillo insoportable.

»Keith tampoco sale. Vive con su mujer en Connecticut y su vida no es muy distinta de la mía. Mick es el único que, a lo largo de los años, ha conseguido sacarme de casa una y otra vez».

Sería fácil interpretar estos comentarios como una especie de confesión autocrítica, pero no es el caso, en absoluto. Simplemente, Charlie sabía que, por su temperamento, era distinto a la mayoría de la gente, pero eso no le molestaba lo más mínimo.

Después de más de veinticinco años compartiendo giras con él, Bill pudo ver de cerca sus debilidades y rarezas. «A veces no dormía y se iba a andar», explica. «Un día típico de Charlie era: terminas el concierto, vuelves al hotel y te relajas un poco, y luego se iba a la habitación de Keith, que ponía música a todo volumen, normalmente lo que acabábamos de grabar, que era lo último que a mí me apetecía escuchar después de acabar un concierto.

»Se quedaba allí un rato y luego se iba a la habitación de Mick, después venía a la mía y veíamos la tele un rato o algo así. Entonces yo le decía: "Me voy a la cama, Charlie" como a las dos de la mañana. Él decía: "Vale, hasta mañana". Volvía a su habitación, se ponía el abrigo y salía a la calle, se pasaba horas paseando por ahí y luego volvía. Y antes de irse a la cama, andaba por los pasillos del hotel a ver si había alguien despierto.

»Lo hizo muchas veces, y hay anécdotas divertidísimas. Me acuerdo de una, de Canadá. Volvió de dar un paseo y me contó toda la historia, y yo se la conté a los demás. Iba andando por la calle y vio una tienda de ropa con un traje estilo George Raft en el escaparate. Como los pantalones le quedaban un poco grandes, le dijeron que volviera al cabo de un par de horas, que ya estarían listos. Así que se fue a un restaurante indio. Entró y pidió algo de comer. Tardaron una eternidad en servirle y se quedó dormido en la mesa, y los indios pensaron que era un yonqui o algo así y llamaron a la policía.

»Llegó un policía, le zarandeó y le dijo: "¿Quién es usted y qué hace aquí?". Charlie preguntó: "¿Dónde estoy?", y le dijeron que en Toronto. "¿Y qué coño hago en Toronto?". Entonces el tipo le dijo que eran las tres de la tarde y él contestó: "Ah, estupendo, entonces ya estará listo mi traje". Esas salidas que tenía todo el tiempo… Cogía una situación y la despachaba en una sola frase».

BACKBEAT

Un hombre rico y con buen gusto

El apetito coleccionista de Charlie era voraz. Cada cosa tenía su sitio, y todo estaba en su casa: coches, primeras ediciones de libros, cuberterías y vajillas, discos, fotografías, objetos de la guerra civil estadounidense y de Horatio Nelson... Y baterías de época. Todas ellas, piezas que sin duda merecerían la atención del National Trust, el Patrimonio Nacional del Reino Unido.

«Coleccionaba todo tipo de cosas. En algunos aspectos, era peor que yo», afirma Bill Wyman, el archivero en jefe del grupo. «Yo coleccionaba recuerdos [de los Stones] y cositas de aquí y de allá; él, objetos de la guerra de los Estados Unidos. Tenía catorce armas, nada menos, y todo tipo de cosas, todos los sombreros y los uniformes. Entrabas en su casa y estaba todo expuesto, como en un museo».

Para Seraphina, cada una de esas piezas es una página de su vida capaz de evocar recuerdos tanto tristes como alegres, y reconoce que, cuando ella y su marido, Barry Catmur, intentaron catalogarlo todo tras el fallecimiento de su padre, se quedaron perplejos. «La otra noche abrí un aparador», me contaba, «un mueble con cajones, y encontré un montón de cosas, pipas talladas y copas eduardianas». Y añadió con fingida indignación: «Me quedé como… "Se había olvidado de estas cosas, ¿verdad? ¡Se le habían olvidado por completo!".

»Me entraron ganas de decir: "¡Madre mía, más cosas todavía!". Me habría encantado poder hablar con él. "¿Esto qué es? Podría ser romano y valer una fortuna, o podría ser un trozo de chatarra". Había también una lata. ¡Solo una lata! Está claro que es algo del fútbol de los años cuarenta y está un poco oxidada. Así que no sé si voy a salir en *Antiques Roadshow* con esto o si no es más que una porquería».

Seraphina recuerda etapas en las que su padre sufría ataques obsesivo-compulsivos. «A lo largo de su vida tuvo fases en las que se volvió completamente loco coleccionando cosas, de manera obsesiva. Estuvo, por ejemplo, la fase Nelson, que mi madre decía que empezó ella y que él se la copió, así que ella dejó de coleccionar». Les está muy agradecida a los superfans que la han ayudado a catalogar artículos relacionados con Charlie y a identificar objetos que recuerda de su infancia, como una sudadera que él lució una vez en Brasil. Algo trivial y al mismo tiempo de gran importancia.

«Tenía gustos refinados», señala uno de sus amigos de siempre, el padrino de Seraphina, Tony King. «Le gustaba la plata de Stuart. Le gustaban las fotos autografiadas de gente famosa de antaño. Le encantaba hacer colecciones, y tenía unas primeras ediciones de libros muy bonitas». Era muy aficionado a buscar gangas en las chamarilerías: una vez, se entusiasmó al encontrar un fonógrafo Edison con treinta cilindros, todo por treinta libras. Coleccionaba cuberterías georgianas y su colección de objetos bélicos incluía balas supuestamente disparadas en la batalla de Little Bighorn, en la gran guerra *sioux* de 1876. Puede que aquella fuera la última batalla de Custer, pero para Charlie fue solo el comienzo.

No se conformaba con tener los discos en los que tocaban sus ídolos de la batería. Quería tener también sus instrumentos originales. Le compró a la viuda de Kenny Clarke una batería que Max Roach le regaló a su marido. Tenía la de Sonny Greer, de la banda de Duke Ellington, y la del baterista de *swing* de los años treinta Big Sid Catlett, del que Art Blakey afirmaba que «hacía que una batería sonara como una mariposa». Y las primeras ediciones de Agatha Christie, de Greene, de Wodehouse, de Waugh, todas ellas firmadas.

«Era un coleccionista», dice Mick. «Yo de pequeño coleccionaba sellos, pero ahora no colecciono nada». Aunque califica de «chifladura» la inmensa colección de baterías de su amigo, está de acuerdo en que todas sus colecciones merecerían estar en un museo. Don McAulay, el técnico y amigo de Charlie que se encarga de la conservación de su colección de baterías, se muestra convencido de que así será.

McAulay cuenta que, en su residencia londinense de Pelham Crescent, Charlie guardaba la espada de Napoleón junto a su colección de primeras ediciones de libros. «Yo le buscaba baterías interesantes de montones de artistas de *jazz*. Las localizábamos y otras personas le ayudaban a ir a recogerlas, y Charlie me decía: "Tienes que cuidar de esto que hemos creado".

»Encontré unas cuantas cosas de Gene Krupa que conservaba su viuda y que eran una parte importante de la historia de la música. Charlie tenía acetatos originales de Krupa y Billie Holiday, que nunca ponía. Además, me hizo un regalo que me sorprendió un montón. Me dijo: "Solo necesito esto. Quédate tú con eso", y me regaló un puñado de objetos que habían pertenecido a Gene Krupa. Tenía relojes de Benny Goodman, trajes, joyas, premios... Llenamos su habitación. Es un museo descontrolado».

Durante la gira europea de los Stones de 1976, lord Lichfield invitó a Charlie y a Mick a alojarse en su casa de Shugborough Hall, en Staffordshire. Ya habían visitado al fotógrafo de sociedad, primo segundo de la reina, en la década de 1960, y el llamado «aristócrata del rocanrol» había hecho una foto famosa en la boda de Mick y Bianca. Durante aquella estancia en su casa, Lichfield llevó a Charlie y a Mick a dar un paseo por la finca y su granja, y fotografió al cantante sosteniendo un gallo entre las manos, imagen que posteriormente se expuso con el pie de foto inevitable: «Gallito rojo» [*little red rooster*].

También guio a los dos músicos en una visita privada por la mansión. Al ver la colección de plata de Paul de Lamerie, Charlie señaló amablemente que la fecha de la cartela era incorrecta. Como no se ponían de acuerdo, lo comprobaron. Por supuesto, Charlie tenía razón. En una entrevista televisiva, Lichfield recordó que una vez le había preguntado a su mayordomo quién era el invitado más agradable al que había atendido en su casa. «Sin duda, Charlie Watts», había contestado.

Ya desde que se mudaron a su primer piso en Ivor Court, Charlie y Shirley procuraron llenar su hogar de objetos artísticos. El fotógrafo danés Bent Rej, que acompañó a los Stones como parte de su círculo de confianza durante la mayor parte de 1965, escribió: «La habitación más importante del piso está cerrada con llave. Es una habitación pequeña, tres metros por cuatro, y está llena de tesoros. Aquí, en vitrinas con puertas de cristal, Charlie guarda su preciada colección de armas antiguas, gorras, uniformes, banderas y periódicos. Su colección de periódicos es una rareza por la que muchos museos pagarían una pequeña fortuna. Contiene algunos de los ejemplares más antiguos del mundo».

Las primeras giras del grupo permitieron a Charlie desarrollar su interés por las bellas artes. «El arte moderno es como el *jazz* moderno: es solo gente que te gusta», declaró en una entrevista para *Melody Maker,* evitando, como siempre, caer en lo pretencioso. «Evidentemente, cualquiera que viva en 1967 debería tener nociones de arte. A lo que usted se refiere es a Picasso, supongo, y eso no es arte contemporáneo. La verdad es que yo no soy quién para hablar del tema. Debería preguntarle a mi mujer».

Cuando los Watts compraron Peckhams, en Halland, a las afueras de Lewes, invitaron al periodista Keith Altham, de *NME,* a ver sus antigüedades y sus objetos decorativos entre las vigas de roble y las chimeneas de la casa. En el salón había un busto de mármol verde del dios griego Hipnos y una librería con volúmenes de Dylan Thomas y Wilde; en el despacho había rifles y revólveres de la guerra civil estadounidense y, en una vitrina, una lista de reclutamiento de una unidad de caballería de 1880 con la anotación de la paga correspondiente a cada soldado. En uno de los dormitorios, había un estante para espadas sobre la cabecera de la cama, y un cuartito albergaba la colección de muñecas victorianas de Shirley.

«Reunió una gran colección de objetos de la guerra civil estadounidense», cuenta Keith Richards, «y, como yo sabía un poco del tema, de vez en cuando me enseñaba un trofeo que había conseguido. Creo que, como nunca esperó llegar a los Estados Unidos y de repente llegamos, surgió esa pasión. Consiguió lo que buscaba y entonces le pregunté si iba a seguir comprando objetos. "No. La colección ya está terminada. Ya tengo lo que quería"».

Los coches —que nunca aprendió a conducir, ni falta que le hacía— eran otra de sus obsesiones. Se ponía alguno de sus mejores trajes solo para sentarse dentro de esos hermosos vehículos de época y disfrutar de su artesanía. «Me encanta la forma de los coches antiguos», le dijo a *NME* en 2018. «No sé conducir, así que solo me siento dentro a escuchar el motor. Supongo que podría decirse que es un capricho de rico».

La joya de la corona de su colección era un impresionante Lagonda Rapide Cabriolet de 1937 con motor V12, uno de los veinticinco que se fabricaron. Charlie lo compró en 1983. También tenía un Bugatti Atlantic de finales de los años treinta, un Citroën 2CV amarillo como el que conducía el James Bond de Roger Moore en *Solo para tus ojos,* un Citroën Méhari, un Lamborghini Miura y varios Rolls-Royce. No sintió, sin embargo, la necesidad de aumentar su colección comprando un camión de helados o un aerodeslizador, como hizo su amigo Keith Moon.

Jools Holland recuerda una conversación que tuvieron mientras estaba de gira por Europa con Charlie y su posterior cuarteto de *jazz*, The ABC&D of Boogie-Woogie. «Me estuvo hablando de algunos de los coches que tenía en ese momento. La gente que tiene éxito, si aprecia los coches, acaba comprando los que le gustaban en su infancia o de los que tenía un cochecito de juguete. Lo he observado a menudo. Al mismo tiempo, como tienen que desplazarse de un lado a otro en el mundo actual, también procuran conseguir el más llamativo del momento.

»Charlie tenía algunos coches americanos antiguos porque le encantaban, y también algunos de los años treinta. Me contó, además, que consiguió el tejido de un traje de Eduardo VIII y que encargó que le tapizaran un coche con la misma tela, porque le sobraba un poco y le parecía precioso. Luego estuvimos hablando de Rolls y Bentleys antiguos. Yo tenía algunos, de los Continentales de los años sesenta, y él también, del modelo que llamaban "Chinese Eye".

»Me dijo: "Solíamos ir en uno a Devon y el capó goteaba un poco, claro que eso les pasaba a todos los coches en los años sesenta. Pero avanzaba, tenía cierto ímpetu". Entonces le pregunté por un coche de los años treinta que tenía un interior muy bonito y le dije que me encantaría verlo y que si lo llevaba alguna vez a Londres. Me contestó: "No, no". Le dije que un viaje así sería un buen ejercicio para un coche antiguo y me dijo: "No, yo no sé conducir". Yo dije: "¿Qué?". Llevábamos literalmente una hora hablando de coches, y resulta que nunca se había sacado el permiso. Supongo que era porque se tardaba en hacerlo, y los Rolling Stones tuvieron mucho éxito y llega un punto en que ya es un poco tarde para sacarte el carné. Fue muy propio de Charlie no mencionarlo hasta el final».

Lisa Fischer recuerda que, al ingresar en el seno de la extensa familia de los Stones, oyó hablar de esa excentricidad de Charlie por primera vez. «Fue graciosísimo», dice. «Charlie, ¿no conduces? ¡¿Y qué haces?! Pues me parece muy bien, si quieres y puedes permitírtelo, adelante. La vida es muy corta. Disfruta solo mirándolos».

Charlie era un hombre que sin duda sabía disfrutar de la vida. Sus compras merecerían la creación de un nuevo premio a los millones mejor empleados de una estrella del *rock*. «Una vez lo vi en la parte trasera de su limusina, en el Soho», cuenta Dave Green, que seguramente en ese momento iba con su contrabajo a actuar en el Ronnie's o el Pizza Express. «Yo iba andando por la calle y Charlie iba sentado en la parte de atrás, así que seguramente ni me vio. Cuando tocábamos con el ABC&D, solíamos volver juntos a casa en avión. Un tipo iba a recogernos con un Bentley a Heathrow y Charlie me dejaba en Ruislip».

El productor Chris Kimsey cuenta: «Creo que Charlie era el tipo de persona a la que le gusta sentarse y que la lleven de un lado a otro para disfrutar de verdad del coche. Como sabes, es distinto cuando uno conduce. Cuando vas de pasajero, la sensación es un poco diferente». Y en una ocasión insistió en compartir ese lujo.

«La última vez que coincidí con él por ahí fue en casa de Ronnie, en Holland Park, con Seraphina y Charlotte», continúa Kimsey. «Estuvimos hablando de arte, de música y ropa. Cuando ya nos marchábamos, me dijo: "¿Quieres que te llevemos?". Le dije que era muy amable, pero que había aparcado en el otro extremo de la calle Holland Park, a unos ochocientos metros de allí. Le dije: "No tengo el coche muy lejos, Charlie". Me dijo: "No, no, te llevo". Pensé: "Vaya, pero por qué se...". Así que salimos y resultó que había alquilado un Rolls-Royce Phantom, uno nuevo, muy grande, con chófer, porque iba a sacar a la familia por ahí. Y me llevó en el Phantom hasta el final de la calle».

Jools Holland pudo comprobar de primera mano que Charlie había refinado hasta un punto envidiable el arte de disfrutar de su posición económica. «En aquella época, la gente recibía catálogos de arte. Creo que ahora todo se cuelga en internet, pero él tenía catálogos de cuadros y cosas. Le decías: "¿Vas a comprar algo aunque no puedas verlo en la subasta?", y contestaba: "Sí, voy a comprar algunas cosas. No voy a volverme loco, pero puede que compre media docena de cosas. Así, si estoy de gira unos meses, me habré dado un capricho, y cuando vuelva a casa, será como Navidad, porque se me habrá olvidado lo que tengo. Llegaré y habrá un cuadro, un traje, un reloj y algunos discos de 78 revoluciones". Yo pensé: "Qué bien. Todo el mundo trabaja y tiene sus recompensas, y esa es la suya". Era un hombre de gustos sencillos y anticuados».

Albert Einstein solía afirmar que él no tenía ningún talento especial, solo una mente inquieta. Charlie tenía ambas cosas. «Solíamos ir a dar una vuelta por Christie's, en South Kensington, a ver cosas», recuerda Holland. «Podían ser relojes o marcos de cuadros. No íbamos a comprar nada, solo a echar un vistazo. Charlie parecía ser una de esas personas que no juzgan las cosas, sino que solo tratan de entenderlas».

Chuck Leavell, el director musical y teclista de las giras de los Stones, solía encontrarse con Charlie por ahí durante sus días libres. «Y la mayoría de las veces sin escolta. Solo en los últimos años la banda insistió en que llevara guardaespaldas», asegura. «Iba todo el tiempo a museos, y mi esposa, Rose Lane, y yo nos lo encontrábamos de vez en cuando, porque también nos gustaba salir a ese tipo de cosas. Le interesaba el arte de todo tipo. Mobiliario antiguo, cuadros, cuberterías, todo tipo de cosas. Tenía muchos conocimientos y mucho interés por todo lo artístico».

A menudo, Charlie se dejaba llevar en exceso por su afán coleccionista. «Compró una reproducción del Tapiz de Bayeux hecha a finales del siglo XIX», recuerda Holland. «Medía como un metro de alto, mientras que el original mide dos metros y medio o tres. Tenía en los extremos unos cilindros muy bonitos de caoba con asas de latón. Le dabas cuerda y el tapiz pasaba por delante de ti con una pequeña descripción. Le pregunté: "¿Qué vas a hacer con eso?". Y me dijo: "No sé. Pero es genial, ¿verdad?"».

Charlie compartía la afición de Mick y Bill por el críquet: uno de los ocho segmentos sonoros que seleccionó para el programa de radio *Desert Island Discs* fue la grabación de archivo de la BBC de la narración del partido de 1956 entre Inglaterra y Australia a cargo de los comentaristas John Arlott y Michael Charlton. «Veía el críquet en la televisión pero lo escuchaba por la radio», cuenta su hermana Linda.

«Tenía colecciones de objetos de críquet y yo solía regalarle fotos firmadas de Bradman y cosas por el estilo», dice Bill. «Iba a todas las subastas. Le chiflaba el críquet, igual que a Mick, e iba a verlo muy a menudo. Él lo veía y yo lo jugaba: estuve ocho años con Eric [Clapton] en un equipo benéfico [el Bunbury Cricket Club] y jugué con los mejores jugadores internacionales, bateé con David Gower y me enfrenté a Viv Richards, a Wayne Daniel y a toda esa gente. Charlie nunca venía a los partidos benéficos porque siempre eran los fines de semana, y eran en Hove o en Birmingham», añade Bill. «Estuvimos en un montón de sitios en el extranjero. Pero una vez que marqué un triplete en The Oval contra un equipo de Old England, con mi ídolo, Denis Compton, y su compañero Keith Miller, y Gower de árbitro, Charlie se enteró y me llamó por teléfono a las tres de la mañana. Contesté: "¿Diga?". "Soy Charlie". "Son las tres de la mañana, Charlie, ¿dónde estás?". "No sé, espera un momento". Y fue como en un programa cómico: se escucharon unos pasos. "Eh… Estoy en un sitio llamado, creo que se llama *Bonos Aires*". Le dije: "Estás en Argentina". Dijo: "Ah, sí, eso". Le pregunté: "¿Por qué me llamas a las tres de la mañana?". Me dijo: "Me acabo de enterar de que has marcado un triplete en The Oval. Dicen que te estabas fumando un cigarrillo mientras lanzabas". Y le dije: "Sí, siempre lo hago". Hay fotos mías con el cigarro, haciendo un giro de pierna, lanzando un *googly* y marcando tres tantos. Y él dijo: "¿Y tirabas las colillas al césped sagrado?". Le interesaba más lo que había hecho con las colillas que el hecho de que hubiera conseguido un triplete contra un equipo de Old England».

Charlie y Mick iban con frecuencia juntos a Lord's y a The Oval, los principales campos de críquet de Londres, a veces como invitados de *sir* Tim Rice. El periodista Jim White cuenta que una vez el locutor australiano James Brayshaw se dio la vuelta en la cabina de comentaristas del estadio de críquet de Melbourne durante un partido internacional y vio a un señor mayor, impecablemente vestido, que estaba sentado solo. Sin acompañante ni séquito de ninguna clase. Le había invitado el jugador australiano Shane Warne. Cada vez que Brayshaw intentaba que le contara alguna batallita del rocanrol, Charlie respondía amablemente, pero prefería que hablaran de críquet. Mick y él también eran amigos del jugador australiano Dennis Lillee, al que conocieron durante la gira Ashes en 1972.

«Veíamos sobre todo críquet, pero también éramos muy aficionados al fútbol», cuenta Mick, que es seguidor del Arsenal. Charlie, en cambio, era del Tottenham Hotspur. «Nos encantaba hablar de críquet e íbamos a muchos partidos, sobre todo a los internacionales y a los torneos One Day. Muchos ingleses que normalmente llevan traje negro, cuando van al Lord's, se ponen esas chaquetas a rayas ridículas de los años veinte con los colores del Marylebone Cricket Club [MCC]. Es horrible, por no decir otra cosa. Charlie también se las ponía a veces. Era muy sociable en los partidos, no era el Charlie callado del que se habla siempre. Hablaba por los codos todo el rato».

En 2014, después de que los Stones tocaran en The Oval de Adelaida durante la gira 14 on Fire, Charlie y Mick conocieron a John, el hijo de *sir* Don Bradman [considerado el mejor bateador de críquet de todos los tiempos] y visitaron el Museo Bradman. En 2018, al día siguiente de que la banda actuara en el estadio de Murrayfield, mucha gente susurró asombrada: "¡Mira, es Charlie Watts!" cuando el baterista apareció en el Grange Cricket Club de Edimburgo para ver un partido entre Escocia e Inglaterra.

Linda recuerda que, a menudo, cuando la llamaba por teléfono mientras estaba de gira, Charlie le preguntaba rápidamente cómo estaban ella y sus hijas, y luego le pedía que le pasara a su marido, Roy, y estaban tres cuartos de hora hablando de críquet. «Yo le narraba los partidos cuando él estaba en los Estados Unidos», cuenta Roy. «Se conectaba con Mick en otra habitación y los tenía a los dos al teléfono mientras iba comentando el partido jugada a jugada».

Su otra gran pasión, cómo no, eran los discos. No solo de *jazz,* porque también amaba la música clásica, el *soul* y otros estilos, pero sin duda el *jazz* era su afición musical más antigua y, como le contó a Jools Holland, había un lugar en concreto donde le encantaba entregarse a esa pasión coleccionista. Tal y como lo describe Holland, es fácil imaginárselos a él y a Charlie rebuscando en la tienda soñada del baterista.

Mientras estaban de gira con el cuarteto The ABC&D of Boogie-Woogie, Dave Green y él visitaron Viena y entraron en Teuchtler Schallplattenhandlung und Antiquariat. Charlie salió de allí habiendo firmado una caja de discos y con muchos euros menos en el bolsillo.

«Me habló de esa tienda de discos que, cómo no, solo conocía él, en un barrio de Viena que no estaba en el centro», explica Holland. «El abuelo tenía una tienda al final de la guerra, con un montón de discos de 78 revoluciones. Estaba especializado en *blues* y *jazz,* y la tienda era el lugar de referencia para conseguir esa música que a todo el mundo le encantaba. Cuando apareció el vinilo, o cuando dejaron de fabricarse discos de 78 y aparecieron los elepés, la gente vendió los suyos por casi nada. Y el hombre dijo: "Yo no voy a vender los míos baratos, porque algún día valdrán mucho". La tienda sigue abierta hoy en día, y es una de las mejores de *blues, jazz* y música clásica del mundo. Antes la llevaba la hija y ahora la llevan los dos nietos.

»Se anuncia como de venta de discos de segunda mano de música clásica, *jazz,* canciones vienesas, *rock,* pop y *dance.* De los discos de 78 no se dice nada, pero Charlie sabía que estaban ahí. Me dijo: "Nunca abren la sala de arriba. Sube y verás lo que descubrí. Diles que te manda Charlie y te lo enseñarán". Así que entré, se alegraron de verme y cruzamos la parte de atrás de la tienda. Hay unos callejones y unas escaleras traseras, parece sacado de una película europea de los años cuarenta. Pasas por delante de una mujer que fuma y que podría ser una confidente de la policía, que te mira con desdén cuando pasas por su puerta. Hay ropa tendida y unos pasadizos, es por la parte de atrás, en una especie de mundo inalterado.

»Subes, entras en unas habitaciones y abren unas cortinas apolilladas y rotas, que se caen a pedazos, como las de la señorita Havisham en *Grandes esperanzas,* y la luz entra en la habitación. Charlie me contó una vez que una de las cosas más bonitas que podía imaginar era encontrar una camisa nueva de la época victoriana o del siglo XVIII en su caja o en su envoltorio, sin abrir. Esto era algo así, porque algunos de esos discos de 78 revoluciones estaban intactos, en su embalaje original. Le dije: "¿Los has puesto?". Me dijo: "No, no podría, sabiendo que están nuevos. Si los pusiera, se acabó".

»Así que compré algunos discos y Charlie me explicó que no hay que ponerlos en un gramófono de cuerda. Se estropearían por lo grande que es la aguja. Hay que ponerlos con una aguja adecuada y con altavoces grandes y un amplificador. Y suenan de maravilla. Charlie decía que, cuando compras un disco, adquieres algo que se hizo al mismo tiempo que la música que contiene. Era muy sensible a eso y le encantaba. Así que me gustó mucho que me descubriera aquello y, cuando voy a Viena, siempre me paso por allí. Pero, claro, es una de esas cosas que solo Charlie podía saber. ¿Quién, si no? Él estaba en contacto con esos mundos desaparecidos».

7

NACIDO CON ENERGÍA DE ABUELO

En un momento determinado de ese mecanismo de relojería que es actualmente un concierto de los Rolling Stones, después de unas diez canciones y antes de que Keith interprete sus dos temas de costumbre, Mick presenta al elenco al completo. Tras presentar a la banda del directo, llega al núcleo duro, a sus compañeros de siempre, y a una parte del concierto que voy a echar mucho de menos.

A medida que Charlie se hacía mayor y que su pelo pasaba de gris a blanco, la adoración que sentían por él decenas de miles de fans era cada vez más palpable en los estadios. Él sencillamente no sabía cómo reaccionar ante esas muestras de admiración, aparte de quedarse sentado en su taburete, detrás de la batería, con cara de estar rezando para que se acabaran cuanto antes. Mick le presentaba normalmente como el Wembley Whammer, «el Martillo de Wembley», y a veces añadía, a modo de apodo cariñoso, un «¡bum bum!» en medio de su nombre y su apellido. El público se volvía tan loco como en los momentos más álgidos de las más de dos horas que duraba el desfile de superéxitos del concierto. Una vez, mientras se prolongaba la ovación y Charlie aparecía, incómodo, en las pantallas gigantes, Mick le ordenó: «Di algo». Tras un breve silencio y una mirada de desconcierto, Charlie profirió un escueto «hola». «¡Pero si habla!», exclamó Mick.

«Eso me encantaba», dice la vocalista Lisa Fischer, que lo presenciaba todo desde muy cerca, «y, como él lo odiaba tanto, a nosotros nos gustaba aún más. Era tan mono… Nos encantaba ver cómo se retorcía nervioso, porque se merecía el amor que le daban. Era demasiado para que su corazón lo soportara».

Al acabar un concierto, cuenta su amigo y técnico de batería Don McAulay, «cogía el embrague del *charles,* la pieza que suje-ta el platillo de arriba y el de abajo. "El concierto se ha termina-do, ¡no te preocupes por eso!". Pero él se aseguraba de que es-tuviera bien apretado para la próxima vez. Luego se ponía la chaqueta para estar guapo y que no se le viera el sudor, era muy cuidadoso con eso. Decía: "Allá vamos, esto es el mundo del es-pectáculo", y salía impecable a saludar».

Su nieta Charlotte también presenció muchas situaciones parecidas. «Eran muy graciosos cuando hacían las presentacio-nes. En muchos conciertos, justo antes de que empezara ese momento, yo corría detrás del escenario para decirle hola a mi abuelo, iba en mitad del concierto y le decía: "Lo estás haciendo fenomenal". Entonces se ponían a bromear entre sí, y Keith se metía con Mick. Hacía correr el rumor de que se le había olvi-dado presentar a no sé quién y a él le entraba el pánico, aunque en realidad no se le había olvidado. El abuelo se reía como Patán, en una esquina. Yo los veía reírse unos de otros y pensa-ba: "¿Qué estarán tramando? Nada bueno, seguro". Y, al final, cuando salían a hacer la reverencia, buscaban nuevas formas de tomarle el pelo a mi abuelo. Yo me sentía fatal, pero no podía evitar reírme».

«Ya sabes cómo era Charlie», dice Keith. «Era el hombre más reservado y modesto del mundo. En el escenario, cuando Mick le presentaba, se ponía nerviosísimo. El querido Charlie… ¡Dios mío, cómo odiaba el mundo del espectáculo! O, por lo menos, su parafernalia. Porque yo soy bastante reservado, pero lo de Charlie ya era mítico. Como tú dices más adelante, en los conciertos, lo de "amo al tío Charlie" era una constante».

Charlotte recuerda lo que Shirley le decía a su marido. «Mi abuela solía decirle en broma: "Pero ¿por qué quieres ser viejo antes de tiempo?". Creo que nació para ser un anciano, un abuelo modélico. Desde que era joven, tenía energía de abuelete. Y le sentaba muy bien».

Los Stones comenzaron el siglo XXI sin dar señales de ir a publicar nuevo álbum, pero cada vez más conscientes de su capacidad ilimitada de generar beneficios cuando salían de gira; especialmente, en los grandes aniversarios de la banda. La gira Licks, de 2002-2003, recaudó trescientos millones de dólares al dar la vuelta al mundo presentando el recopilatorio *Forty Licks,* que llegó a ser disco de platino cuando la era de las ventas multimillonarias de discos empezaba a declinar para todos. Charlie, como siempre, se quejó de los meses que iba a pasar fuera de casa, pero al final aceptó. «Estás casi clavado al trabajo», dice Keith. «¿Cómo vas a dejarlo?». Entretanto, Charlie y Darryl Jones formaron una sección rítmica realmente formidable.

«Creo que Charlie tenía un verdadero conflicto respecto a las giras», comenta Chuck Leavell. «Por supuesto que le encantaba su casa, pero también tocar la batería. Sabía que tenía que llegar a un compromiso y en su cabeza resolvía ese conflicto lo mejor que podía, para estar cómodo y hacerlo. Pero nunca creí que fuera a dejarlo de verdad. Siempre había una sesión más, una gira más».

Los Stones llevaban mucho tiempo actuando en estadios y grandes auditorios, y a esas alturas la extrema eficiencia organizativa de sus grandes giras hacía posible que los miembros de la banda se relajasen y se divirtieran, y se observasen mutuamente. «Era divertido estar con él en el escenario», cuenta Fischer con una sonrisa. «Tenía una forma de respirar que era casi meditativa. La forma en que aspiraba el aire, su nariz y su cara [exhala], y luego se ponía simplemente a tocar, pero desprendiendo muchísima energía. Casi se podía pensar que era una respiración circular aunque no lo fuera. Era mágico ver cómo aspiraba aire y energía de lo que sucedía en el escenario.

»De vez en cuando, yo intentaba meterme con él solo porque podía. Ya sabes, besaba el deflector [la mampara de plexiglás que rodeaba la batería para insonorizarla] y dejaba manchas de carmín, y él me miraba y decía: "Uf, largo de aquí". No podía echarme porque estaba atrapado allí, así que, cuando me miraba mal, yo decía: "Creo que ya se ha hartado". Le sacaba de quicio, desde luego. En cuanto sonreía, le dejaba en paz».

Charlie había comenzado el nuevo milenio con el disco más sorprendente y aventurero de los que llevan su nombre. El álbum

Charlie Watts Jim Keltner Project recopilaba grabaciones realizadas con su viejo amigo, coetáneo y fiel compañero de andanzas musicales, que había seguido una trayectoria semejante a la suya, desde su temprana inclinación por el *jazz* hasta la ubicuidad del *rock*. Las grabaciones habían comenzado en 1997, cuando Keltner colaboró como percusionista en el disco *Bridges to Babylon*.

En declaraciones a mixonline.com, Keltner afirmó que los Stones «querían saber si me apetecía tocar con dos baterías, y Charlie estaba dispuesto, pero yo me negué. Primero, porque no me gusta hacerlo, y segundo, porque sería un crimen entrometerse en el *groove* de alguien como Charlie. Sería casi un sacrilegio. Así que, básicamente, me quedaba en segundo plano y tocaba en torno a lo que hacía él, usando una batería incompleta, sin bombo ni caja».

El álbum instrumental era claramente vanguardista comparado con las producciones anteriores de Charlie. A pesar de ser un baterista de la vieja escuela, Keltner era un *sampleador* nato, no de discos, sino, según él mismo afirma, de todo tipo de sonidos, desde el de una estantería metálica hasta el de una vaporera. Ya no estábamos en el Ronnie Scott's.

Gracias a la apertura de miras que demostraron Charlie y Keltner, el proyecto acabó siendo una incursión en el mundo de la música electrónica, apoyada en el uso de *samples,* con temas bautizados con el nombre de algunos de los ídolos de ambos músicos, como «Art Blakey», «Kenny Clarke» y «Roy Haines». «Usé nombres de bateristas porque Tony Williams había fallecido esa misma semana y el suyo dio título al primer corte», explicaba Charlie. «Eso me dio la idea de titular el resto de los temas con nombres de bateristas.

»El proyecto comenzó con Jim y yo trasteando, nada más, nosotros dos solos. Jim tenía algunas secuencias de *samples* con las que quería que tocara y así lo hice. No me lo planteé como lo haría normalmente en una banda, contratando a cinco músicos para que tocaran conmigo. Los armónicos del ritmo forman una melodía por sí solos. Así que quería que la batería sonara lo más liviana y sencilla posible. Al mismo tiempo, lo hicimos de forma muy electrónica. Y eso era lo interesante, porque yo normalmente no me muevo en ese terreno».

La reseña del álbum que hizo Tammy D. Moon para *Folk & Acoustic Music Exchange* destacaba su alcance más allá del ámbito en el que solía desenvolverse Charlie: «A mí, que no me gusta nada el *jazz,* me ha encantado este disco». Por el contrario, dentro del mundo mundillo —tan sorprendentemente estirado a veces—, la revista especializada *All About Jazz* lo calificó de «desastre».

En cualquier caso, a punto de cumplir sesenta años, Charlie se desmelenó. «Hice todo tipo de remezclas de varios temas del disco», cuenta Tony King, que supervisó su promoción, «y a Charlie le encantaba trabajar en las remezclas, le parecía genial. Me encantó ese álbum, me pareció realmente muy atrevido. Y además tuvimos algunas críticas estupendas».

Cuando volvía a casa con su esposa, Charlie apreciaba, al menos brevemente, el aislamiento de esa vida tan retirada, rodeado de sus caballos y sus perros (tenía dieciocho perros según un recuento de principios de la década de 2000), sus coches y sus colecciones y, cómo no, sus discos de *jazz* y música clásica. Esa ociosidad tan sencilla es la recompensa con la que fantasean muchos músicos cuando están de gira, pero, al estar en casa, puede convertirse rápidamente en lo contrario, como es fácil imaginar. En el caso de Charlie, la emoción de tocar y el sentirse parte de la familia de los Stones siempre acababan por hacerle volver. Eso, y el que Shirley le dijera enérgicamente: «Es hora de que te vayas a trabajar».

«A Keith le encanta salir de gira», comentaba Charlie. «Siempre que digo que voy a retirarme, me dice: "¿Y qué vas a hacer?". Y no sé qué decirle, porque en realidad lo único que sé hacer es tocar la batería. Así que es una pregunta muy difícil de responder».

Hablando para *Record Mirror* en 1969, demostró lo bien que se conocía a sí mismo. «Soy básicamente un vago», dijo. «Fuera de los Stones, nunca he encontrado nada a lo que de verdad me apetezca dedicarme. Sé que debe de sonar aburrido pero no lo es. Es verdad que pierdo mucho el tiempo, pero también lo perdería si trabajase en un banco. Nunca he querido de verdad aprender a tocar la guitarra, y además ya hay dos guitarras en los Stones, así que no tendría sentido», continuaba. «Mick Jagger también es muy buen guitarrista. Se puso a ello y practicó con ahínco. A mí me gustaría tocar la trompeta o quizá el saxo. O el trombón, tal vez. El problema es que nunca me he puesto a ello, porque supone partir de cero otra vez. He soplado alguno a veces pero nada más. Supongo que, con un poco de esfuerzo, puedes entonar una melodía, pero hay que tomarse ese trabajo y yo no me lo tomo, supongo».

Cuando no estaba viajando a Polonia para comprar caballos, Charlie aprovechaba los paréntesis de inactividad de los Stones para hacer otras cosas. En diciembre de 2000, por ejemplo, volvió a los estudios Olympic para tocar en una sesión que parecía sacada de una de sus fantasías infantiles, al colaborar con el gran Chico Hamilton, el baterista de uno de los discos que habían allanado el camino por el que Charlie transitaba desde entonces: *Walking Shoes* de Gerry Mulligan. Cuando Hamilton tituló el tema resultante «Here Comes Charlie Now», perteneciente al álbum de 2001 que lleva el nombre de su hijo fallecido, *Foreststorn,* Charlie se puso tan contento como un niño con zapatos nuevos.

Unos años después, cuando el cuarteto The ABC&D of Boogie-Woogie tocó en Nueva York, Hamilton estaba entre el público. «Fue uno de los primeros ídolos de Charlie», asegura Dave Green. «Con el tiempo vino a verle tocar. Él se sintió muy honrado. En bastantes sitios venían a verle grandes bateristas, porque él no tenía ese ego de baterista de *rock.* Admiraba a los músicos de *jazz* y ellos le respetaban mucho. Steve Gadd vino a saludarle. ¡Steve Gadd, un gigante! Charlie decía de sí mismo que era un farsante, pero era un baterista encantador. Tenía un gran tempo, un gran *swing*».

En ese mismo concierto en el Blue Note de Nueva York, hubo una interrupción amistosa por parte de otro miembro habitual del público. Al presentar Charlie a Dave como su amigo más antiguo, Keith Richards gritó: «¿Pero tienes alguno?». En Londres, Charlie asistió al concierto de los Rhythm Kings de Bill Wyman y, a su vez, tres noches más tarde, Bill fue al Ronnie Scott's a ver a la banda de Charlie, convertida ahora en tenteto. Más adelante, durante esa misma serie de conciertos, asistió también Mick, y a la noche siguiente estuvieron presentes Keith y Ronnie.

A lo largo de su carrera, Charlie no solo fue generoso con los regalos que les hacía a sus amigos, sino también con el tiempo que dedicaba a otros músicos. Además de sus colaboraciones con Leon Russell y Howlin' Wolf en los primeros tiempos de su carrera, participó en proyectos de Pete Townshend, Peter Frampton, Brian May y muchos otros. Entre estas colaboraciones destaca su intervención en una versión efervescente, grabada en París, del «Hey Negrita» de los Stones para el álbum de 2008 *Stones World* de Tim Ries, saxofonista de las giras de la banda. También colaboraron en el disco Bernard Fowler, Chuck Leavell, Ronnie y Mick, que aparecía tocando la armónica en un espectacular cameo.

En Oporto grabaron una versión igual de imaginativa del tema «No Expectations», completamente remozado para la ocasión, con Charlie a las escobillas, Ries al saxo y Ana Moura, la refinada fadista portuguesa, como vocalista principal. Charlie y Ries iban a veces juntos a clubes de *jazz,* y Dave Green llegó a tocar con Ries en el Ronnie Scott's. Eran espíritus afines, todos ellos.

«A Charlie le valía cualquier excusa para ponerse a tocar», afirma Glyn Johns. Incluso tocó en la segunda boda de Glyn. «Muy poca gente le pedía que tocara en sesiones de grabación, que yo sepa, y lo entiendo. Si no le conocías, es lógico que te pareciera que llamarle era echarle mucha cara. Hizo un par de cosas para mí, como el álbum de Pete [Townshend] *Rough Mix* [donde tocaba en «My Baby Gives It Away» y «Catmelody»]. Cada vez que se lo pedía, estaba absolutamente brillante, por supuesto».

Chuck Leavell advirtió ese mismo impulso de Charlie en los ensayos y las pruebas de sonido de los Stones. «A veces, cuando estábamos esperando a Mick o a Keith, o a los dos», recuerda, «yo empezaba alguna piececita, quizá algo cercano al *jazz*... Yo no soy músico de *jazz,* claro, pero Charlie siempre se lanzaba a acompañarme. Estaba siempre dispuesto y era capaz de tocar casi cualquier cosa. Para mí siempre era muy agradable que quisiera unirse y contribuir».

El sutil pero inexorable paso de Charlie al estatus de ídolo quedó confirmado con su aparición en marzo de 2001 en el programa de radio *Desert Island Discs.* La presentadora de entonces, Sue Lawley, se mostró palpablemente desconcertada, por no decir exasperada —aunque siempre sin perder la amabilidad—, por su característica mezcla de timidez, vacilación y resistencia a ajustarse a los tópicos de la charla sobre «famoseo». El programa confirmó ciertas expectativas al seleccionar Charlie grabaciones de Parker, Ellington y, como ya se ha mencionado, un fragmento de los comentarios de Arlott y Charlton a un partido de críquet del torneo Ashes de 1956.

Su selección, sin embargo, fue una sorpresa para muchos, pues cubría todo el espectro musical, de Tony Hancock a Ralph Vaughan Williams, además de revelar su predilección por la poesía de Dylan Thomas. Su «favorita del náufrago» fue la «Danza de los cocheros y los palafreneros» del *ballet* de Stravinski *Petrushka,* que Shirley había elegido para uno de sus espectáculos hípicos. Charlie recordaba a su nieta Charlotte «galopando por la habitación» al ritmo de la música. Otro recuerdo entrañable era bailar con Seraphina en una boda al son de *The Way You Look Tonight* de Fred Astaire. Su lujo predilecto, cómo no, eran las baquetas.

A Charlie le gustaba escuchar música clásica y, cada vez que su hermana Linda le llamaba para charlar, oía de fondo BBC

Radio 3. «Mi mujer suele decir: "Uf, qué aburrimiento"», contaba Charlie. Una vez le pregunté si tenía compositores clásicos favoritos. «Sí, pero se me han olvidado todos. Son los habituales, en realidad. Vaughan Williams y gente así».

Poco tiempo después, los Stones se instalaron por tercera vez consecutiva en Toronto, su ciudad favorita para ensayar. Les entrevisté allí en las tres ocasiones y me maravilló cómo convertían aquel viejo templo masónico de seis plantas en su lugar de trabajo durante varias semanas: había un gran escenario en una planta, una zona de relajación con camerinos individuales en otra y un comedor común en otra, todo ello decorado con gusto exquisito. Sus ensayos eran más elegantes que las giras de la mayoría.

La zona de comedor era especialmente memorable porque se asemejaba, en efecto, a una cantina de trabajo en la que la banda y su equipo tenían que hacer cola para servirse las generosas vituallas que se ofrecían. En cualquier momento podía llegar Mick mientras Charlie esperaba obedientemente su turno, Ronnie disfrutaba de su nueva sobriedad, que tanto le había costado conseguir, y Keith quizá estuviera atiborrándose de su amado pastel de carne y riñones en algún otro lugar.

Una tradición de sus estancias en Toronto era el concierto de ensayo secreto. En 2002, tuvo lugar en el Palais Royale ante unos ochocientos afortunados que en su mayoría no advirtieron el nerviosismo que sí detectó Mick entre los integrantes de la banda. La reacción de Charlie cuando hablamos poco después fue también poco entusiasta. «Es muy incómodo, hay mucho ruido y hace mucho calor», me dijo. «Pero mientras la gente se divierta, todo bien». ¿No suponía también un alivio para la banda? «Seguramente», contestó. «Yo no lo siento así, pero creo que Mick y Keith, sí. No tocamos en suficientes clubes para hacerlo bien en ese tipo de salas. Con los Stones, prefiero tocar en el estadio de Wembley».

La gira Licks, que comenzó en septiembre, combinó con inteligencia todas las escalas de un espectáculo de los Stones al mezclar estadios, salas de concierto y teatros. Keith la apodó memorablemente «la Gira de los Calzoncillos» —o a veces «la Gira de los Slips»— porque los conciertos eran de talla pequeña, mediana y grande.

«Ya hemos actuado en todos esos sitios», comentaba Charlie. «Algunas giras han sido solo en teatros, me refiero a hace años. Otras, solo en salas de conciertos. Esta vez hemos mezclado las tres cosas. Creo que fue idea de Mick, para variar un poco, y supongo que está bien así. En realidad, es más trabajo, porque vamos a hacer tres espectáculos diferentes en lugar de uno solo hasta el final. Es muy difícil trasladar cosas sutiles en un estadio, porque hay que ser muy directo y "atravesar las candilejas", como decimos nosotros. Afortunadamente, tenemos al mejor del mundo en eso: a Mick.

»Tocar en estadios de fútbol es absurdo, pero así son las cosas ahora. Yo toco en clubes y sé que es otro tipo de música, pero es muy agradable. Tocar en el Ronnie Scott's es maravilloso».

Charlie se mostró extremadamente reservado cuando le pedí que me diera alguna pista sobre el nuevo espectáculo: «No voy a decirte nada, tendrás que verlo». Cuando llegué al Fleet Center de Boston el día del concierto de apertura de la gira, vi un escenario transformado en una gigantesca valla publicitaria, con un *collage* de sesenta metros de ancho y veinticuatro de alto, hecho expresamente para la ocasión por Jeff Koons. Para proteger a la banda de los elementos, había un techo transparente en voladizo de veinticuatro metros de anchura. El escenario B —que ya no podía faltar— ocupaba su lugar habitual, disimulado en medio del público.

«Nos decantamos por un escenario muy desnudo, aparte de la enorme pantalla superior, que estaba muy bien, pero había que decidir qué íbamos a mostrar en esa pantalla tan grande», comentaba Charlie. «Es una idea que me gustaría seguir desarrollando. Si se utiliza la pantalla como un elemento escenográfico, se puede crear un ambiente totalmente distinto para cada canción. Podría convertirse en un salón de baile de Versalles o en una pantalla negra con puertas y ventanas que se abren para dar paso a otro estado de ánimo».

«Entre bastidores, él, Mark Fisher y Patrick Woodroffe hacían un montón de trabajo», cuenta Keith. «Yo soy de los que dicen: "¿Dónde está el escenario? Montadlo y vamos allá". Pero Charlie entendía mucho de ese tema. Me dejaba sorprendido cuando se ponía a hablar de las luces: los *super troupers* aquí y los arcos allí… ¡Dios mío! Aprendió mucho sobre el tema y además lo disfrutaba. Tenía alma de diseñador».

Aquella noche en Boston se percibió cierta rigidez típica de los estrenos, entre otras cosas porque, como señalaba Charlie, la banda rara vez hace un ensayo general completo que incluya la iluminación, los vídeos y demás, por lo que siempre hay cierto elemento de improvisación en el primer concierto de una gira. «A la gente le encanta ir la primera noche», decía, «pero suele ser un caos. El mejor momento para ver el espectáculo de alguien suele ser a las tres semanas de empezar la gira». La forma de tocar del baterista, afirmó la revista *Rolling Stone*, era «un hábil ejercicio de contención» dentro de una banda que actuaba «como si no tuviera nada que demostrar y al mismo tiempo tuviera que demostrarlo todo».

La gira no solo fue un éxito por su recaudación —trescientos millones de dólares—, sino que su innovador formato supuso un auténtico regalo para la banda, sobre todo para Mick. «Ese nuevo formato dio un resultado fantástico», dijo. «Yo estaba sorprendido y encantado. Funcionó para el público y nos mantuvo despiertos. La rutina mata la espontaneidad».

En la primavera de 2004, Charlie volvió a reunir a su otra banda, a su tenteto, con el que hacía tres años que no tenía oportunidad de trabajar. Volvieron a su «oficina» en Londres, el Ronnie Scott's, para una nueva serie de conciertos, si bien el álbum consiguiente, *Watts at Scott's*, que salió a la venta en verano, se hizo a partir de las grabaciones realizadas en el club londinense durante tres noches del año 2001.

Además de diversos guiños a figuras del *jazz* como Duke Ellington y Billy Strayhorn, el disco contenía una de las versiones más imaginativas de «Satisfaction» que se haya hecho jamás: el tema titulado «Faction», en el que, con sabor latino, Gerard Presencer tocaba la trompeta solista.

Cuando el álbum se publicó en junio, Charlie acababa de llevarse un susto mayúsculo. Diez días antes del lanzamiento del disco, a los sesenta y tres años, le diagnosticaron un cáncer.

Tenía, desde hacía dos o tres años, un bulto en el cuello que, en un principio, se diagnosticó como benigno. Sin embargo, al extirparlo descubrieron que era canceroso. El cáncer se había extendido además a su amígdala izquierda. «Cuando me enteré, me fui literalmente a la cama a llorar», me confesó. «Pensé que se había acabado todo, que solo me quedaban tres meses. Entras ahí y estás aterrorizado. Todas esas máquinas… Son como de la era espacial. Los cirujanos y las enfermeras tienen literalmente tu vida en sus manos». Keith comenta: «Como dijo Charlie: "Estás de pie en el Ronnie Scott's recibiendo una ovación y al momento siguiente estás tendido en una losa de mármol"».

Los médicos le dijeron que, con un tratamiento de radioterapia de seis semanas, tenía un noventa por ciento de posibilidades de recuperarse por completo, y así resultó ser, felizmente. Podía ir andando al hospital Marsden para sus citas médicas, lo que le libró milagrosamente del escrutinio de los medios de comunicación, aunque, en agosto, un breve comunicado de prensa anunció que llevaba un mes de tratamiento. A principios de octubre, Mick informó en una nota de prensa que el tratamiento había tenido éxito. Ese mismo mes, Charlie y Shirley celebraron un fenómeno que rara vez se ve en el mundo del *rock*: su cuarenta aniversario de boda.

Charlie habló posteriormente de su ausencia inicial durante las sesiones de composición y grabación de las maquetas de lo que después sería el álbum *A Bigger Bang*, de 2005. Los planes de gira del grupo dependían de su tratamiento y, paradójicamente, aquella situación incierta propició el acercamiento de Mick y Keith como compositores, algo que no sucedía desde hacía años. Ese verano disfrutaron de la experiencia —inusual en la historia reciente de la banda— de componer canciones en la misma habitación, en el Château de Fourchette, la opulenta residencia de Mick a orillas del Loira, en Pocé-sur-Cisse.

«Pasamos mucho tiempo escribiendo en casa de Mick», contaba Keith. «Trabajamos muy estrechamente, sobre todo porque lo hicimos en un entorno muy reducido, y porque nuestras filas estaban mermadas. Casi todo el material básico se hizo en la misma sala, en un par de sofás. Luego puse a Mick a tocar la batería. Nos divertimos mucho. Por primera vez en muchos años, estábamos juntos, solo Mick y yo, y: "Oye, tenemos que inventarnos algo". Y era: "Yo voy a probar esto con el bajo y tú haz la parte de piano". "No, haz tú la parte de piano"».

«Cuando Charlie enfermó», explicaba Mick, «todo se retrasó un poco, pero gracias a eso pudimos tocar la guitarra, la batería y el bajo durante un tiempo solo nosotros dos. Así que, cuando llegó Charlie, yo ya tenía muchos de los ritmos de batería preparados. Los modificamos, pero teníamos una base sólida, y utilizamos elementos de las maquetas que yo había hecho». Keith cuenta que, cuando Charlie se incorporó a las sesiones, parecía el mismo de siempre, como si simplemente se hubiera peinado y puesto un traje.

El álbum *A Bigger Bang* —que contó con la sutil dirección sonora de Don Was, el productor de los discos de la banda durante los años noventa— fue un éxito inesperado. Sus canciones despojadas y sagaces encajaban a la perfección con una banda de sesentones (aunque Ronnie solo tenía cincuenta y ocho años) y poseía, aun así, un ímpetu roquero extraordinario, desde las juguetonas «She Saw Me Coming» y «Oh No, Not You Again» de Mick hasta las melancólicas «Streets of Love» y «Laugh, I Nearly Died», también de Mick, pasando por la bulliciosa «Infamy» y la conmovedora «This Place Is Empty» de Keith. Y quienes temían que Charlie estuviera en baja forma debido a su bache de salud solo tenían que oírle llenar la sala con el enérgico *backbeat* de «Rough Justice» para comprobar que estaban equivocados.

Le pregunté si esa forma tan vigorosa de tocar era un mensaje subconsciente dirigido a sus compañeros de banda para que siguieran contando con él. «No quería demostrarles nada a ellos, quería demostrármelo a mí mismo», respondió. «Hasta ahí llega mi ego, realmente».

A esas alturas, Don Was se conocía el guion tan bien como la propia banda, pero se sintió pletórico al ver la interacción que había de nuevo entre los Stones. «Decir que hay cariño y afecto entre esos hombres no creo que exprese ni remotamente lo profunda que es esa relación, que abarca generaciones y matrimonios. Es complicada, pero todas las relaciones profundas lo son».

La gira correspondiente, tan enorme como cabía esperar, comenzó en el verano de 2005 y, bajo la atenta mirada de sus compañeros de banda, el baterista volvió a demostrar que estaba a tope de vatios. Mick bromeaba: «Siempre le digo: "Charlie, así es como tienes que hacer las entrevistas". Ya sabes, le digo: "Háblales de tu enfermedad". Porque siempre le preguntan por ese asunto y yo siempre me cachondeo. Pero no, la verdad es que tocó muy bien, no ha tenido ningún problema. No he notado ningún bajón.

»Tocar la batería durante tanto tiempo en el escenario es un trabajo muy físico. Si se retrasara un poco o si tuviera una pequeña tendencia a no marcar ciertas cosas, yo me daría cuenta. Pero no ocurrió nada de eso. La verdad es que, cuando empezamos a grabar, noté que estaba tocando muy bien, fuerte y con mucho brío. Así que no ha habido ningún problema».

Seis meses y cincuenta y cinco conciertos después —y tras haber tocado en la Super Bowl XL un par de semanas antes para una audiencia televisiva de ciento cuarenta millones de espectadores—, los Stones ofrecieron uno de los mayores espectáculos de la historia del *rock* en la playa de Copacabana, en Río de Janeiro. La asistencia, imposible de calcular con exactitud, se estima en un millón y medio de personas, lo que equivale a veinte Live Aids en el estadio de Wembley o a setenta y cinco aforos completos del Madison Square Garden.

El espectáculo, cuya planificación duró meses, requirió la construcción de otro puente para que la banda llegara desde su hotel hasta el escenario pasando por encima del público, que se extendía a lo largo de un kilómetro y medio por la famosa playa. Setenta camiones de material, medio millar de guardias de seguridad, seis mil policías militares... Fue como cualquier espectáculo de los Stones en un estadio pero a escala colosal, como nunca antes.

Sin duda, Charlie se preguntaba entre bastidores cómo debía tomarse todo aquello, pero hasta él se dejó llevar por la emoción de aquel día. Dentro de lo razonable, claro. «Fue divertido», dijo. «Para ser sincero, da lo mismo que haya dos millones o los que sean, porque tú solo ves una zona determinada. En el caso de Mick, es distinto, porque él se trabaja al público. Pero yo veía los barcos en el mar. Era un paisaje maravilloso y el día entero fue fantástico. Fue como la final del Mundial, solo que duró todo el día».

Ronnie añadía: «Fue insuperable, inconcebible y muy... ¿cuál es la palabra? Surrealista. Yo no dejaba de pensar: "¡Vienen por tierra, mar y aire!". Estábamos rodeados. Pero lo mejor de ese concierto en Río fue que no hubo ningún herido. Creo que alguien tuvo un bebé, pero nada más».

Luego vino el incidente de las islas Fiyi, que se tradujo en unas vacaciones inesperadas para Charlie. Abundaron las teorías conspirativas acerca del accidente que sufrió Keith mientras estaba de vacaciones en el sur del Pacífico con su esposa Patti, y Ronnie y Jo Wood, pero lo cierto es que resbaló y se cayó, no de un árbol, como se dijo entonces, sino de lo que él describió como un «arbusto retorcido», y tuvo que someterse a una operación urgente para eliminar un coágulo de sangre del cerebro. La explicación que dio es típica de él: «No pude agarrarme, me caí hacia atrás y besé el árbol. Y estuvo a punto de ser un beso de despedida», dijo. «Ahora no paran de regalarme palmeras de plástico. En fin, supongo que tendré que acostumbrarme. Me traen cocos a la puerta de casa.

»Cuando Charlie me hablaba de todos los TAC que le habían hecho, pensaba: "Por lo menos de eso me he librado". Y luego, de repente, ahí estoy, atravesando los mismos túneles que me había descrito él. Ahora tengo seis clavos de titanio en la cabeza. Y no suenan en los aeropuertos, te lo puedo asegurar. Lo he comprobado».

Charlie aprovechó al máximo ese paréntesis antes de que empezase la gira europea. «Me llamaron para avisarme de que se aplazaba indefinidamente y pensé: "Y ahora, ¿qué hago?". A mí, personalmente, me vino de perlas porque, como tenía que estar fuera de Inglaterra por motivos fiscales, hice el *grand tour* por Europa por mi cuenta. Estuve en Turín, Roma, Florencia y París durante un mes. Fui a muchos lugares en los que no había estado nunca, a Pompeya y todo eso. Fue un viaje muy cultural, como un *grand tour* del siglo XVIII.

»Llevaba un par de vaqueros [¿Vaqueros? Sí que era grave la cosa] y un par de zapatos. Para mí eso era un desastre. Así que me fui directamente a Roma y me compré otro traje. Para mí fue una maravilla. Para Keith debió de ser un infierno, pero yo me lo pasé muy bien».

Le recordé esto a Keith posteriormente. «Sí, me lo dijo», se rio. «Me dijo: "Vuelve a hacerlo. Me lo he pasado en grande"».

Jools Holland comenta: «Charlie era un cruce muy curioso entre un caballero del siglo XVIII que podías encontrarte en tus viajes, que aparecía como por arte de magia en tu vida, y un londinense parco en palabras pero muy cultivado. Con "caballero del siglo XVIII" me refiero a los jóvenes adinerados que hacían el *grand tour* y se ponían a dibujar allá donde iban. Él era igual».

Keith llega a la misma conclusión. «Voy a decirte lo que era: era un puto caballero», dice. «Como del siglo XVIII». El propio Charlie lo reconocía. «Yo debería haber nacido en 1810», le dijo a *Esquire*. «Vivo como un terrateniente victoriano. Me levanto, decido qué ponerme, desayuno y me paseo por ahí como el señor de la mansión. Doy una vuelta por la yeguada y miro los caballos… Tenemos una granja de cría de caballos. Es de mi mujer, en realidad: es su pasión. Tenemos caballos desde que nos casamos, pero yo nunca he montado. Eso sí, tengo unos trajes fabulosos para ir a montar: calzas y tres pares de botas. Y también unos carruajes antiguos preciosos».

Holland viajó con la banda por los Estados Unidos y Japón cuando estaba recopilando entrevistas para el libro *The Rolling Stones: A Life on the Road*. Las entrevistas quedaron recogidas en la edición de 1998 que hizo Dora Loewenstein, hija del antiguo asesor financiero de la banda, el príncipe Rupert

Loewenstein. Durante ese periodo hubo tiempo de sobra para que Charlie y Holland se conocieran mejor, y para que el baterista exhibiera su estudiado rechazo al estilo de vida que se le presuponía a la generación *rock*.

«Era un señor impecable en esos hoteles enormes», recuerda Holland. «Tenían una *suite* cada uno y, cuando hacían esos conciertos inmensos, disponían de tres noches libres, porque se tarda mucho en desmontarlo todo y volver a montarlo. No es como dar cuatro conciertos y tener una noche libre, que es lo que hacemos los demás.

»A veces te invitaban a lo que ellos llamaban "la Jaula", que era la *suite* de Keith, donde se ponía una música maravillosa. Era como en *El señor de los anillos*, donde los elfos tocaban una música que no sabías muy bien cómo definir, pero era tan hermosa que llorabas y solo querías volver a escucharla. Yo le decía: "Keith nos ha invitado a la Jaula esta noche". Pero él no quería ir, no le apetecía.

»A mí me gustaba que tuviera su rutina, e ir a su habitación a tomar un café con él. Estaba todo perfectamente ordenado. Decía que habría sido muy feliz siendo un caballero rural, pero que habría sido igual de feliz como mayordomo, porque los mejores caballeros también eran buenos mayordomos: si uno mismo no sabe lo que hay que hacer, no puede esperar que otros lo hagan».

Charlie no mostraba ningún interés por los nuevos inventos tecnológicos que iban surgiendo tanto dentro como fuera del ámbito de los Stones, o vivía completamente ajeno a ellos. Recuerdo que le mencioné que el documental de su concierto de 1991, *Live at the Max,* se iba a estrenar en formato IMAX de alta resolución, que era el más moderno en ese momento. «¿Ah, sí?», dijo con evidente desinterés.

En la gira Bridges to Babylon, el periplo de noventa y siete conciertos que abarcó cuatro continentes entre 1997 y 1998, se interpretaba cada noche una canción elegida por «voto web» a partir de las peticiones del público en internet. Cuando se lo comenté a Charlie en nuestro siguiente encuentro reaccionó con su indiferencia característica, tan divertida —aunque lo fuera involuntariamente— que a menudo costaba no echarse a reír.

«No es que tenga nada que objetar, pero tampoco es algo que me interese especialmente», dijo. «No me atraen los ordenadores ni internet, pero a Mick sí que le interesa mucho todo eso y, desde su punto de vista, era una idea genial. A mí no me apasiona, pero tampoco todo el mundo de la tecnología. Nunca me ha apasionado».

La gira se reanudó en el estadio San Siro de Milán en julio de 2006 y, cuando asistí al espectáculo en el Amsterdam Arena, ocho conciertos después, nadie habría adivinado que había estado precedida por tantos azares. El baterista gozaba ahora de toda la atención del público, convertido en la figura de un anciano entrañable. Un fan lucía una camiseta con la leyenda «Charlie Watts y sus fabulosos Rolling Stones».

«Subir al escenario», declaró Mick antes de ese concierto, «debe de ser como practicar deporte de élite. Depende por completo de tu confianza en ti mismo y del temple que tengas. Tienes que demostrarte que puedes hacerlo. Creo que para Charlie y Keith los primeros conciertos tienen que haber sido bastante difíciles. Todo el mundo te mira pensando: "¿Está bien?". Ese factor debe de estar ahí».

En verano los Stones casi completaron el círculo —magnificado a la enésima potencia—, volviendo a su punto de partida al dar dos conciertos en el estadio de Twickenham. «Solíamos tocar justo al lado, en el Richmond Athletic Ground, y luego en el Station Hotel», comentó Mick. «Así que tocar en Twickenham es de verdad como estar en casa. Menos para Charlie. Él es de Wembley, así que el estadio de Wembley es más como su hogar».

Cualquier espectáculo en casa suponía otro reto para la meticulosidad instintiva de Charlie. «Siempre hay un montón de gente que conoces y que te cae bien, y están todos ahí, así que te entra un poco el pánico», comentaba. «Es un poco: "Ay, vaya, otro montón de gente". Siempre te acuestas pensando: "¿Le he preguntado a fulanito?"».

Charlie y Ronnie volvieron a Londres en noviembre de 2006 para prestar apoyo moral a Mick en el funeral de su padre, Joe, que había muerto a los noventa y tres años. Unos días antes había fallecido también Art, el hermano mayor y precursor musical de Ronnie, al que Charlie conocía desde sus tiempos en Blues Incorporated con Alexis Korner. La queridísima madre de Keith, Doris, falleció a los noventa y un años la primavera siguiente.

En junio de 2007, mientras la gira A Bigger Bang resonaba por toda Europa, los Stones encabezaron el Festival de la Isla de Wight. Acompañaron a la banda en el escenario dos de las principales estrellas del joven panorama musical británico: Paolo Nutini en *Love in Vain* y Amy Winehouse en *Ain't Too Proud to Beg*. Lamentablemente —y hablo como testigo presencial—, Amy tenía, por decirlo de algún modo, mermadas sus facultades por la embriaguez. Charlie se mostró de acuerdo.

«Estuvo fatal con nosotros, pero el día anterior, con su banda, lo hizo genial», comentó. «Pensé: "Dios mío, ¿es la misma chica?". Es una banda estupenda, en el disco [*Back to Black*] están geniales, y ella, fantástica. La he escuchado mucho desde entonces, pero con nosotros me pareció que estuvo bastante…"». Hizo una pausa y le señalé que no se sabía la letra de la canción de los Temptations que cantó a dúo con Mick. «No, no se la sabía. No era la Amy Winehouse que uno conoce y adora. Pero, en cierto modo, fue estupendo tenerla cantando con nosotros, ¿no?».

Después, procedió a explicarme —no por primera vez ni por última— por qué le desagradaban esos eventos a gran escala y por qué disfrutó de aquel. «No me gusta actuar en esos festivales, odio tocar con otras ochenta bandas, pero lo del Isla de Wight estuvo muy bien. Me sorprendió mucho lo agradable que fue. He estado allí como espectador, viendo tocar a gente, pero tocar allí me pareció estupendo. Ir en el barco fue genial. Tenemos mucha suerte en ese sentido, nos lo pasamos muy bien.

»Dicho esto, he actuado en unos cuantos [festivales] de *jazz*. Stu te llevaba por toda Europa y yo los odiaba. Me encanta ir a festivales a ver a otra gente, pero odio actuar en ellos. Les falta esa sensación de excepcionalidad. Están muy bien pagados, pero… Recuerdo una vez que volvía de tocar en París y Stu me llevó en coche, me quedé dormido y me desperté en La Haya [para el Festival de Jazz del Mar del Norte]. El bueno de Alexis Korner venía con nosotros. La banqueta del baterista ni siquiera acababa de enfriarse, te metían a ti a toda prisa y al otro lo mandaban a paseo. Acabamos de tocar, nos dieron una llave, fuimos a mi habitación y la cama estaba todavía caliente porque acababa de marcharse la banda de Dizzy Gillespie. Así es. Pero es fantástico si coincides con gente a la que hace años que no ves, y siempre pasa algo interesante cuando hay grandes bandas tocando».

En agosto los Stones tocaron tres veces en el O2 Arena, y pusieron así punto final a la gira A Bigger Bang, su mayor éxito hasta la fecha: una epopeya de ciento cuarenta y siete conciertos en dos años que recaudó quinientos cincuenta y ocho millones de dólares. Había llegado la hora de tomarse unas largas vacaciones. Charlie regresó a su granja en Dolton, pero a finales de 2008 visitó Londres para homenajear a uno de sus compañeros de toda la vida: entregó el premio Zildjian a toda su trayectoria como baterista a Ginger Baker en el Shepherd's Bush Empire. Las fotografías de esos dos presuntos cascarrabias sonriendo de oreja a oreja son una delicia.

«Su amistad perduró», asegura la hija de Baker, Nettie. «Cuando Charlie estaba en los Estados Unidos, una vez se presentó en el rancho de mi padre y le dijo: "Puedes venir a ver a los Stones, pero sé que no lo harás porque los odias". Cuando se encontró con él en la gala y Charlie le entregó el premio a toda su carrera, se alegraron mucho de verse. Mi padre no paraba de decirle: "¿Te acuerdas de cuando íbamos juntos en la Bakerloo Line?"».

John DeChristopher, exvicepresidente de Zildjian, entabló una relación muy cordial con Charlie, y recuerda que los dos amigos estuvieron hablando una hora entre bastidores antes de la gala. «Charlie era uno de los pocos bateristas de los que Ginger hablaba bien y a los que respetaba», afirma, «y creo que se debe a que se conocían desde hacía mucho tiempo. Él sabía cómo era Charlie. Y Charlie siempre hablaba de él con mucho respeto.

Aquella noche, después de presentar el premio, me dijo que tenía preparado todo un discurso sobre Ginger. Pero en aquel momento se quedó en blanco y solo acertó a decir: "El mejor"».

El mundo del *jazz* estaba a punto de brindar a Charlie otra gran aventura, posiblemente su favorita. Empezó a dar conciertos no con uno, sino con dos pianistas de *boogie-woogie*, Ben Waters y Axel Zwingenberger. Entre ellos, uno en el conocido club de *jazz* Bull's Head de Barnes, en la zona oeste de Londres, y otro en el 100 Club. Al poco tiempo, lo que había empezado siendo un entretenimiento se convirtió en una gira en toda regla, con conciertos en diversos lugares de Europa, y la formación adoptó el nombre de The ABC of Boogie-Woogie por las iniciales de sus nombres de pila.

Poco después sacaron un álbum, *The Magic of Boogie Woogie*, y el nombre del grupo se alargó con otra inicial, al incorporarse Dave Green, el amigo de infancia de Charlie, a la sección rítmica. The ABC&D of Boogie-Woogie había alcanzado su forma definitiva. «Son dos pianos de cola acústicos, lo que es muy poco frecuente», comentaba Charlie. «Por eso me gusta la banda. Es fantástico verlo. Ni una guitarra a la vista».

«Me encontré con Axel en Viena por casualidad», me contó Ben Waters en 2012, cuando se publicó el álbum fruto de la gira con el título *Live in Paris*. «Yo estaba actuando allí y fuimos a su casa y estuvimos tocando el piano. Me dijo: "Me encantaría hacer algunos conciertos contigo en Inglaterra". Así que organicé un concierto con los dos tocando, y luego tuve el descaro de escribir a Charlie, porque sabía que había tocado otras veces con Axel. Ian Stewart era amigo de mis tíos, que también conocían a Charlie. Le dije: "¿Podrías venir a tocar la batería?", y lo hizo.

Fue increíble. No habíamos vendido muchas entradas nosotros dos solos, y el día que Charlie dijo que vendría a tocar se agotaron en dos horas. Fantástico».

«Cuando Ben me lo pidió», contaba Charlie, «no tenía nada que hacer y ya era hora de que saliera de casa, según mi mujer. Además, Axel está empeñado en convertir al mundo al credo del *boogie-woogie* y de momento está a medio camino de conseguirlo. Esperamos que con esto llegue a las tres cuartas partes. Es un fenómeno. Es muy divertido tocar en esta banda y David está perfecto. Es uno de los instrumentos solistas, curiosamente. Yo ahora toco un poco más la batería, pero no mucho».

En aquella entrevista de 2012, Charlie mostró una actitud muy distinta a la habitual, mucho más relajada y locuaz. «Para mí, esta banda es lo más parecido que hay a una velada en el Café Society en 1939», dijo sonriendo al imaginarse al grupo en Greenwich Village. «Ese es mi ideal de cómo debería ser. Axel me regaló una copia de una grabación de Benny Goodman con Albert Ammons, Pete Johnson y Meade «Lux» Lewis tocando con la orquesta de Benny en una cosa de la radio. Es fantástico. Es increíble. Dios mío, eso sí que es *swing*.

»A la gente le encanta esta música cuando se pone a escucharla. Seguramente no les gusta la pinta de los carcamales que la tocan, pero es una música muy divertida. No es nada pretenciosa y es muy directa. Es maravillosa de tocar. Nunca nos lo hemos tomado como una competición, ¿sabes lo que quiero decir? Es como quedar para jugar un partidillo, solo que nosotros tocamos en clubes y me gusta que sea así».

El álbum en directo incluía una versión irresistible de una canción que se remontaba a las primeras grabaciones de los Stones, el éxito de Bobby Troup «(Get Your Kicks On) Route 66», el primer tema del primer elepé de la banda. Le pregunté a Charlie en qué se diferenciaban las dos versiones, como intérprete. «Es difícil decirlo», dijo con sagacidad. «Lo que tocas se adapta a ese conjunto concreto de músicos. La versión de los Stones se basaba en la guitarra de Chuck Berry, con Stu haciendo trinos por encima o retumbando por debajo.

»Esta está basada totalmente en el piano y en un bajo con *swing* de *jazz*, lo que produce una sensación muy distinta. A veces, cuando nos ponemos en plan Jerry Lee Lewis o Little Richard, toco como lo haría con los Stones. Pero eso es Ben quien lo decide, si le apetece incluir esas canciones. Nunca ensayamos. Ni siquiera la primera vez que tocamos. Pueden salir cosas muy distintas cada vez. Yo me limito a sentarme allí. No sé lo que va a tocar Ben a continuación».

Había una ciudad en la que a Charlie le habría encantado tocar con el cuarteto, una ciudad enraizada en lo más profundo de su ADN musical. «Tenía muchas ganas de ir a Chicago», dijo, «porque esta música procede de allí. Sí, lo mismo ocurrió con los Stones. Acabamos allí tocando *blues* de Chicago con más público del que tenía Muddy Waters». Se rio. «Como dice siempre Keith, de eso se trata en realidad: de pasar el testigo, de que algún chico joven te copie y empiece a tocar, o copie a algún viejo cantando *blues* en un arrozal».

Una de las actuaciones de la banda en aquella gira tuvo como escenario los Dolomitas. Charlie la describía con su sorna inimitable: «Fue muy raro, en medio de las montañas, con la iglesia y los pájaros cantando y la nieve, y te sientas allí y piensas: "¿Quién va a venir a esto?". Tocamos en un auditorio en pendiente, no había nadie, solo dos señoras mayores que bajaban por la calle a comprar una barra de pan. Y a las siete, cuando llegó la hora, estaba completamente lleno. Les encantó».

Durante las giras de The ABC&D, Charlie estrechó su amistad con Holland, que a veces acompañaba a la banda como tercer pianista. «Cuando estuvimos en Austria, pudimos hablar más», recuerda Holland. «Charlie de gira con los Rolling Stones es la mayor máquina de hacer giras del mundo. Llevan años dedicándose a ello, está todo muy bien engrasado y tienen gente que se ocupa de todo.

»Pero cuando salía de gira con The ABC&D of Boogie-Woogie, no había nada de eso. A veces era un poco caótico, y no había nadie que se ocupara de facturar tu habitación. Pero Charlie no se angustiaba por eso. Le divertía ese caos. Aprendí mucho de él sobre cómo mantenerse sereno y en calma, que no tiene sentido ponerse nervioso. Pase lo que pase, angustiarse no va a servir de nada. Ese era su método.

»Le encantaba tocar con Axel, Ben y Dave porque amaba de verdad el *boogie-woogie*. Entendía mejor que nadie la conexión entre esa música, como parte del *jazz* primitivo, y su metamorfosis en el rocanrol popular. Y la gente acudía porque veía su vínculo con la gran música *boogie* de los Stones, que surte ese efecto sobre el espíritu humano, dándote ganas de bailar».

Por eso, asegura Holland, Charlie aceptó encantado echarse de nuevo a la carretera cuando ya casi rozaba los setenta años: para tomarse un descanso de las grandes giras, se fue de gira. «Lo hizo porque los Stones disponían de largos descansos entre una y otra. Si eres músico, tienes que practicar. No puedes limitarte a hacerlo en casa, no es el mismo ejercicio, en absoluto.

Charlie disfrutaba viajando con Dave, su amigo de toda la vida, y nos lo pasábamos muy bien juntos. Dave y él se envolvían en una manta en la parte de atrás del autobús, como un par de jubilados disfrutando de la vida.

»Recuerdo que una vez, en Hamburgo, nos alojamos en el hotel Atlantic, un hotel muy grande en el que Charlie solía alojarse desde hacía años. No hay mucha gente tan internacional como los Rolling Stones. Llevan mucho tiempo en la brecha y tocan en un montón de ciudades, así que hacen amigos en todo el mundo. Había allí un austriaco que tenía algo que ver con el mundo de los caballos de carreras, un tipo impresionante. Estuvimos cuatro horas desayunando».

Holland concluye: «Pude comprobar, a medida que los amigos de Charlie aparecían de la nada mientras viajábamos, que trababa relación con gente que parecía sacada de películas glamurosas de los años setenta, en Suiza, Alemania y Francia. Venían a los conciertos de *boogie* con esmoquin. Era una mezcla increíble. Había un tipo que era como un expresidiario, como un villano alemán, que aparecía por allí. No te explicabas quién era la mitad de esa gente, pero todos adoraban a Charlie».

BACKBEAT

El don de regalar

A Charlie Watts no le preocupaba lo más mínimo gastar grandes sumas de dinero en sus propias aficiones, en parte porque también gastaba mucho en las aficiones de sus amigos y en demostrarles cuánto los quería. Su don para hacer regalos armonizaba con su don para tocar la batería.

Allá donde uno vaya dentro del mundo de los Rolling Stones encuentra amigos y compañeros de viaje que disfrutaron de la extrema generosidad de Charlie, una generosidad que él dispensaba sin pretensiones ni aspavientos. Los escépticos argumentarán que es fácil ser desprendido cuando se tienen millones en el banco, pero en la industria musical no abundan los artistas que dejen de pensar en sí mismos el tiempo suficiente para fijarse en quienes los rodean, y mucho menos para recordar sus respectivas pasiones.

Dave Green, su amigo desde tiempos de los prefabricados de Wembley y las cartillas de racionamiento, cuando ambos llevaban aún pantalones cortos, cuenta una anécdota típica de Charlie. «Era muy generoso. Un día se presentó en el Pizza Express, en el Soho, llevando una bolsa. Me dijo: "Te he traído esto". A mí me interesa mucho la exploración de los polos. Soy aficionado a coleccionar libros sobre el tema y Charlie lo sabía.

»Me había comprado cuatro volúmenes preciosos del *South Polar Times,* facsímiles del periódico que seguía la expedición del capitán Scott en la Antártida. Yo no podía permitirme comprarlos, claro, y él apareció con ellos». Los diarios, escritos por los miembros de la expedición para aliviar el tedio en aquellas largas y crueles noches de invierno, combinaban pasatiempos y caricaturas con textos especializados sobre focas, ballenas y pingüinos.

«Sé exactamente de dónde los sacó», añade Dave. «Cuando se mudó a Pelham Crescent, había una sucursal de Peter Harrington [la empresa de libros raros perteneciente a la Antiquarian Booksellers' Association] a la vuelta de la esquina. Trabajaba allí un tal Glen, al que conocí en el homenaje a Charlie en el Ronnie Scott's [en diciembre de 2021], que fue una noche maravillosa. Era un tipo encantador», continúa Dave, «y fue muy agradable conocerle, porque ahora sé quién conseguía todas esas cosas que me regalaba Charlie, incluidas algunas fotos de Scott LaFaro, que tocaba con Chet Baker y es uno de mis contrabajistas preferidos. Yo nunca había visto esas fotografías. ¿Sabes que Charlie coleccionaba primeras ediciones de P. G. Wodehouse? Pues también se las conseguía Glen. Así era Charlie. Me regaló como si tal cosa esos libros increíbles».

En parte, el placer de escuchar estos relatos se debe seguramente a su incongruencia. Solo hay que imaginarse a Charlie llevándole libros sobre exploradores de la Antártida a su amigo de toda la vida a un local de *jazz*. O comprando espadas prehistóricas envueltas en papel de estraza. Todo lo que fuera coleccionable, ya fuera para él o para sus amigos, le interesaba.

Bill Wyman también fue el feliz destinatario de algunos de sus regalos. Su salida a cámara lenta de los Rolling Stones, oficializada en 1993, le dejó en libertad para dedicarse a un sinfín de nuevos proyectos, pero aun así siguió formando parte —en sentido literal— de la lista de tarjetas de felicitación de Charlie. «Siempre nos comprábamos regalos, en los cumpleanos y en Navidad, y seguimos haciéndolo», me cuenta Bill. «Todavía recibo una caja de vino de Mick, y Keith nos envía caviar. Nos mandamos cosas, como hemos hecho siempre». En 2011, cuando Wyman cumplió setenta y cinco años, la banda le envió setenta y cinco rosas.

Sin embargo, la generosidad de Charlie para con su viejo amigo era de otra índole. «Me aficioné a la arqueología en los años noventa, en mi casa», cuenta Bill, «porque unos obreros encontraron unos restos en los terrenos y pensé que tenía que haber más cosas por allí. Encontraron un jarro de cerámica del siglo XV. Así que me compré un detector y empecé a buscar, y encontré un yacimiento romano en la carretera del que nadie sabía nada. Hallé cientos de monedas y fíbulas romanas, cosas de todo tipo.

»Cuando Charlie se enteró, empezó a ir a sitios y a comprar objetos arqueológicos que tenían precios astronómicos. Entonces estaba ganando dinero a toneladas, claro. Yo me fui antes de que la banda empezara a ganar dinero a lo grande, solo con una pequeña suma para salir adelante, y tan contento. En la última gira que hice, las entradas costaban 29,95 libras o algo así. Después empezaron a ganar dinero a lo bestia, así que Charlie tenía medios.

»Un año se pasó por aquí justo antes de Navidad, yo le di su regalo y él me dio un paquete largo y bastante pesado, envuelto con papel de periódico y de estraza, con cuerda de yute, y me dijo: "Cuídalo, porque es un poco especial". Yo le dije: "Vale, Charlie", y lo guardé. Luego nos fuimos al campo y lo puse debajo del árbol y, en Navidad, Suzanne [su mujer] me dijo: "Deberías echar un vistazo a lo que te ha regalado Charlie". Abrí esa cosa y resulta que era una espada completa de la Edad del Bronce, de en torno al año 1000 a. C.

»Luego, la Navidad siguiente, me compró un cuenco romano de cristal, y en otra ocasión, unas hojas de hacha de la Edad del Bronce, de entre 1500 a. C. y 800 a. C., y otro año unos cuantos broches romanos decorados con incrustaciones. Tengo un montón de cosas. Me regaló una espada del siglo I y un puñal del siglo XVII encontrado en el Támesis.

»Yo siempre le decía: "Charlie, no puedes comprarme estas cosas, porque yo no puedo comprarte cosas de la misma calidad". Y me contestaba: "Tú no tienes dinero, así que qué más da". Lo cual no era cierto, pero… Yo le buscaba objetos de críquet y le regalaba cosas así, que siempre le encantaban. O sea que un poco sí contribuí a sus colecciones».

Hay que tener el corazón de hielo para no enternecerse ante las repetidas muestras de afecto que se dedicaban entre sí Charlie y sus compañeros de banda. «Nos regalábamos cosas muy bonitas e investigábamos lo que le gustaba a cada uno», cuenta Mick. «A él le gustaba la plata, y me regalaba todo tipo de piezas ornamentales raras y valiosas. Me regaló una foto de Little Walter con su firma en el dorso, y yo, programas de Louis Armstrong firmados por toda la banda».

Ronnie recuerda: «Cada Navidad, cada cumpleaños, mandaba una dedicatoria escrita de su puño y letra y un regalo bonito, lo que fuera, un jersey o una chaqueta preciosos y muy caros. Siempre me compraba cosas bonitas de ese tipo. Tengo en casa una caja preciosa que uso siempre, con dragones chinos. Es una obra de arte absolutamente maravillosa. Yo le compraba objetos raros, como pimenteros del siglo XVII, cosas así, fuera de lo común. Charlie siempre elegía regalos de muy buen gusto».

Chuck Leavell, teclista veterano y director musical de la banda del directo de los Rolling Stones, cuenta una anécdota que resume muy bien lo considerado, observador y desprendido que era el baterista con sus amigos y compañeros. A finales de los años noventa, casi al terminar una gira europea, Leavell estaba buscando un border collie como regalo de cumpleaños para su esposa, Rose Lane.

«Se lo comenté a Charlie y me dijo que Shirley era la presidenta de la Sociedad del Border Collie y que si quería que investigara», recuerda. «Luego volvió y me dijo: "Te he encontrado dos hembras. Si no quieres las dos, yo me quedo con una. Son hermanas". Como el último concierto de la gira era en Zúrich, Charlie le pidió a un empleado de los Stones que fuera a la granja de Devon, cerca de la suya, donde estaban las perras, e hizo que las mandaran a Suiza.

»Fuimos a recogerlas y eran los cachorros más bonitos del mundo», cuenta Leavell. «Se los enseñé a toda la banda. Había algunos familiares por allí y todo el mundo estaba encantado con nuestras border collies, Molly y Maggie. Las tuvimos hasta que murieron, pasado mucho tiempo, cerca de quince años, seguramente. Cada vez que veíamos a Charlie y Shirley, nos preguntaban qué tal estaban las perras y les hacíamos un informe».

Tony King, que durante un cuarto de siglo fue una pieza clave de la maquinaria de los Rolling Stones tanto en casa como cuando estaban de gira, entabló un vínculo muy especial con Charlie. «En la última gira que hice, que fue A Bigger Bang, pasamos mucho tiempo juntos. Él sabía que yo me había esforzado mucho y después de la gira me regaló una caja preciosa, y dentro había un reloj Tiffany. Tuve que tasarlo para el seguro y valía siete mil libras. Todavía tengo unas toallas preciosas, hechas a mano, que me regaló, y sábanas de hilo. Este anillo me lo regalaron Charlie y Shirley cuando cumplí cincuenta años. Es mi favorito y siempre lo llevo.

»Lo que pasaba con Charlie y Shirley es que tenían un gusto impecable», añade King. «Cuando te regalaban algo, no solo era de muy buen gusto, sino que además elegían siempre un aspecto de tu personalidad, algo que iba contigo. Eran muy inteligentes en ese sentido, formaban un gran equipo, y Seraphina lo ha heredado de ellos. Es muy atenta. Me regaló unos tulipanes preciosos cuando cumplí ochenta años [en marzo de 2022]».

A Glyn Johns también le encantaban los regalos de Charlie. «Tengo dos cosas que me regaló él. Una es un mapa antiguo muy bonito de Surrey, donde yo vivía en ese momento, que me regaló en una de mis bodas, y otra, una corbata que me compró. Estábamos en San Francisco y debimos ir a dar un paseo, o algo así, para salir del hotel. El caso es que acabó regalándome esa corbata fabulosa, que, de hecho, es mi favorita».

Charlie también inspiraba esa misma generosidad en quienes le rodeaban. En 1968, Tom Keylock, el chófer y «chico para todo» de los Stones, le dijo a *NME:* «Siempre he querido comprarle algo a Charlie, pero es muy difícil, porque los discos y cosas así no significan nada, y entonces vi un caballo precioso, tallado en un trozo de madera maciza. Se lo regalé ayer. Se quedó pasmado, nunca he visto nada igual».

Jools Holland no es, desde luego, de esas personas que se quedan boquiabiertas al ver a un famoso, pero, aunque lo fuera, sus décadas de experiencia trabajando y tocando con los mayores artistas del universo musical le han ayudado a conservar la calma y a desenvolverse en casi cualquier circunstancia. Aun así, incluso él confiesa que se emocionó al descubrir que formaba parte de la lista de regalos de un hombre al que admiraba desde los años sesenta, cuando escuchaba con fervor discos de 45 revoluciones.

«Le gustaba Horatio Nelson», cuenta. «Estaba estudiando batallas del siglo XVIII o algo así, así que le regalé un busto de Nelson que encontré no sé dónde. Siempre estoy buscando cosas, igual que él. Aquello le gustó mucho y fue muy amable, porque después me regaló un cartel de un concierto. Me hizo varios regalos fantásticos. Le veía y me decía: "Tengo un regalo para ti". Charlie sabía que me gustaba Fats Waller», prosigue el pianista, «y, al igual que yo, coleccionaba fotografías de los primeros tiempos del *jazz* firmadas por los artistas. Él tenía alguna de la orquesta de Count Basie de 1948, o algo así, firmada por todos los integrantes. No es algo de un gran valor económico, pero es alucinante. Le conté que yo tenía varias; tengo una de Louis Armstrong y Duke Ellington. Me gusta comprarlas de vez en cuando.

»El cartel era de 1937, de cuando Fats Waller visitó Londres y actuó en el Finsbury Park Empire. Era un espectáculo de variedades: había tres funciones por noche, él salía y tocaba dos canciones, luego había un ventrílocuo, después un caricaturista, los gemelos no sé qué, que eran acróbatas… Fue la época final del *music hall,* en realidad. Charlie me comentó que a Fats lo anunciaban como "el mejor pianista rítmico de los Estados Unidos", y mucha gente olvida que el piano es un instrumento rítmico. Es como la batería.

»En el reverso del cartel había una cosita acerca del viaje de Waller de aquella época, un pagaré en el que reconocía que su mánager le había adelantado doscientas libras en efectivo. Como era oficial, lo había firmado "Thomas —su verdadero nombre— 'Fats' Waller. Suma recibida, doscientas libras en efectivo", y también decía que se alojaba en el Savoy. Charlie comentó: "¿Te imaginas cuánto eran doscientas libras?". Eran un coche nuevo. Seguramente con ese dinero podría haberse comprado una casa en algún sitio. Charlie dijo: "Y seguro que se lo fundió en una semana. En la música no ha cambiado nada, ¿verdad?».

Holland también cuenta una anécdota relacionada con la empresa de libros raros de la que hablaba Dave Green. «Fue algo de verdad muy conmovedor. Casi lloré cuando me enteré. En el homenaje a Charlie en el Ronnie Scott's, había una persona de la librería Peter Harrington que estaba muy cerca de la casa de Charlie en Londres. Cuando Charlie me regaló el cartel, me dijo: "Quiero que te quedes con esto. Lo he comprado y, si tuviera una foto de Fats, me gustaría, pero me he dado cuenta de que no me sirve, porque yo quiero uno que lleve la foto. Así que prefiero que te lo quedes tú, porque no encaja en los criterios de mi colección". Me lo dijo como si fuera algo que le sobraba y que no quería. "Ay, Charlie, qué amable, gracias", le dije.

»En el homenaje, el tipo de Peter Harrington que solía venderle libros y cosas a Charlie me dijo: "Nosotros le conseguimos un par de cosas que te regaló". Yo le contesté: "Sí, tengo un cartel precioso firmado por Fats Waller con un pequeño pagaré. Una pieza histórica fantástica, pero Charlie me dijo que lo había comprado y que luego se había dado cuenta de que no encajaba en su colección", Y el hombre me dijo: "No, no, no fue así. Me pidió que buscara algo de Fats Waller para ti, porque decías que no encontrabas nada. Lo busqué por encargo suyo, para que te lo regalara". Fue muy propio de Charlie. Le quitó importancia a aquel gesto en lugar de decirme que había buscado el cartel expresamente para mí. Me emocioné y tuve que salir de la habitación».

Charlie volvió a mostrarse igual de generoso en su siguiente encuentro. «Me trajo un par de libros», cuenta Holland. «Uno de ellos muy raro. Era un librito sobre Pete Johnson, el pianista de *boogie-woogie,* escrito por alguien que lo conoció en vida. Era casi una autoedición de los años cincuenta, cuando Pete ya era viejo.

»Otra cosa que me hizo mucha gracia es que habíamos hablado de Edgar Lustgarten, que hacía series policiacas [era el locutor y escritor de novelas policiacas que presentó el programa *Scotland Yard* durante ocho años, desde 1953, y *The Scales of Justice* entre 1962 y 1967 de la televisión británica]. Charlie me dijo: "Me encantaban esas series porque estaba sentado detrás de su mesa, en esa habitación tan bonita". Yo le dije que me gustaba mucho esa habitación. Lustgarten decía: "El asesinato es algo extraordinario. Todo el mundo cree saber cuál es el asesinato perfecto, pero no es así...", y entonces cortaban y aparecía un coche patrulla Wolseley saliendo de Scotland Yard. Solo duraba media hora, y nos encantaba, el programa y su habitación.

»Le dije: "¿Sabes, Charlie? Para mi casita de Londres, he estudiado esa habitación para ver cómo tiene las cosas. Quiero vivir en esa habitación". Intentaba recrear esa salita tan cuca de los años cincuenta en la que vivía Edgar Lustgarten. A Charlie aquello le hizo mucha gracia y la siguiente vez que nos vimos me regaló una primera edición firmada de Edgar Lustgarten, muy rara. Era muy emocionante que tuviera en cuenta esas cosas».

Igual de conmovedor —además de ser un símbolo duradero de la amistad entrañable que compartían— es un detalle de la enorme maqueta de tren que Holland tiene en su casa de Kent. Me envió, orgulloso, una foto en primer plano de una sección de la maqueta en la que aparecen reproducciones que remiten a la infancia y la juventud de Charlie. «Tengo una maqueta de los prefabricados donde vivían él y Dave Green. Le enseñé una foto y le encantó. Le dije: "Tengo la tienda de mi padre y tu prefabricado, el de Dave al lado y otro más, habitado por no sabemos quién". Por desgracia, no llegó a verla en persona».

La amabilidad de Charlie llegaba a todos los confines del globo. En 2011, un admirador contó en un foro de internet sobre los Stones que su suegra había conocido a la familia Watts cuando Charlie era jovencito y que, cuando se casó, había llevado el velo de novia de la hermana de Charlie, Linda. La mujer recordaba que el joven Watts iba a su casa a tomar una taza de té de vez en cuando, antes de que las familias perdieran el contacto y ella se mudara a Adelaida a finales de los años sesenta.

Una generación después, la hija de la mujer escribió a Charlie y le mandó fotos de la boda de su madre. Una noche, pasadas las doce, sonó el teléfono. Era Charlie, para decir que había recibido la carta, que iba a escribirle, que volvería a llamar y que disculpara por haberlos despertado. «Mi mujer y yo todavía no nos lo creemos», contaba el admirador. «Es todo un caballero».

Mark Smallman, líder de la banda tributo The Rollin' Clones, cuenta que su baterista, en un arrebato de optimismo, invitó a Charlie a su fiesta de cumpleaños. Recibió en respuesta una carta manuscrita que decía: «Muchas gracias, me encantaría ir, pero tengo un compromiso familiar. Les deseo mucho éxito a los Rollin' Clones. Atentamente, Charlie Watts, baterista de los Rolling Stones».

8

EL LARGO CAMINO A CASA

En la década de 2000 hubo una nueva incorporación a la comitiva de los Stones. Llegó de visita, siendo todavía muy joven, y más adelante se convirtió en la asistente de Charlie. En 1996, Seraphina había dado a luz a su única hija, Charlotte, fruto de su relación con su primer marido, Nick. «Me acuerdo perfectamente de Charlotte cuando era muy pequeñita y venía de vez en cuando a las giras», dice Chuck Leavell. «Charlie la adoraba, la cogía de la mano y la llevaba a la batería, y pasaba mucho tiempo con ella».

Seraphina llevaba de vez en cuando a su hija a los conciertos cuando era poco más que un bebé, y Charlotte tiene recuerdos de Licks (2002-2003) y de A Bigger Bang (2005-2007), cuando todavía no entendía la magnitud y la importancia del trabajo de su abuelo. «Fui al colegio en un montón de sitios», me cuenta en una de las escasas entrevistas que ha concedido. «Inglaterra, las Bermudas, los Estados Unidos… Cuando empecé el instituto, con once o doce años, volvíamos a Londres pasando por las Bermudas, o íbamos de las Bermudas a Boston, y en las vacaciones de verano iba a verlos de gira.

»Recuerdo que algunos compañeros de clase me pedían que les llevara baquetas firmadas. En las Bermudas siempre les pedías a tus amigos que te trajeran algo del extranjero, así que nunca me extrañó. Tenía unos once años cuando terminó A Bigger Bang, así que aún no me había dado cuenta de lo que significaba todo eso. Volvieron a juntarse cuando yo tenía dieciséis, y en ese momento ya era mucho más consciente de lo que ocurría».

Sobre todo, cobró conciencia del enorme poder de atracción de aquellos hombres inmortales y de su relevancia en todos los ámbitos de la música. Los artistas invitados a la gira 50 & Counting eran de gran calibre y gozaban de una credibilidad considerable, como sucede siempre en el caso de los Stones desde tiempos de Ike y Tina Turner, B. B. King y Stevie Wonder. En los conciertos de Londres actuaron como invitados Mary J. Blige y Eric Clapton, así como los excompañeros de banda Bill Wyman y Mick Taylor. En los Estados Unidos fueron Bruce Springsteen, Katy Perry, Taylor Swift y otra artista cuya presencia fue muy reveladora para Charlotte, que entonces era una adolescente:

«Cuando fui a ver el concierto de aniversario de 2012 en Nueva Jersey, la invitada fue Lady Gaga. Yo me estaba haciendo mayor cuando ella empezó a ser conocida y para mí era lo más. Esa era mi generación. Y el hecho de que ella estuviera invitada fue como: "Ah, vale. Esto es un poco más importante de lo que yo imaginaba".

»Antes me parecía una cosa divertida que hacíamos en las vacaciones de verano. Al mismo tiempo, era un poco triste que *Pa* estuviera fuera, pero no tuve una idea clara de la magnitud de aquello hasta que llegaron esos conciertos de reencuentro». (Charlie es *Pa* para Charlotte, igual que para Seraphina).

»Era como: "¡¿Cómo que Lady Gaga estaba en una caravana al lado del auditorio y el abuelo tenía este camerino?! ¿Qué es esto? Vale, ahora lo entiendo". Esos conciertos fueron enormes. Había muchos artistas invitados. Siempre era divertido asomarse a la sala VIP y ver quién andaba por allí».

Charlotte, que al igual que su abuelo tiene talento para la ilustración, ha trabajado también como modelo y luce en el antebrazo un tatuaje del emblema de los Stones. A los diecisiete años empezó a viajar con su abuelo, más o menos en la época de la gira 14 On Fire, llamada así por el año en que tuvo lugar, no por el número de conciertos. Lo que empezó siendo solo una visita se convirtió en un trabajo a tiempo completo.

«Tenían ensayos en París para el inicio de esa gira», recuerda. «Yo vine para San Valentín a ver a todo el mundo, y estaban a punto de empezar la etapa por Asia y Australia. Mi abuelo me dijo: "Aquí están las fechas. Si quieres venir a algún concierto, avísame", y vi que había tres en Japón. Era donde iban a dar más conciertos esa vez. Fui allí y me enamoré del país. Era la primera vez que salía de gira sin mis padres ni mis amigos.

»Estaba solamente con el equipo y con mi abuelo, y a las dos semanas, cuando hice las maletas para volver a Inglaterra, me puse muy triste. Fui a darle las buenas noches, porque tenía que coger el avión por la mañana temprano, y me dijo: "¿Quieres quedarte?", y yo dije: "¿En serio? Me encantaría". En la siguiente gira me preguntó: "¿Quieres venir con nosotros?", y a la tercera ya fue: "Vas a venir con nosotros"».

«Eso a Seraphina la sacaba de quicio», cuenta Chris Kimsey, «porque Charlie dejaba que Charlotte hiciera todo lo que quisiera. Era muy bonito verlo». Seraphina lo expresa de forma ligeramente distinta. «En una gira, ves a la misma gente año tras año. Y mi hija estaba saliendo de gira con la misma gente que yo a su edad.

»Así que cuando empezó a trabajar para mi padre, con mi padre, le dije: "No puedes portarte mal, Charlotte, porque esa gente se acuerda de mí. Así que mala suerte, ¡se las saben todas!". Es curioso. Yo decía: "De pronto me siento muy vieja, ¡esa de ahí es mi hija de veintiún años!". Y aquello es una maquinaria enorme. Ya no es el 100 Club».

Don McAulay, el técnico de batería de Charlie, trabó amistad con Charlotte cuando ella se incorporó a las giras. «A Charlie le encantaba enseñarle el mundo a Charlotte. Creo que, si no, no hubiera seguido saliendo de gira tanto tiempo después del cincuenta aniversario. Siempre me pedía que cuidara de ella y que me asegurara de que estaba bien. Es como mi hermana pequeña».

Esa relación familiar, y la asombrosa continuidad que genera, es una de las pruebas más palpables de la vigencia de los Rolling Stones, que atraviesa generaciones. Cuando el testigo pasó de madre a hija, Seraphina tuvo ocasión de comparar el sentido de la responsabilidad de Charlotte con su desenfreno a la misma edad.

«Me mandaron a casa cuando estaba de gira. Mi madre me pidió que volviera y mi padre me mandó a casa porque para él era muy estresante», confiesa Seraphina. «Yo era bastante alocada. A Charlotte nunca la han mandado a casa. Yo me desmadré. Tenía veintiún años y a mi padre le preocupaba mucho lo que hacía. Mi madre le dijo: "Mándala a casa ahora mismo. No voy a consentir esto". Charlotte se portaba muy bien. Al final la contrataron y yo me sentí muy orgullosa.

»Charlotte se ganó el respeto del equipo. Yo no trabajaba, solo iba de paquete, mirando. Ella conocía a todo el mundo. Yo solo andaba por allí, aparecía y me sentaba en algún sitio. Estuve allí mes y medio, dando vueltas y observándolo todo, sentada».

«Empecé enseguida a buscar la manera de hacer algo útil», explica Charlotte. «Repartía las hojas del plan de trabajo diario. Era lo único que me dejaban hacer, así que me lo tomaba muy en serio. Me inventé un baile y una canción para repartirlas. Por fin, Cheryl Ceretti, la jefa de prensa, tuvo la amabilidad de ofrecerme trabajo como ayudante, para echarle una mano. Así que me ocupaba de los teloneros y de recibir a los invitados, de conseguir fotos para Instagram y cosas así.

»Sobre el papel, era la "asistente ejecutiva de Charlie Watts". Yo pensaba: "Le compro un bote de [espuma] Gillette cada dos meses, eso no es ser la asistente ejecutiva de nadie". En realidad trabajaba en el departamento de prensa, pero en el contrato decía que era su asistente, lo que no era un trabajo. Él nunca tuvo un asistente. No pedía nada. Yo tenía que convencerle. "Ya voy yo a la farmacia". "Bueno, pero no vayas por mí…". "Tengo que ir"».

Charlotte también asumió la responsabilidad de convertir el camerino de Charlie —que, como es fácil suponer, era muy humilde y austero— en un espacio más hogareño. Lo decoró con carteles de *jazz* y añadió un reproductor de CD y refrigerios más variados, cualquier cosa que lo hiciera más acogedor para su querido abuelo.

«La gente me proponía ideas y poco a poco fuimos añadiendo cosas», cuenta. «¡Vamos a darle a esto un aire un poco más acogedor!».

En el verano de 2009, Charlie volvió al este de Europa para visitar la yeguada Janów Podlaski y efectuar la mayor compra de la feria de caballos Pride of Poland. Se gastó 700.000 dólares en una hermosa yegua torda rodada llamada Pinta, la última de la larga lista de caballos árabes que había comprado Shirley. En 1993 compraron a Palba por 100.000 dólares; en 1998, a Emilda (200.000 dólares); en 2000, a Euza (110.000 dólares); en 2001, a Egna (120.000 dólares), etcétera. (La propia historia de la yeguada polaca habría fascinado al baterista: la fundó en 1817 el zar Alejandro I para surtir a la caballería rusa, mermada tras la invasión de Napoleón cinco años atrás).

En 2010 Charlie colaboró en *Boogie 4 Stu*, el disco de homenaje que Ben Waters dedicó a su admirado Ian Stewart. Publicado al año siguiente, al cumplirse veinticinco años del fallecimiento del pianista, el disco rebosaba ese *rhythm and blues* que tanto le gustaba a Stu, e incluía una joya poco conocida del catálogo reciente de los Stones (si bien es cierto que se grabó a todos los colaboradores por separado): una versión emocionante de «Watching the River Flow» de Bob Dylan con Mick, Keith, Charlie, Ronnie y Bill Wyman, quien hacía casi veinte años que no grababa con el grupo.

Charlie tocó también en un concierto de 2010 con la Danish Radio Big Band, la banda de *jazz* de la Radio Nacional Danesa, y volvió así al país donde había vivido y trabajado una temporada, antes de que diera comienzo la era de los Stones. Se le unieron sus amigos Dave Green y Gerard Presencer —que ya era miembro de la DRBB, una banda ya muy consolidada en aquel entonces— después de que el propio Charlie les preguntara si tenían algún hueco para grabar o actuar. Tras cuatro días de ensayos, la banda ofreció en el Auditorio Nacional de Dinamarca un concierto que retransmitió la Radio Nacional Danesa. El álbum de aquella actuación, publicado en 2017, sería el último en el que participara Charlie sin los Stones antes de su fallecimiento.

En 2010 los Stones, y especialmente Mick, se tomaron un tiempo para echar la vista atrás con motivo de la publicación de la primera de una serie de reediciones de lujo de algunos de sus álbumes más conocidos. La reedición de *Exile on Main Street* contenía diez temas extras, muchos de los cuales habían aparecido en diversas ediciones piratas, pero que ahora se publicaban por primera vez de manera oficial. Cabe destacar que casi todos ellos contenían nuevas sobregrabaciones vocales de Mick, quien comentó con toda naturalidad que su voz —al igual que su cintura de setenta y un centímetros— seguía siendo la misma que en 1972. Keith añadió también algunas partes de guitarra y hasta Mick Taylor volvió al servicio activo para tocar en «Plundered My Soul».

Charlie no tuvo que participar en tales retoques sonoros, de lo que sin duda se alegró, pero aquel recopilatorio —aquel vino nuevo en odres viejos— contenía algunas actuaciones excelentes del baterista, especialmente en la colorida «Pass the Wine (Sophia Loren)», un homenaje al estilo percusivo, con sabor latino, de War, el tan a menudo infravalorado colectivo musical estadounidense. Charlie participó, no obstante, en la que seguramente fue la campaña más extensa que había emprendido la banda para promocionar un disco que era esencialmente antiguo. «Parte de él tiene casi cuarenta años», se quejaba Charlie con buen humor. «No me extraña que no me acuerde de muchos temas. Es como: "Llevabas calcetines rojos". "No, los llevaba azules"».

Respaldado por Universal Music, el álbum no solo reconectó con una generación anterior, sino que dio a conocer aquella música a una nueva generación de oyentes, y volvió al número uno en el Reino Unido treinta y ocho años después de ocupar ese puesto por primera vez. Cuando nos vimos de nuevo, Charlie estaba entusiasmado. «Me encantó enterarme de que estaba en el número uno», dijo. «Mick y yo pensábamos que iban a comprarlo diez cincuentones. Es increíble, la verdad».

Posteriormente se publicaron también reediciones de lujo y ampliadas de otros tres álbumes fundamentales de la banda: *Some Girls, Sticky Fingers* y *Goats Head Soup.* Cuando entrevisté a Charlie y Ronnie en el Dorchester, supuestamente para promocionar la reedición de *Some Girls,* los encontré de un humor juguetón. «Ay, Dios, otra vez tú, no», dijo Ronnie dándome un abrazo. «Maaadre mía», añadió Charlie con fingida sorpresa. «Si lo sé, no me pongo de punta en blanco. Me he puesto traje y todo». Y era cierto que se había puesto de punta en blanco: llevaba un traje negro de raya diplomática y una camisa blanca impoluta.

Charlie Watts cumplió setenta años en junio de 2011, mientras Mick se lamía las heridas causadas por los comentarios poco halagüeños que hacía Keith sobre él en su libro de memorias, *Vida,* que alcanzó ventas millonarias. Charlie, por su parte, se mantuvo alejado de la polémica. De vez en cuando le llevaban en coche de Devon a Londres; una vez, para tocar con The ABC&D en el Pizza Express, y otra para asistir a la inauguración del restaurante Cavallino, del jinete Frankie Dettori, en Chelsea. Esa fue una de sus raras apariciones en el papel de famoso oficial, que él detestaba, junto a Ronnie y una mezcla variopinta de personajes conocidos, como Mike Rutherford de Genesis, Roger Taylor de Queen y los deportistas Boris Becker y Carlo Ancelotti.

Antes de que terminase el año, los Stones se reunieron de nuevo para una *jam session* relajada, con la vista puesta en el calendario. Se acercaban sus bodas de oro. Ronnie dijo que quería «una boda real que durara un año», y hasta Charlie parecía tener ganas de hacer algo, aún sin concretar, para celebrar los cincuenta años de existencia de la banda. «Sería bonito, para ponerle fin o para empezar una nueva aventura», comentó. «Bueno, estamos ya un poco mayores para emprender nuevos proyectos, pero sería bonito hacer algo el año que viene.

»Una vez que estás ahí sentado y te pones a ello, está bien, pero no vamos a hacer, yo desde luego no, una gira de dos años. Físicamente no podemos, creo, a nuestra edad. Aunque he tocado cada dos días durante dos semanas [con The ABC&D] y no noto ninguna diferencia. Los Rolling Stones son un proyecto totalmente distinto. Cuesta una fortuna que digamos: "Vamos a tocar en tal sitio". No somos Ronnie y yo tocando aquí al lado, es una cosa gigantesca, y no sé si será posible». Fue posible, y esta vez duraría *solamente* nueve meses.

Se rumoreó que la banda actuaría en los Juegos Olímpicos de 2012 en Londres (error) y en el Festival de Glastonbury (aún no), y en febrero Keith declaró que los Stones no estaban preparados para salir de gira el año de su aniversario. Sus compañeros le sorprendieron, sin embargo. Después de tocar juntos en un estudio de Nueva Jersey en mayo y de algunas actuaciones en solitario posteriores, hubo de pronto un torbellino de actividad. Con motivo del quincuagésimo aniversario de su primer concierto en el Marquee, se reunieron en ese mismo lugar para hacerse una foto, lo que ya era un acontecimiento en sí mismo.

Cada vez estaba más claro que el gran cumpleaños no se limitaría a una nueva foto de la banda, una exposición fotográfica y un libro. En agosto estuvieron en París para lo que Keith describió como la sesión de grabación más rápida de su historia (de su historia moderna al menos): dos canciones en tres días. Siguieron los ensayos. La gira 50 & Counting estaba en marcha, e incluso Charlie parecía tener ganas, aunque confesó que había vuelto a pensar en retirarse.

El *tour* celebró el medio siglo de existencia de la banda con un escaso puñado de «veladas íntimas» si se las compara con la enormidad de sus giras anteriores: apenas treinta conciertos en Europa y Norteamérica, con una recaudación de «solo» ciento cuarenta y ocho millones de dólares. Pero no hicieron las cosas a medias y complementaron la gira con el documental *Crossfire Hurricane* y el recopilatorio *GRRR!*, en el que incluyeron dos canciones nuevas; una de ellas, la musculosa y potente «Doom and Gloom» de Mick. A los setenta y un años, el baterista del grupo seguía siendo la viga de acero que sostenía todo aquel poderoso edificio. Al mismo tiempo, el desconcierto que le producía el nuevo mercado digital vino a sumarse a su arraigado distanciamiento del mundo comercial.

«He perdido interés por las grabaciones», confesó. «Haces "Doom and Gloom", ¿y qué tal le va? ¿Se vende o qué? Para lo que sí sirven es para que tengas una canción nueva que tocar, lo que hace que dar conciertos tenga un poco más de interés. No sé a dónde van esas grabaciones. Le he perdido la pista a la industria discográfica, y ya tengo discos suficientes, gracias. No sé, me da igual, siempre disfruto en el estudio [pero] prefiero tocar en directo, prefiero esa emoción.

»El trabajo en el estudio es un poco… Ahora, si no les gustas, te quitan y ponen a otro. Hacen eso. Y si cometes un error, Pro Tools lo arregla todo. Antes tenías que empezar y terminar. Lo que hacías era lo que aparecía en el disco. Nosotros todavía grabamos así, que conste, pero luego no se mantiene igual. Los ingenieros pueden hacer lo que quieran. Ahora mandan los productores más todavía que antes».

En 2013, en plena digitalización de la industria, Charlie me reconoció con total naturalidad que no solo no escuchaba los discos de la banda, sino que no sabía dónde o cómo se vendían. «No los escucho, no sé dónde se compran. No tengo uno de estos», dijo señalando mi móvil. «Cuando existía Stax Records, escuchaba a casi todos los artistas que publicaba Stax, y luego Motown. Ahora ninguno de esos sellos existe. Ya no hay uno de verdad importante. Donde estamos nosotros ahora, Universal. Tienen un montón de cosas y han comprado a todo el mundo».

Le comenté que parecía un poco incongruente que la banda publicara ahora en el sello Polydor de Universal. Respuesta clásica: no sabía que así fuera. «No tengo ni idea, si te digo la verdad. Mick estará muy al tanto de todo eso. La última persona de una discográfica con la que traté fue Ahmet Ertegun, y eso para mí es alguien del oficio. Iba a un club, escuchaba a alguien cantar y le preguntaba si quería participar en un disco.

»Ves bandas constantemente, yendo en el tren, yo las veo ir a la Universidad de Exeter, y te preguntas si serán buenas, porque lo primero que piensas es que seguro que intentan ser como Bob Dylan. Pero la verdad es que podrían ser una puta maravilla».

En noviembre, dos conciertos en el O2 de Londres inauguraron la nueva gira con todas las entradas agotadas. En ellos, la banda se retrotrajo a la prehistoria para interpretar por primera vez en cuarenta y ocho años el *I Wanna Be Your Man* de Lennon y McCartney. «Hemos tardado cincuenta años en llegar de Dartford a Greenwich», dijo Mick ante un público entregado, formado por cerca de veinte mil personas. El regreso de Mick Taylor para la épica —y episódica— *Midnight Rambler* («Fue fantástico, ¿verdad?», comentó Charlie) fue una inspirada forma de enlazar con los últimos años de la década de los sesenta. Como escribí para *Billboard*: «Las sonrisas y las palmaditas en la espalda de los señores Richards y Wood eran la prueba espontánea de que para ellos también estaba siendo especial. Con el *backbeat* de Charlie Watts de fondo, casi imposiblemente vigoroso, el concierto iba camino de la gloria».

«Creo que la gente se lo pasó muy bien en los conciertos del O2, y nosotros también», me dijo Charlie. «Tocar con Bill es una gozada, porque es una persona muy divertida, siempre lo ha sido y lo sigue siendo. Así que fue genial que tocaran él y Mick Taylor. Yo esa vez no estaba en una jaula, me la quitaron, lo que al principio da un poco de respeto, aunque eso no se lo dije a ellos. Las mamparas empezaron a ponerse para que las guitarras quedaran fuera y la batería estuviera aparte, pero es mucho más agradable sin ellas, puedes comunicarte mejor.

»La verdad es que te haces a todo. Quiero decir que yo no paro de hablar de tocar en clubes y de lo estupendos que son, y la verdad es que también te acostumbras [a los grandes conciertos]… De todos modos, una vez que estás ahí arriba, es como un club. Solo estáis los cuatro o cinco, Darryl y Chuck, Ronnie y Keith y ya está. Eso es lo único que ves, realmente».

En marzo de 2013, el rumor que llevaba corriendo largo tiempo de que los Stones iban a actuar en el Festival de Glastonbury se hizo por fin realidad. Estaban todos muy ilusionados menos una persona. Extraoficialmente, Charlie me dijo que no estaba de acuerdo, pero que había perdido en la votación: todos los demás —y sobre todo sus hijos— estaban a favor. «Mis hijos y muchas personas en todo el mundo se alegrarán de que vayamos por fin», declaró Ronnie, y añadió, anticipándose a su llegada al festival y a las dificultades que plantea siempre el clima inglés: «Hasta el helicóptero va a llevar botas de agua».

Una vez allí, cómo no, Charlie disfrutó mucho, igual que disfrutó del regreso de la banda a Hyde Park la semana siguiente, y de nuevo una semana después al cumplirse cuarenta y cuatro años de su famoso primer concierto en el parque londinense. «Me lo pasé en grande en los dos sitios», dijo, y añadió tímidamente: «Tengo que aprender a callarme las cosas. Es típico de mí». De hecho, ya en 1998 había expresado su deseo de que la banda siguiera en activo quince años después, y su deseo se había cumplido con creces. Tuvo el enorme placer de volver a tocar con Mick Taylor, tanto en *Midnight Rambler* como en *Satisfaction,* y la sensación de que una institución musical estaba traspasando su legado a una nueva generación fue palpable.

Entre los dos conciertos de Hyde Park, Charlie actuó también en otro escenario, bastante más pequeño: tocó en el Lyric Theatre junto al Rolling Stones Project de su compañero de giras, el saxofonista Tim Ries. Estaba la banda del directo casi al completo, con Chuck Leavell, Darryl Jones y Bernard Fowler, y saltaba a la vista que Charlie se hallaba en su elemento. Durante los años siguientes volvería a dar varios conciertos con Ries.

En 2014 participó en el videoclip de YouTube que Mick filmó con su amigo y colaborador Matt Clifford —también miembro de la banda del directo de los Stones— para que sirviera de introducción a una rueda de prensa de los Monty Python dentro de la promoción de las actuaciones del grupo cómico en el O2. Mick se mostró dispuesto a hacer un poco de autoparodia y a reírse de sí mismo —cosa que hace más a menudo de lo que se suele creer— y fingió mofarse de esos «viejos arrugados» que seguían actuando por la pasta. Charlie, que aparecía repantigado en el sofá de la habitación, ponía una cara impagable de fingido horror —la propia de un tecnófobo empedernido— cuando Mick mencionaba YouTube.

«Los teléfonos móviles me parecen un fastidio, pero la mayoría de la gente piensa que son fantásticos», me dijo a finales de los noventa. «No sé qué haría Mick sin el suyo. Yo no los soporto. Pero creo que soy más dinosaurio que él».

«Bromeábamos con eso», cuenta Tony King, íntimo amigo de Charlie y confidente de los Stones. «Charlie decía: "¿Te estás descargando eso, entonces?", y un montón de frases así para intentar parecer moderno. Pero lo decía en broma».

En 2020 todos los Stones fueron entrevistados para el documental *The Tree Man*, que celebra la figura de Chuck Leavell como músico de primera fila, silvicultor y conservacionista. «Charlie, como siempre, no tenía mucho que decir», se ríe Chuck. «En uno de los cortes que utilizó el director, Allen Farst, le preguntaba: "¿Qué puedes decirme de Chuck?", y contestó: "Que se le da muy bien... mandar correos electrónicos". Porque tecleo bastante deprisa y puedo estar en el avión introduciendo información en la base de datos y encargándome de asuntos de comunicación. Él me decía todo el tiempo: "¿Se puede saber qué estás haciendo?". Una cosa puedo decir», añade Leavell. «Habiéndome criado en el Sur y con las tradiciones que tenemos, escribir cartas es algo muy importante que nos enseñan desde pequeños, así que les he escrito cartas a Charlie y a todos los chicos, sobre todo al principio. Creo que Charlie lo apreciaba especialmente. Siempre lo mencionaba. Es el tipo de comunicación que le hacía disfrutar».

Charlie, no obstante, se complacía en reconocer que no era el único miembro de la banda que a veces rehuía incluso la comunicación más elemental. Una vez, hablando de cómo era su vida cuando no estaba trabajando en algún proyecto de los Stones, sin giras y lejos del estudio de grabación, contaba: «De repente te llega volando un fax de Keith, porque ya sabes que no usa el teléfono. Los odia, cosa que entiendo».

La banda salió de nuevo de gira con ímpetu renovado en 2014 y 2015, con 14 On Fire y Zip Code, y luego en 2016, al sur de la frontera, con América Latina Olé. En otoño de ese año hicieron también un pequeño *tour* por los Estados Unidos, y en 2017 dio comienzo el largo periplo de la gira No Filter. Para entonces, los achaques físicos a los que se enfrenta cualquier baterista de *rock* (y especialmente uno que acababa de cumplir setenta y cinco años) empezaron a hacerse más evidentes. Charlotte, no obstante, estaba allí para recordarle el hogar.

«Los últimos años de gira, en su momento no lo pensé, pero mucha gente me comentó que el hecho de que yo estuviera allí había supuesto una gran diferencia, porque para él era como un trocito de casa», cuenta. «Me siento muy afortunada por haber podido compartir eso con él. Los días libres no pasábamos mucho tiempo juntos. Yo iba a verle a su habitación y se ponía a dar golpecitos en el suelo con el pie diciendo: "Sal a divertirte", como si dijera: "Estamos en una ciudad, sal a explorar por ahí. ¿Vas a ir de compras? ¿Vas a salir con tus amigos? No te quedes aquí por mí, yo solo estoy relajándome y descansando".

»Solía sentarme con él en el avión y, como me aterroriza volar, me daban ataques de ansiedad cada vez que despegábamos. Él se frustraba un poco porque no sabía qué hacer para ayudarme. Así que empecé a sentarme en la parte de atrás para el despegue y el aterrizaje, y él venía a sentarse conmigo, y yo iba a pasar ratos con él y a charlar. Casi siempre viajábamos juntos, en coche o en el avión.

»Los días libres, lo que más me gustaba era que fuéramos a un museo. Fuimos a muchos museos de aviación en los últimos dos o tres años, porque a mí me encantaba, y me encanta, el Concorde. Así que yo iba a ver eso y él iba a ver los aviones de la Segunda Guerra Mundial. Coleccionaba todas esas cosas, y su padre y su abuelo lucharon en las guerras, así que le interesaba ver todo eso. Era muy agradable tener algo en común, sentir que yo no le estaba arrastrando y que él no sintiera que me estaba arrastrando donde yo no quería ir».

Chuck Leavell afirma: «Al hacerse mayor, Charlotte se convirtió en una parte esencial de nuestro entorno. Sus diseños se usaban en carteles y en todo tipo de cosas, y Charlie estaba muy orgulloso de ella. Era casi la única persona —salvo, quizá, el escolta que trabajaba para él— a la que le respondía si llamaba a su puerta en el hotel. Hasta ese punto era reservado. Charlotte se convirtió en una presencia constante para nosotros».

Tras el fallecimiento de Charlie, Keith comentaba: «Me di cuenta de que nunca visité el lugar donde vivía Charlie. Nunca fui a Devon, aunque yo vivía en West Sussex. Eso era también muy extraño. La verdad es que él no quería mezclar la vida familiar con el trabajo». ¿Hablaban mucho de la familia cuando estaban de gira? «No mucho, pero eso es normal. "¿Cómo están los chicos?". Mientras estén bien y tu señora esté bien… Pero se notaba que estaba muy apegado a Charlotte. Cuando se ponía en plan abuelo, era emocionante verlo. Había mucha conexión. Y ella hacía un gran trabajo».

«Hay un ambiente muy acogedor, como de familia, y es el mismo equipo que cuando yo era pequeña», comenta Charlotte. «En cuanto a la generación de los hijos, es casi como si hubiera grupos distintos cada varios años. Georgia May, Lukas, Gabriel [hijos de Mick] y yo estábamos un poco aparte por nuestra diferencia de edad.

»Están también Theo [la hija de Keith, Theodora] y Lizzy [Jagger] y todo ese grupo, que ahora tienen treinta y tantos años. Se llevan todos uno o dos años entre sí. Así que no veía mucho a los otros chicos durante la gira. Pasaba mucho más tiempo con el equipo y de vez en cuando, cuando venía alguno, decías: "Qué bien, va a ser divertido". Pero yo no formaba parte de uno de esos grupos generacionales de los hijos».

Lisa Fischer, la mejor corista femenina que ha tenido la banda en sus giras, comenta: «Creo que para Charlie fue un regalo del cielo. Tener a Charlotte en las giras era muy bonito, y él la protegía mucho, pero sin agobiarla. Decía básicamente: "No la influyáis en ningún sentido negativo". Y nosotros decíamos: "Nunca haríamos eso, la queremos mucho". Había siempre mucha gente pendiente de los niños. Entraban y salían de mi camerino y pasábamos ratos juntos. Como yo era la única mujer, en mi vestuario era donde se reunían todas las chicas. Venían y me hablaban de sus novios y esas cosas».

La familia, añade Fischer, es desde hace mucho tiempo una parte crucial de la enorme maquinaria de las giras de los Stones. «Importantísima», asegura. «Y lo pendientes que estaban y que siguen estando todos de sus hijos, todavía… No solo ellos, como padres y abuelos, también sus asistentes personales y la gente de seguridad o cualquiera que trabajara en la gira estaba atento por si veía algo raro. Así que estaban muy bien cuidados.

»Mucha gente piensa que ese no es buen sitio para que estén los niños, pero había juegos para que se entretuvieran y se planeaban excursiones o salidas familiares en los días libres. Algunos niños seguían estudiando mientras estábamos de gira, tenían sus tutores. Así que en realidad era un ambiente sano y equilibrado, teniendo en cuenta que era una ciudad en movimiento».

Los vuelos de ciudad en ciudad y de país en país de la banda cuando estaba de gira también era algo digno de ver. «Mi abuelo saludaba a todo el mundo al subir y al bajar, en cada vuelo», cuenta Charlotte. Leavell recuerda: «Cuando nos subíamos al avión privado, Charlie siempre hacía la ronda de saludos, y Keith también muchas veces. Evidentemente, hay un protocolo. La tripulación sube primero, luego la banda y luego esperábamos a los jefes. Pero Charlie iba arriba y abajo por el pasillo y preguntaba a todo el mundo cómo estaba, qué tal el día, qué había hecho anoche… Era muy afable, y siempre te alegraba que Charlie Watts quisiera hablar contigo».

Charlotte describe con cariño los excéntricos hábitos de su abuelo cuando viajaba. «Tengo una carpeta en mi ordenador antiguo titulada *Pa trepando*», cuenta. «Cada vez que viajábamos hacía lo mismo con la maleta. Si íbamos en el Viano —el Mercedes con los asientos enfrentados en la parte de atrás—, dejaba su equipaje de mano en el maletero o, si era en un tren o un avión, en el compartimento de arriba. Tengo una serie de fotos suyas subiéndose a los asientos para alcanzar la maleta.

»Todos los demás se limitaban a bajar la maleta, pero él se encaramaba a los asientos para coger sus cosas. Yo le decía: "¡¿Quieres bajarte de una vez?!", y él decía: "Estoy cogiendo mis cosas". Era muy gracioso. Se ponía también muy nervioso si iba a haber turbulencias. Todo el mundo en el avión decía: "Pero ¿qué está haciendo?". "No pasa nada, no le hagáis caso"».

Todos los Stones tienen recuerdos impagables de los rituales de cada miembro de la banda cuando se hallaban de gira, tanto en los días de concierto como cuando estaban libres. «No te atrevías a ahondar demasiado, porque sabías que había un punto a partir del cual él no te dejaba acercarte», dice Ronnie. «Te daba lo justo, y quizá un poco más si te sentabas con él un rato a charlar. Siempre venía a mi camerino antes de cada concierto a tomarse un café conmigo. Entonces se sentaba y charlábamos.

»Luego se iba, volvía para tomarse otro café conmigo y comparábamos el frío que teníamos. Siempre nos quedábamos helados. Se nos congelaban las manos y la cara. Todo el mundo decía: "Vaya dos". Los dos Géminis, siempre congelados. Era por el miedo escénico. Con los nervios de salir al escenario, nos enfriábamos. Pero era muy bonito compartir eso con él».

Mick revela que en años recientes las nuevas tecnologías acudieron al rescate durante un momento de confusión muy divertido en los ensayos. «Charlie y yo solíamos bromear. Yo le decía: "No, no es che-bum-bum, es bum-bum-che". En el escenario, hasta el final, en *Beast of Burden* siempre se confundía. "Lo que estás tocando no suena bien, Charlie. No sé qué es, pero no es lo que tocabas en el disco. Así que escucha el disco". Y yo lo ponía en mi teléfono, y él decía: "Ah, sí"».

«Mi labor consistía en gran parte en observarle en el escenario», cuenta Don McAulay, «porque era un hombre de muy pocas palabras, así que tenía que conocerle muy bien para entender su gestualidad al margen de cómo se moviera. Recuerdo una vez que mi padre estaba pasando por un bache y ellos se conocían. Ya sabes lo humilde y lo encantador que era Charlie. Pues una vez, en un espectáculo, mientras estaban tocando *Waiting on a Friend,* que es una parte muy sencilla, me llamó. Yo pensé que pasaba algo. Y me dijo: "¿Cómo está tu padre?". En medio de un concierto».

«Nunca le veías en mis fiestas, que tienen tan mala fama», añade Keith. «Aquello no era para él. Charlie era como era, un tío tranquilo al que le interesaban un montón de cosas. Siempre estaba dibujando. Yo a veces me sentaba allí y me tiraba horas observándolo. Antes, en los hoteles de los Estados Unidos, había unas máquinas vibradoras al lado de la cama [para los no iniciados, se trataba de un dispositivo llamado Dedos Mágicos, adosado a las camas de los hoteles, que funcionaba con monedas y que por veinticinco centavos proporcionaba «un cosquilleo relajante»]. Recuerdo que una vez estuvo dos horas dibujando ese chisme. Se equivocaba y volvía a empezar. Era increíble de ver. Creo que no dijimos ni una palabra en todo ese rato, pero no nos sentimos incómodos ni nada por el estilo».

A finales de 2015, la banda grabó en los estudios British Grove de Mark Knopfler el álbum *Blue & Lonesome*. Fueron sus sesiones de grabación más rápidas desde hacía siglos. El disco fue un regreso glorioso, espontáneo y apasionado a la crudeza y el vigor de sus años de juventud, lleno de interpretaciones sensacionales de temas escogidos de sus artistas de referencia: Howlin' Wolf, Magic Sam, Little Walter y Eddie Taylor. Alcanzó de inmediato el número uno en el Reino Unido y fue el último álbum de estudio de los Rolling Stones grabado en vida de Charlie.

En marzo de 2016, el baterista volvió a hacer gala de su generosidad mientras los Stones se estaban preparando para viajar a La Habana, Cuba, donde iban a dar un concierto gratuito ante unas 450.000 personas. Con total discreción, Charlie acudió con Bernard Fowler y Tim Ries a la sesión semanal de *jazz* de la Escuela de Música Frost de la Universidad de Miami.

Todos los lunes, un centenar de aspirantes a músicos de *jazz* se reunían en la escuela, normalmente para ver la actuación de grupos de estudiantes o de profesores de la facultad. El público de aquel día tuvo la inmensa suerte de escuchar los nuevos arreglos para *big band* que Ries había hecho de los temas *Under My Thumb* y *You Can't Always Get What You Want*. A continuación, Charlie tocó un *shuffle* en *Honky Tonk Women* junto al estudiante de batería Marcelo Pérez. «Había que ver la cara de los estudiantes cuando entró», comentaba la decana Shelly Berg en la página web de la Universidad. «Era de incredulidad absoluta. Puede aprenderse mucho de cómo era Charlie. Él era la prueba de que la fama no tiene por qué cambiarte como persona».

Ese mismo año se celebró en el recinto del Festival de Coachella en Indio, California, el Desert Trip, un evento de dos fines de semana en el que los Stones compartieron cartel con figuras de la talla de Paul McCartney, Bob Dylan, The Who, Neil Young y Roger Waters (de modo que no es de extrañar que se apodara *Oldchella* al festival). En aquellos mismos días, Lisa Fischer dio un concierto en solitario cerca de allí y tuvo algunas visitas inesperadas:

«Charlie, Ronnie y Keith vinieron a un concierto que di mientras los Stones estaban actuando en el desierto. Me quedé de piedra, porque sabía que tenían actuaciones. Pensé: "Seguro que no voy a poder verlos". Y vinieron todos. Fue muy tierno. Sé que Mick no podía venir porque tenía que descansar, pero ellos tenían un poco más de libertad».

Charlie cumplió setenta y siete años estando de gira, cuando los Stones tocaron en el Ricoh Arena de Coventry en junio de 2018. Siempre quisquilloso con la comida, su dieta preocupaba no solo a su familia, sino también a sus compañeros de banda. «Yo siempre tenía que insistir en que comiera», cuenta Mick. «Sobre todo en los últimos tiempos, cuando se podía comer perfectamente bien, y aun así tenía que obligarle a salir a cenar conmigo por las noches. Te aburres de estar en tu habitación y, como no hay nadie que te anime a comer, cada vez comes menos.

»Charlie y yo somos probablemente los que más desgaste físico tenemos [en el escenario], él seguramente más que yo. No puedes parar ni puedes cagarla. Si yo no quiero correr al otro lado del escenario, nadie va a decirme que tengo que hacerlo. Pero si Charlie deja de tocar, se jodió. Tienes que llevar una buena dieta y tienes que cuidarte y, por la razón que sea, él no comía como es debido ni se preocupaba de su dieta». Era un hábito muy arraigado en él. «Nunca comió muy bien», afirma su hermana Linda. «Lo único que le gustaba comer era pescado».

Ronnie recuerda el asombro que le producía a Charlie su propia popularidad y la de la banda. «"¿Por qué yo? ¿Por qué nosotros? Aquí estamos, todavía en la brecha". Me decía lo mismo en cada gira. "¿Por qué sigue viniendo la gente?". Yo le decía: "Charlie, hay algo; cuando nos juntamos todos, la gente sale de la nada. Es así de sencillo, no se puede explicar"».

«En las últimas dos giras, él lo estaba presintiendo», comenta Keith. «No era solo que ya no le apeteciera. Tenía que esforzarse mucho durante los conciertos, y después acababa hecho polvo». «Pero», añade Don McAulay, «no noté ningún bajón en su forma de tocar. Estar de gira le costaba más, pero como músico le vi más inventivo».

En enero de 2019, Charlie estuvo en Los Ángeles para celebrar el noventa cumpleaños de uno de sus compañeros más respetados, el titán de la batería Hal Blaine, de The Wrecking Crew. McAulay recuerda que se habló entonces de otra fiesta estelar celebrada unos cincuenta y cinco años antes, después de que ambos bateristas tocaran en el famoso *T. A. M. I. Show* del que James Brown se convirtió en protagonista absoluto. Hay un recuerdo en concreto de aquella noche que es otro clásico wattsiano:

«Hal cogió a Charlie, a Bill Wyman y puede que también a Andrew Loog Oldham y los llevó por las colinas de Hollywood en su precioso descapotable, para una fiesta que daba en su casa», contaba McAulay de aquella reunión de 1964. «Fue el año que salió el mando automático de las puertas de garaje, cuando todavía no lo tenía casi nadie. Charlie no tenía ni idea de lo que era aquello.

»Hal enfiló hacia la casa sin detenerse y la puerta del garaje seguía cerrada. De repente, Hal se inclina, aprieta un botón y la puerta se abre. Se pusieron como locos al verlo. En la fiesta de después del espectáculo había un montón de grandes estrellas, pero por lo visto a Charlie no le interesaban nada, él no paraba de abrir y cerrar la puerta. "¿Dónde está Charlie?". "Pues en el garaje"».

Siempre estudioso, en 2019 Charlie aprovechó los días libres de la etapa norteamericana de la gira No Filter para visitar una exposición de baterías en el Museo del Jazz de Nueva Orleans, y posteriormente la Casa Museo Louis Armstrong en Queens, Nueva York. Le fotografiaron sentado en el escritorio de Satchmo, algo muy emocionante para alguien que, si hubiera tenido una máquina del tiempo, hubiera pedido ver actuar al trompetista con una *big band* en el Roseland Ballroom de Chicago. Eso si no se vestía de punta en blanco para ver a Ellington en el Cotton Club, por supuesto.

En otra ocasión visitó el Museo Motown de Detroit y su famoso estudio Snakepit. McAulay asegura que Charlie se lo sabía ya todo antes de que llegaran. Durante aquella gira siguió dando encantadoras sorpresas a sus compañeros de banda. Chuck Leavell recuerda: «Yo había sacado un álbum titulado *Chuck Gets*

Big con la Big Band de la Radio de Frankfurt y durante esa gira organicé un concierto en un teatro de Nueva York. Charlie había escuchado el disco y le gustaba mucho.

»Por supuesto, le invité al concierto y vino. Tocó en *Honky Tonk Women* junto con algunos otros miembros de la banda. Nuestra cantante, Sasha Allen, también estaba allí. Fue muy generoso por su parte. Y después puso el concierto por las nubes, y por supuesto me alegró el día —me alegró la vida— que a Charlie le hubiera gustado».

La gira No Filter llegó a su fin el 30 de agosto de 2019, cuando 40.768 personas vieron a Charlie Watts tocar en público con los Rolling Stones por última vez. El concierto, que había sido reprogramado debido a la operación de corazón de Mick y que luego tuvo que retrasarse un día por la temporada de huracanes, se celebró en el Hard Rock Stadium de Miami Gardens, Florida. «Una fiesta de huracanes descomunal», bromeó el *Miami New Times* refiriéndose a aquel concierto pasado por agua.

«Watts, con aspecto tímido y ligeramente abstraído, sentado detrás de su batería minimalista», escribió Wendy Rhodes en su crítica. Ese mismo comentario podría haber servido para cualquiera de sus dos mil actuaciones con el grupo a lo largo de cincuenta y seis años y medio de trayectoria. Luego, añadía Rhodes, en el último tema, *Satisfaction,* «todos los miembros de la banda, incluido Watts, reían mientras tocaban y parecían estar divirtiéndose como nunca». Nadie lo sabía entonces, pero con la COVID-19 a punto de reescribir el mundo, aquella fue una última imagen para saborear en el recuerdo.

También en 2019, Charlie pasó sus últimas vacaciones familiares en Francia con Shirley, Seraphina y el marido de esta, Barry. «Todavía tenemos la casa en la que me crie y estuvimos allí los cuatro solos», cuenta Seraphina. «Me alegro tanto de que fuéramos… Fue un viaje muy divertido», añade Barry. «En aquella granjita de Francia hay tres canales de televisión, todos franceses. Seraphina y Shirley hablan francés. Charlie y yo, no». Seraphina sonríe con nostalgia. «Llorábamos de risa con todas esas películas francesas. Fue maravilloso pasar momentos así».

Incluso durante el confinamiento, Shirley continuó su labor en defensa de los galgos; en mayo de 2020, Charlie y ella adoptaron otro de la fundación Forever Hounds Trust. Fueron dos años extrañamente tranquilos y sedentarios para un hombre que había pasado cinco décadas y media con una maleta a cuestas. Los Stones volvieron a reunirse, no obstante, en una especie de encuentro interplanetario, gracias a la nueva realidad de las videoconferencias. Participaron en el concierto virtual One World: Together at Home, de Global Citizen: los cuatro Stones tocando en cuatro habitaciones distintas *You Can't Always Get What You Want.* Poco después publicaron un nuevo sencillo rebosante de energía, *Living in a Ghost Town,* que habían empezado a componer en 2019 y en el que Charlie tocaba con un ritmo casi *reggae.* Mick se encargó de adaptar la letra a los oscuros tiempos de la pandemia.

El ochenta cumpleaños de Charlie en junio de 2021 fue motivo de celebración para todos sus admiradores. Pero los amigos que le llamaron por teléfono para felicitarlo, como Dave Green y Jools Holland, lo encontraron un poco decaído. Esta vez, Charlie Watts había perdido el ritmo.

9

Por siempre el Martillo de Wembley

L a primera confirmación oficial de que el estado de Charlie revestía cierta gravedad llegó con el anuncio, en agosto de 2021, de que el baterista no estaría presente al reanudarse la gira No Filter, cuya etapa norteamericana estaba previsto que comenzara a finales de septiembre. Se había sometido a una operación y, aunque todo había salido bien, necesitaba descansar para recuperarse, lo que sería imposible con la apretada agenda de ensayos de la banda. «Por una vez, voy a destiempo», decía Charlie en el comunicado de prensa.

Ya anteriormente había expresado dudas acerca de la nueva gira, como era costumbre en él, aunque no por las razones habituales. «Era un poco reacio a hacer esa última gira porque no se encontraba muy bien», asegura Mick. «Me dijo: "Pero tú eres el animador del grupo y, si dices que tengo que ir, voy, por supuesto, lo haré encantado"».

Steve Jordan, el afamado baterista, productor, compadre de los Stones y compañero de Keith en los X-Pensive Winos, era el único suplente posible. La declaración oficial según la cual la banda confiaba en que Charlie se recuperara por completo y pudiera incorporarse a la gira más adelante era sincera. «Esperábamos que así fuera, y Steve también lo esperaba», cuenta Keith. «Le dijo: "Yo te mantengo la silla caliente, Charlie", sin esperar que fuera algo definitivo. Eran buenos amigos y para nosotros fue una suerte increíble. Charlie siempre me decía: "Si por lo que sea alguna vez no estoy detrás de la batería, recurrid a Steve Jordan". Prácticamente le nombró príncipe heredero».

«Iba a ver a Charlie al hospital», cuenta Ronnie, «y me decía que tenía que ser Steve quien le sustituyera hasta que pudiera salir de gira. Veíamos las carreras de caballos y a él le encantaba Frankie Dettori, claro. Los últimos días que estuvo hospitalizado, me decía: "Esto no me gusta", porque había llegado a cierto nivel de tratamiento y entonces decidieron hacerle un trabajito extra».

La amable familia Watts, que con tanta generosidad me ha brindado su tiempo y sus recuerdos para este libro, ha preferido no hacer públicos los detalles precisos del fallecimiento de Charlie; únicamente ha revelado que, tras una operación llevada a cabo con éxito, hubo complicaciones inesperadas que provocaron un rápido empeoramiento de su estado. Seraphina, Barry y Charlotte estuvieron con él día y noche, y Seraphina pudo acompañar a su padre al final.

«Estuve hablando con él en el hospital», comenta Mick, «y, como no sabía nada de tecnología, le mandé un iPad grande configurado con todas las aplicaciones para que pudiera ver el críquet, y lo usó para ver algunas cosas. Ronnie había pasado por una enfermedad parecida y se había recuperado, supongo que por eso yo estaba tan convencido de que Charlie también iba a recuperarse. Fue todo tan rápido… Eso es lo más impactante. Estaba hablando con él sobre la gira y sobre cuál iba a ser el logo y, de pronto, ya no estaba».

La muerte de Charlie el 24 de agosto de 2021 generó una inmensa oleada de tristeza entre millones de personas que, sin embargo, nunca le habían conocido en persona. Durante meses se publicaron en las redes sociales millones de imágenes de sus casi sesenta años de servicio activo, y se hablaba de su fallecimiento como si se tratara de la muerte de un familiar. A él, naturalmente, todo ese revuelo le habría causado un enorme sonrojo.

«Después tuvimos que seguir adelante», cuenta Mick. «Bueno, no es que tuviéramos que hacerlo, pero sentíamos que era nuestra obligación, y Charlie decía que era lo que teníamos que hacer. Decía: "Deberíais hacer la gira de todos modos". Porque hay que recordar que ya se había pospuesto [por la pandemia]. "No podéis cancelarla otra vez"». Fiel a su carácter desinteresado, tres días antes de morir, cuando Don McAulay habló con él, Charlie no se lamentó de su situación, sino que le pidió disculpas por no poder participar en la gira. «Era un hombre que se hacía querer», afirma McAulay con sencillez.

«Estábamos muy metidos ya en los ensayos cuando nos dieron la noticia», explica Ronnie. «Tuvimos un día de descanso y pensamos, bueno, Charlie no querría que nos quedáramos aquí sentados, hechos polvo. Habrá que ponerse manos a la obra. Eso fue todo. Simplemente nos pusimos en marcha y difundimos el mensaje que Charlie habría querido». La gira cosechó algunas de las críticas más elogiosas de la historia reciente de la banda. Jordan declaró a *Rolling Stone*: «Mi objetivo era recuperar algunas cosas de los discos y remitirme, además, al que considero uno de los periodos más desbordantes de la banda en directo. Para mí, esa etapa fue entre 1971 y 1975, durante los años de Mick Taylor, en los que Charlie estaba absolutamente pletórico».

A finales de 2021, Charlotte se obligó a ver los tres últimos conciertos de la gira. Al de Detroit, la acompañó una buena amiga. «Fue muy importante para mí. Era mi primer concierto sin él y mi amiga estaba allí para cogerme de la mano. Fue bonito verlos a todos y me ayudó a asimilar que él ya no estaba».

Ringo Starr escribió acerca de una imagen que ya nunca veremos. «Charlie era un tío estupendo, muy divertido», dijo al enterarse del fallecimiento de su viejo amigo. «Una vez, en los años setenta, hice una fiesta y vinieron Charlie y John Bonham, así que estábamos tres bateristas de juerga. Bonham se puso a tocar y, como los tambores no estaban sujetos al suelo como en el escenario, Charlie y yo le sujetábamos los bombos mientras tocaba. ¡Menuda foto habría sido esa!».

Pete Townshend también escribió emocionado: «Charlie Watts lloró en el funeral de Keith Moon. Ojalá yo fuera capaz de llorar así hoy. En cambio, solo quiero decir adiós. No era un baterista de *rock,* era un baterista de *jazz,* por eso los Stones tenían tanto *swing* como la banda de Basie. ¡Qué hombre tan encantador! Que Dios bendiga a su mujer y a su hija. Estoy seguro de que los caballos también le echarán de menos».

La palabra *legado* habría hecho farfullar de indignación a Charlie, pero la enorme cantidad de interpretaciones memorables que nos ha dejado solo ha servido para ahondar y amplificar su influencia sobre más de medio siglo de música popular. «En mi opinión, todas son excepcionales», afirma Glyn Johns. «La más obvia es *Honky Tonk Women* porque empieza con él y un cencerro. Pero yo no escogería una sobre las demás. Charlie nunca defraudaba. Nunca estropeó una toma, eso puedo asegurarlo».

Mick recuerda especialmente su actuación estelar en *Get Yer Ya-Ya's Out!* Tony King prefiere su dramático *breakdown* en «Rock and a Hard Place», el tema del álbum *Steel Wheels*. A Charlotte le encantan *Midnight Rambler* y *Sympathy for the Devil* tocadas en vivo y, de los discos, se queda con el tema «Too Much Blood» de *Undercover* y con el sencillo posterior «Don't Stop»: «Hay un vídeo de ellos entre bastidores tocando ese tema en el que él lleva una camiseta de color azul claro. Además, yo nunca quería que las giras se acabaran, así que escuchaba esa canción entre gira y gira y los echaba de menos a todos y decía: "Venga, vamos a salir otra vez". Fue lo mejor de mi vida. Ahora no puedo escuchar esa canción. Pero algún día podré».

Dave Green recuerda que estaba en el coche cuando se enteró de que su amigo de la infancia había fallecido. Había estado trabajando en una versión de la canción *A Flower Is a Lovesome Thing,* de uno de los compositores favoritos de Charlie, Billy Strayhorn, que tocaba con sus compañeros de tenteto en el Ronnie Scott's. «No me acordaba de qué tenía puesto en el reproductor de CD. Empezó a sonar ese tema y se me saltaron las lágrimas. Es una balada lenta, una canción preciosa, y fue la primera música que escuché después de morir Charlie».

John DeChristopher, el antiguo compadre de Charlie en Zildjian, vuelve siempre a *19th Nervous Breakdown*. «Es casi como si Elvin Jones o un baterista de *bebop* estuvieran tocando a través de él, es tan técnico y suena tan bien… Es la mezcla perfecta de lo que hace tan especial a Charlie. Luego, en *Winter,* por ejemplo, su forma de tocar es exquisita. Para él no había reglas. Hacía lo que fuera necesario para que todos sus compañeros pudieran lucirse».

«Aportaba algo único a los Stones», añade Dave. «Nunca tuvo una idea preconcebida de cómo tocar con una banda de *rock*. Tocaba como sentía la música. Nunca tuvo esa necesidad de hacer alardes. Era muy discreto, solo tocaba por la música».

«Tengo que decir que le quería de verdad», dice Jools Holland. «Me sentía muy afín a él y era muy amable conmigo. Era como alguien de otra época, pero al mismo tiempo completamente vinculado al presente. Vivió un sueño».

«Enigma», le digo a Keith; es una palabra muy trillada, pero sirve para describir a Charlie «Bum Bum» Watts. «Efectivamente», contesta. «Es la palabra más adecuada. Charlie era capaz de crear su propio mundo, a su manera. Es difícil de definir. Para mí era un misterio. Siempre lo será en muchos sentidos. Pero al mismo tiempo vives con él, especialmente en los años sesenta… Vivimos juntos prácticamente cuatro años, a la vuelta del pasillo uno del otro».

Los admiradores de personas extremadamente famosas suelen cometer el error egoísta de pensar que pueden arrogarse el dolor por la muerte de su ídolo. Asimilar la marcha de un artista al que admiras, que forma parte de tu vida desde que tienes uso de razón, es algo muy triste, pero no puede compararse con la pena por la muerte de un marido, un hermano, un padre, un abuelo.

«Llamaba todos los días», recuerda Seraphina. «Llamaba a mi madre y luego nos llamaba a Charlotte y a mí. Cuando voy a la casa principal, es como si todavía estuviera de viaje. Está de gira. Se lo dije a mi madre el otro día. Parece que va a llamar en cualquier momento».

«Desde muy pronto», cuenta Charlotte, «me dije: "No puedes apegarte demasiado a este mundo, porque es lo que es. Algún día se acabará". Pero, después de haber tenido esa oportunidad, todavía me cuesta creer que se haya terminado. Eso es lo más asombroso, haber tenido la suerte, en muchos sentidos, de convivir con una persona tan maravillosa».

Charlotte parafrasea la descripción de su amigo Don McAulay sobre cómo veía la vida su abuelo. «Era como si nos invitara a este mundo siendo muy consciente de que todo es una especie de quimera: "Disfrutad de esto mientras dure, pero no os acostumbréis, porque todos tendremos que volver a casa al final de la gira"». En efecto, Charlie Watts ha vuelto a casa al final de la gira, pero, si uno cierra los ojos, sigue estando ahí arriba, creando un despliegue de fuegos artificiales detrás de esa batería minúscula, con su sonrisa deslumbrante, emocionándonos a todos con cada golpe de baqueta.

Epílogo

1 de junio de 2022, estadio Wanda Metropolitano, Madrid. Aunque parezca imposible, la rueda sigue girando y más de cincuenta mil fans españoles se han congregado para celebrar que la fiesta más longeva del *rock* ha vuelto a ponerse en marcha. Los Rolling Stones dan comienzo a la gira europea que conmemora su sesenta aniversario, y un hombre domina las pantallas gigantes del estadio.

El público acoge las imágenes de las décadas de trayectoria de Charlie Watts con una ovación que se eleva hasta los cielos, antes de que sus amigos de toda la vida empiecen a tocar en su honor, engañando a la naturaleza, a la gravedad y a cualquier otra ley que quepa imaginar con un espectáculo que, fiel a la tradición de la banda, podría desmoronarse en cualquier momento y que, sin embargo, va creciendo en intensidad hasta convertirse en algo prodigioso.

Se me ocurre una idea poco caritativa: si los teloneros de esta noche pusieran el cronómetro en marcha en ese instante, para igualar la vida útil de los cabezas de cartel, tendrían que seguir subiéndose al escenario en el año 2082. Conducidos a la victoria por un cantante cuyo reloj fisiológico se detuvo, al parecer, en algún momento de la década de 1980, los Stones van desgranando clásicos por diversión, con el notable añadido, por primera vez en un escenario, de un manjar que tenían guardado en la despensa y que ahora se convierte en plato fuerte: el tema *Out of Time* (aunque ellos, pese al título de la canción, no estén «desfasados» ni mucho menos).

En el taburete de la batería, Steve Jordan toca ritmos endiablados con un aplomo impecable, consciente de que, de alguna extraña manera, esa noche pertenece al ausente. «Steve lo hace muy bien», me dice Mick. «Ha estudiado cómo tocaba Charlie en el escenario y lo que tocaba en los discos. No lo sigue al pie de la letra, pero, si no sabes a quién tienes detrás, a veces puedes pensar, en la intro de *Paint It Black,* por ejemplo, que es Charlie. Suena igual, misteriosamente».

Charlie sigue estando bien esta noche.

Créditos de las imágenes

Aunque se ha hecho todo lo posible por localizar a los propietarios de los derechos de autor de las imágenes reproducidas en este libro y obtener los permisos pertinentes, los editores desean disculparse por cualquier omisión y estarán encantados de incorporar los créditos que falten en futuras ediciones de la obra.

Guardas: Fiona Adams/ Redferns/ Getty Images
Lámina 1, 2 (abajo), lámina 7 (arriba, izquierda): cortesía de Linda Rootes
Lámina 2 (arriba): cortesía de Claire Deacon
Lámina 3 (arriba), lámina 11 (abajo): cortesía de Dave Green
Lámina 3 (centro): cortesía de Brian y Ann Jones
Lámina 3 (abajo): herederos de Charlie Watts
Lámina 4 (arriba): Popperfoto a través de Getty Images
Lámina 4 (abajo): Archive Photos/ Hulton Archive/ Getty Images
Lámina 5 (arriba): TV Times vía Getty Images
Lámina 5 (abajo): Pictorial Press Ltd/ Alamy Stock Photo

Lámina 6 (arriba, izquierda): *Daily Mirror*/ Mirrorpix/ Mirror-pix a través de Getty Images

Lámina 6 (arriba, derecha): *Trinity Mirror*/ Mirrorpix/ Alamy Stock Photo

Lámina 6 (abajo): Stan Mays/ *Daily Mirror*/ Mirrorpix

Lámina 7 (arriba, derecha): Keystone Features/ Hulton Archive/ Getty Images

Lámina 7 (abajo): ABKCO

Lámina 8 (arriba): *Sunday Mirror*/ Mirrorpix/ Mirrorpix a través de Getty Images

Lámina 8 (abajo, izquierda): *Evening Standard*/ Hulton Archive/ Getty Images

Lámina 8 (abajo, derecha): Robert R. McElroy/ Getty Images

Lámina 9: Keystone/ Zuma/ Shutterstock

Lámina 10 (arriba): herederos de David Gahr/ Getty Images

Lámina 10 (centro): Aaron Rapoport/ Corbis a través de Getty Images

Lámina 10 (abajo): Mirrorpix

Lámina 11 (arriba): *Trinity Mirror*/ Mirrorpix/ Alamy Stock Photo

Lámina 12 (arriba): cortesía de Tony King

Lámina 12 (centro): Lawrence Schwartzwald/ Sygma a través de Getty Images

Lámina 12 (abajo): KMazur/ WireImage/ Getty Images

Lámina 13 (arriba): Christian Charisius/ Reuters Pictures

Lámina 13 (centro): © Jools Holland

Lámina 13 (abajo, izquierda): Action Images/ Paul Childs Livepic/ Reuters Pictures

Lámina 13 (abajo, derecha): Kacper Pempel/ Reuters Pictures

Lámina 14 (arriba): Sean Hansford/ *Manchester Evening News/* Mirrorpix

Lámina 14 (abajo, izquierda y derecha), lámina 15, lámina 16 (arriba, izquierda y derecha): © Don McAulay

Lámina 16 (abajo): © John Christie

CHARLIE WATTS

Mediados de 1962. Los Rolling Stones, recién constituidos, están buscando un batería permanente. Se fijan en Charlie Watts, un músico de *jazz* muy conocido en el ambiente de los clubes de *rhythm and blues* londinenses. Por suerte para los futuros seguidores de los Stones en todo el mundo, consiguen convencerle de que se una al grupo.

Una vez sentado a la batería, Charlie ya nunca perdió el compás. Estuvo en los movidos años sesenta, cuando los Stones alcanzaron el superestrellato, también en los excesos de la década de los setenta, que cristalizaron en el mítico álbum *Exile on Main Street*. Durante los ochenta salió indemne de la lucha contra sus demonios personales, lo que cimentó su reputación de ser el contrapunto reflexivo y culto —aunque no por ello menos fascinante— de sus compañeros de banda más escandalosos.

A lo largo de casi siete décadas —pese a las peleas, los altibajos y las vicisitudes de la banda, tanto en el escenario como fuera de él—, Charlie siguió siendo un pilar fundamental de los Rolling Stones. Al mismo tiempo, era la antítesis de la estrella de *rock* arquetípica: un hombre extremadamente discreto y reservado que valoraba a su familia por encima de todo.

Basada en nuevas entrevistas con sus familiares, amigos y compañeros de banda —incluidos Mick Jagger y Keith Richards—, *Charlie's Good Tonight* es la biografía oficial y autorizada de Charlie Watts: el relato de una vida extraordinaria, contada como nunca antes.

PAUL SEXTON

Escritor, periodista y locutor, lleva más de treinta años informando sobre la trayectoria de los Rolling Stones, a cuyos integrantes ha entrevistado en profundidad. Comenzó a escribir sobre música para *Record Mirror* en 1977, cuando todavía era un adolescente. Colabora en numerosos medios escritos, como *The Sunday Times*, *The Times* y *Billboard*, y ha participado en infinidad de documentales y programas de BBC Radio 2.

En 2021 publicó el libro *Prince: A Portrait of the Artist in Music and Memorabilia*. Reside en el sur de Londres.

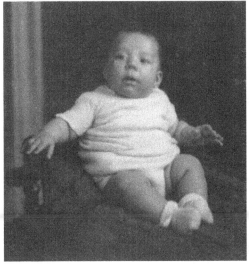

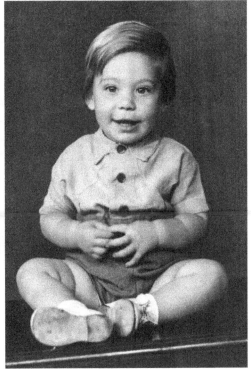

Con tres meses de edad, Charles Robert Watts posa para su primera foto promocional. *(Arriba)*

Otra imagen de Charlie procedente del álbum familiar de su hermana Linda, en la que aparece con catorce meses, en plena guerra mundial. «Recuerdo que corríamos como locos desde casa hasta los refugios antiaéreos, pero creo que nunca llegué a asustarme de verdad». *(Derecha)*

Jugando a conducir con Linda. «Él era como mi madre y yo soy más como mi padre. Charlie se sentaba ahí y no decía ni una palabra». *(Arriba)*

Elegante ya a los dos años, el pequeño Charlie da de comer a las palomas de Trafalgar Square junto a su madre, Lillian, y su padre, Charles. *(Izquierda)*

La clase de 1952. Con sus compañeros de la escuela elemental Fryent de Kingsbury, al noroeste de Londres. Charlie es el tercero por la izquierda en la fila de atrás.

«El pequeño Lord» —como se definía a sí mismo— con Linda y su padre.

Al comienzo de la adolescencia, en torno a 1954, cuando empezaba a escuchar los cantos de sirena de sus primeros ídolos del *jazz*.

El elegante baterista y, detrás de él, su amigo el contrabajista Dave Green, con los Joe Jones Seven, Masons Arms, Edgware, 1959. *(Arriba)*

Charlie (quinto por la izquierda) y Dave (tercero por la izquierda) junto a sus compañeros de banda y otros amigos en la boda de Brian «Joe» Jones y su esposa, Ann, 3 de septiembre de 1960. *(Izquierda)*

Oda a un pájaro de altos vuelos (1960), el proyecto para la escuela de arte en el que Charlie narraba con gusto exquisito el ascenso y la caída de Charlie Parker. *(Derecha)*

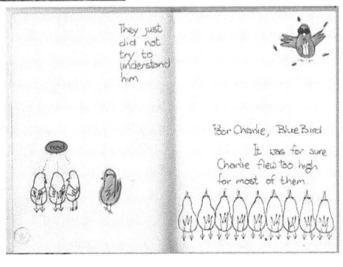

Un buen comienzo. El 7 de julio de 1963 los Rolling Stones hacían su primera aparición televisiva, en *Thank Your Lucky Stars*. (Arriba)

Cuando eran seis. Una fotografía de 1963 poco frecuente por incluir al muy querido Ian «Stu» Stewart (primero por la izquierda), que pronto se vería apartado de los escenarios para asumir el papel de *road manager* y mucho más. (Derecha)

El fin de semana empieza aquí. Charlie tocando en el programa *Ready Steady Go!*, en Londres, en abril de 1964, el mes en el que los Stones publicaron su álbum de debut.

MICK JAGGER   CHARLIE WATTS   BRIAN JONES   KEITH RICHARD   BILL WYMAN

Los Stones confirmaron su reputación de chicos malos del pop británico en la emisión del programa *Juke Box Jury*, cuando «escandalizaron a millones de padres».

Charlie atendiendo a su público en el hotel Astor, cuando el grupo desembarcó en la Gran Manzana en 1964. (*Arriba*)

Charlie dedicándose a asuntos importantes durante aquella primera visita a los Estados Unidos: mirando ropa en Beau Gentry, Vine Street, Los Ángeles. (*Derecha*)

Siempre magia en el aire: Charlie y los chicos en Broadway durante el mismo viaje.

Charlie, imperturbable como siempre, de nuevo en el trabajo en 1965, un año en el que el grupo realizó innumerables sesiones de grabación y cerca de doscientos conciertos. *(Derecha)*

Shirley y Charlie frente al Registro Civil de Bradford el día de su boda —que intentaron mantener en secreto—, el 14 de octubre de 1964. *(Abajo)*

«Así los botones se acercan. Y las piedras se ven mucho más». Ilustraciones de Charlie para la contracubierta del disco *Between the Buttons*, enero de 1967. *(Izquierda)*

Hyde Park, 5 de julio de 1969, en «un escenario como de Mickey Mouse, una cosa diminuta montada encima de andamios metálicos». (Arriba)

Charlie, Shirley y Seraphina, que por entonces vivían en la región de Cévennes, en el sur de Francia, de vuelta en el aeropuerto de Heathrow, 5 de diciembre de 1972. (Izquierda)

En plena actuación en el Madison Square Garden de Nueva York durante la célebre gira STP [Stones Touring Party] de la banda por los Estados Unidos, considerada su época de mayor desenfreno, 26 de julio de 1972. (Derecha)

Ámsterdam, 1977. «Él era Savile Row», afirma Keith Richards. «Podría haber vivido allí. Yo le decía: "¿Por qué no te casas con un sastre?"».

Economía de estilo: en los estudios S. I. R. de Nueva York el 30 de junio de 1981, durante la grabación de los videoclips de «Start Me Up» y otros temas del álbum *Tattoo You*. *(Izquierda)*

Michael Philip y Charles Robert en el escenario durante uno de los conciertos recogidos en el documental de 1981, *Let's Spend the Night Together*, de Hal Ashby. *(Derecha)*

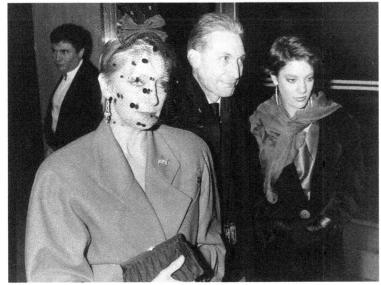

Con sus queridas Shirley y Seraphina en Kensington Roof Gardens, febrero de 1986. «Lo único que lamento en esta vida es haber pasado tanto tiempo fuera de casa». *(Izquierda)*

Charlie en una imagen poco frecuente, tocando junto a su banda de *jazz* en la inauguración del club Ronnie Scott's en Birmingham, Inglaterra, en octubre de 1991. «Considero un gran honor que me lo hayan pedido», comentó. *(Arriba)*

Charlie y Dave Green, su contrabajista preferido y amigo de la infancia, preparándose para presentar por vez primera *Tribute to Charlie Parker with Strings* en el mítico club Blue Note de Nueva York, el 14 de julio de 1992. *(Izquierda)*

Charlie y Billy Joel luciendo el mismo disfraz en la fiesta del cincuenta cumpleaños de Elton John en Hammersmith Palais, 1997. Junto a ellos, de izquierda a derecha: Shirley Watts, Jordan —hijo de la cantante Lulu—, Lulu, Tony King y la acompañante de Billy Joel. *(Izquierda)*

Navidad en Nueva York. Charlie, su hija Seraphina y su nieta Charlotte en Madison Avenue, Nueva York, 15 de diciembre de 1997. *(Derecha)*

«Han vuelto a convencerme». Llegando en dirigible a Van Cortland Park, en el Bronx, para presentar la gira mundial Licks, con la que la banda celebró su cuarenta aniversario, mayo de 2002. *(Izquierda)*

Charlie Watts y Ronnie Wood —los dos Géminis— en el Festival de Cine de Berlín durante el estreno mundial de la película *Shine a Light* de Martin Scorsese, 7 de febrero de 2008. (*Izquierda*)

El homenaje de Jools Holland a su amigo: reproducciones de las casas prefabricadas en las que se criaron Charlie y Dave Green, pertenecientes a su maqueta de tren. (*Derecha*)

Muy elegante en el Día de las Damas de las carreras de Ascot, 17 de junio de 2010.

Caballos no tan salvajes: en su visita anual a las Jornadas del Caballo Árabe, una feria exclusiva celebrada en Janów Podlaski, este de Polonia.

Charlie, muy sonriente, tocando con los Stones en el estadio Old Trafford, el campo del Manchester United, durante la etapa británica de la gira No Filter, 5 de junio de 2018.

Charlie en el avión privado (nótese el logotipo del respaldo del asiento) con su nieta Charlotte, que le acompañó durante sus últimas giras y cuya presencia era un gran consuelo para él cuando estaba lejos de su hogar. *(Arriba)*

De visita en el club The Troubadour, en Earl's Court, donde Charlie tocó con Alexis Korner y donde conoció a Ginger Baker, 2 de octubre de 2018. *(Izquierda)*

Charlotte de gira. «Mucha gente me comentó que el hecho de que yo estuviera allí había supuesto una gran diferencia, porque para él era como un trocito de casa».

Durante sus últimas giras, Charlie y su técnico de batería, Don McAulay, visitaron lugares tan emblemáticos como la Casa Museo Louis Armstrong en Nueva York o el Museo Motown en Detroit.

Un artesano en su taller: verdadero estudioso de su instrumento, Charlie trasteando en su cuarto de baterías.

Prueba de sonido del que acabaría siendo su último concierto con los Rolling Stones, en el Hard Rock Stadium de Miami Gardens, Florida, 30 de agosto de 2019.

La reverencia final: al concluir ese concierto pasado por agua, que se adelantó un día para evitar un huracán (de fuego cruzado), Charlie se reúne con sus compañeros al borde del escenario para saludar al público por última vez.

Printed in the USA
CPSIA information can be obtained
at www.ICGtesting.com
JSHW080536100224
57089JS00001B/5